FRANÇOISE DOLTO

Françoise Dolto (1908-1988), psychanalyste française, est considérée comme la pionnière de la psychanalyse des enfants en France. Elle achève sa thèse intitulée "Psychanalyse et pédiatrie" en 1939 malgré la réticence de sa famille qui n'accepte pas qu'une jeune fille veuille faire de longues études.

L'influence de Sophie Morgenstern la conduit à s'intéresser aux enfants. Dès 1934, elle fait son analyse avec René Laforgue (1894-1962) puis rencontre Jacques Lacan (1901-1981) à la société Psychanalytique de Paris en 1936. Elle participe avec Lacan à la fondation de l'École freudienne de Paris. Françoise Dolto privilégie le rôle du désir, du langage et de l'intersubjectivité dont elle souligne la précocité. Son influence sur le bien-être des enfants et des mères est primordiale.

Françoise Dolto, écrivain, a touché un large public notamment avec *La cause des enfants* (1985) et *L'Évangile au risque de la psychanalyse* (1978).

LA CAUSE
DES ADOLESCENTS

FRANÇOISE DOLTO

LA CAUSE
DES ADOLESCENTS

ROBERT LAFFONT

Pocket, une marque d'Univers Poche,
est un éditeur qui s'engage pour la
préservation de son environnement et
qui utilise du papier fabriqué à partir
de bois provenant de forêts gérées de
manière responsable.

© Éditions Robert Laffont, S.A., Paris, 1988

ISBN : 978-2-266-13150-6

AVANT-PROPOS

Il y a trois ans, la vive résonance de La Cause des enfants *avait aidé Françoise Dolto à mesurer la force de pénétration de ses idées nouvelles : ce livre a porté en effet tout un courant de débats, de réflexions, d'initiatives et a contribué à introduire plus encore dans la société française et européenne les thèmes de recherche essentiels et les lignes d'action majeures qui se dégagent de l'œuvre de Françoise Dolto. L'ouvrage s'adressait à tous les parents, éducateurs, animateurs et décideurs sociaux.*

Très vite, elle a entrepris de poursuivre ce travail de pédagogie et de communication en l'appliquant au temps de l'adolescence.

Quelques jours avant de rejoindre sur l'autre rive son mari Boris Dolto, elle avait achevé de corriger le manuscrit et elle se réjouissait à l'idée que les jeunes, aussi bien que les adultes, pourraient lire ce second tome. « La cause des enfants, disait-elle, est ici considérée du point de vue adolescent. »

« La naissance est mort, la mort est naissance »,

répète-t-elle tout au long de cette recherche en compagnie des jeunes de dix à seize ans. Celle qui montre ici comment accompagner l'adolescent dans sa « mort à l'enfance » aura su accomplir l'ultime passage de la vie adulte en trouvant les mots pour décrire l'expérience. Alors que, le cœur filant et incontrôlable, on la croyait à la dernière extrémité, elle a même su revenir une fois de sa propre mort pour en parler à ses proches et amis. Elle me la décrivit à moi-même comme une île calme dans la tempête. Quelques jours plus tard, ayant dominé toute peur de l'inconnu, elle faisait son adieu définitif.

Avec quel courage et quelle exigence, rayonnante de spiritualité, elle aura mené cette « tâche sociale urgente », la cause des adolescents, économisant ses énergies pour mieux les concentrer dans ses heures de travail. Cet oxygène qu'elle devait, dans les derniers temps de sa vie, inhaler jour et nuit, elle l'insuffle dans ces pages, transmué d'intelligence, pour redonner à son prochain le désir d'advenir et la volonté d'être présent aux autres. Une œuvre doublement généreuse qu'elle lègue à tous les jeunes.

André Coutin

DE LA CAUSE DES ENFANTS
À LA CAUSE DES ADOLESCENTS

Cette recherche consacrée à la période critique de l'adolescence, c'est la suite et le prolongement naturels de *La Cause des enfants*. Dans ce premier ouvrage, nous avions laissé les enfants au seuil de ce « passage » déterminant qui les mène à la prise d'autonomie, vers dix-onze ans. Il n'y a pas d'âge précis qui « date » ce stade du développement de l'individu, mais une mouvance qui les pousse vers cette zone de turbulences, car chacun la vit selon sa précocité relative, ou au contraire ses atermoiements, au gré de son rythme propre. Toujours est-il que, tôt ou tard, à cette phase de croissance, au moment de la prépuberté, un grand parcours les attend avant de pouvoir entrer dans la vie adulte, d'assumer des responsabilités de citoyen et de participer de quelque manière que ce soit à la construction de l'avenir de leur société. Pour parvenir de l'autre côté de la rive, ils vont tous avoir à traverser un certain nombre d'épreuves, à franchir des obstacles, à résoudre des crises venant de leur intériorité ou du fait des pressions du milieu. Suivant leur sensibilité propre, leur fragilité ou leur force neuve, ils rencontreront plus ou moins de difficultés à réussir ce passage. Ceux qui n'ont pas au départ consommé la rupture qui réalise la prise d'autonomie, ceux qui abordent ce sol d'instabilité et de fractures, l'adolescence, avec des blocages, seront plus handicapés que d'autres, mais tous auront besoin de tout leur vouloir-vivre, de toute l'énergie de leur désir à advenir pour affronter cette mort à l'enfance. Le propos de ce livre est de poser les vraies questions et de tenter d'inspirer les commencements de réponse. Pour rester dans la juste perspective des étapes de la croissance et des origines des conflits et impasses observables, on suggérera de se référer aux analyses du premier ouvrage, *La Cause des enfants*.

PREMIÈRE PARTIE

LE PURGATOIRE DE LA JEUNESSE ET LA SECONDE NAISSANCE

> « *L'Éducation nationale ne t'enseigne pas l'éducation à l'amour... au respect de l'autre, au respect de toi.* »
> Françoise Dolto

CHAPITRE I

LE CONCEPT D'ADOLESCENCE
POINTS DE REPÈRE,
POINTS DE RUPTURE

On connaît moins bien l'adolescent que l'enfant. Encore faut-il s'entendre sur la réalité que recouvre ce terme. On parle aujourd'hui de la population des « ados », cette expression médiatique qui tend à isoler les jeunes individus en « passage », en « transit », en les enfermant dans une classe d'âge. Plutôt que de se limiter à la situer sur la pyramide des âges, il est plus intéressant de chercher un consensus en cernant une large mouvance, très ouverte, et en dépassant les controverses et désaccords entre psychologues, sociologues, et endocrinologues-neurologues.

D'aucuns prolongent l'enfance jusqu'à quatorze ans et situent l'adolescence entre quatorze et dix-huit ans, comme une simple **transition** vers l'âge adulte. Ceux qui la définissent en termes de **croissance,** comme un temps de développement musculaire et nerveux, sont même tentés de la prolonger jusqu'à vingt ans.

Les sociologues tiennent compte du phénomène actuel des « adolescents attardés », étudiants prolongés qui vivent chez leurs parents bien au-delà de leur majorité. Certains « psys » réduisent l'adolescence à un **dernier chapitre de l'enfance.**

Est-ce un âge fermé, un âge marginal ou une étape originale et capitale de la métamorphose de l'enfant en adulte ?

C'est à mon sens une phase de mutation. Elle est aussi capitale pour l'adolescent confirmé que sont la naissance pour le petit enfant et les quinze premiers jours de la vie. La naissance est une mutation qui permet le passage du fœtus au nourrisson et son adaptation à l'air et à la digestion. L'adolescent, lui, passe par une mue au sujet de laquelle il ne peut rien dire et il est, pour les adultes, objet de questionnement qui, selon les parents, est chargé d'angoisse ou plein d'indulgence. Mon professeur de philosophie, paraphrasant le proverbe, disait d'une de mes camarades qui lui paraissait être restée adolescente : « Dieu, table ou cuvette, que deviendra-t-elle ? » A ses yeux, nous aurions dû être toutes déjà de jeunes adultes. Voilà une des façons imagées possibles de définir l'adolescence comme un âge où l'être humain n'est ni dieu, ni table, ni cuvette. L'état d'adolescence se prolonge suivant les projections que les jeunes reçoivent des adultes et suivant ce que la société leur impose comme limites d'exploration. Les adultes sont là pour aider un jeune à entrer dans les responsabilités et à ne pas être ce qu'on appelle un adolescent attardé.

La société a intérêt à ce que l'adolescent ne s'attarde pas dans une vie d'assisté. Mais ce juste souci porte aussi à l'excès de zèle qui consiste à trop pousser un enfant de onze ans à ne pas être un enfant prolongé. S'il ne faut pas s'endormir, il ne faut rien précipiter... Dans le langage populaire, on dit souvent : « Tu fais toujours l'enfant, mais tu n'es plus un enfant. » Est-ce que ce n'est pas justement un langage tout à fait pernicieux et culpabilisant si le père ou la mère vont dire ça à un pré-adolescent ?

Je crois qu'il n'y fait aucune attention. Il y ferait attention si c'était un de ses copains qui le lui disait. Mais pas les parents. Les parents, de toute façon, cessent d'être à ses yeux les valeurs de référence. Dans les écoles il y a des Grands Meaulnes à toute époque qui ont un certain prestige. Ce sont les leaders de petits groupes. Et il y a toujours autour un garçon moins affirmé, moins développé, qui a du mal à se faire accepter par l'archange ou le caïd. On le repousse : « Toi, tu es un petit, toi tu es un petit gros, tu ne sais pas... va-t'en. » Cette infantilisation est péjorative venant d'un jeune, elle atteint plus l'enfant que si sa mère lui dit : « Ne fais pas l'enfant. »

Il est aussi très vulnérable aux remarques dépréciatives émanant d'autres adultes qui ont le rôle d'encadrer les jeunes. Au cours de cette mutation, il reproduit la fragilité du bébé qui naît, extrêmement sensible à ce qu'il reçoit comme regard et entend comme propos le concernant. Un nouveau-né dont la famille regrette qu'il soit comme ci, qu'il ressemble à celui-là, qu'il ait un nez comme ça, et va jusqu'à déplorer le sexe qu'il montre ou la couleur de cheveux qu'il a, risque d'être marqué pour la vie alors qu'on croit qu'il n'entend rien. Il a eu l'entendement de ce handicap « social » avec lequel il est né. A cet âge-là, tous les jugements portent, y compris ceux qu'expriment des gens qui ne sont vraiment pas crédibles, par exemple des gens jaloux, ou qui en veulent aux parents. L'enfant ne fait pas la part des choses, il entend dire du mal de lui et le prend pour tel, et c'est quelque chose qui peut, pour la vie, compromettre son rapport à la société. Le rôle des personnes hors de la famille et qui connaissent un adolescent, qui ont affaire à lui du fait de l'école, du fait de la vie sociale, est très important pendant quelques mois. Mais malheureusement on ne sait pas quelle est la période sensible pour tel individu. Comme pour un bébé. On ne sait pas qu'un bébé entend tout ce qu'on dit de lui. « Ah ! c'est dommage qu'elle ressemble à tante Lili... Quelle peste c'était ! » Et puis on se met à parler de la tante Lili et l'enfant reçoit à bout portant une décharge de négatifs qui l'affecte très profondément. Nous le savons maintenant. Eh bien, c'est la même chose chez un jeune en plein essor.

Pour bien comprendre ce qu'est le dénuement, la faiblesse de l'adolescent, empruntons l'image des homards et des langoustes qui perdent leur coquille : ils se cachent sous les rochers à ce moment-là, le temps de sécréter leur nouvelle coquille pour acquérir des défenses. Mais si, pendant qu'ils sont vulnérables, ils reçoivent des coups, ils sont blessés pour toujours, leur carapace recouvrira les cicatrices et ne les effacera pas. Les personnes latérales jouent un rôle très important dans l'éducation des jeunes durant cette période alors qu'elles ne sont pas chargées d'en faire l'éducation, mais tout ce qu'elles font peut favoriser l'essor et la confiance en soi et le courage à dépasser ses impuissances, ou au contraire le découragement et la dépression. Aujourd'hui, beaucoup de jeunes à partir de onze ans connaissent des états dépressifs et des états paranoïaques. Ils en passent par des actes d'agression gratuits. Dans ces « crises », le jeune est contre toutes les lois parce qu'il lui a semblé que quelqu'un qui représente la loi ne lui permettait pas d'être et de vivre.

Mais cette réaction de défense les rend encore plus désarmés ?

Dans ce moment de fragilité extrême ils se défendent contre les autres ou par la dépression ou par un état de négativisme qui aggrave encore leur faiblesse.

La sexualité pourrait être un recours pour eux.

Ils n'ont pas encore de vie sexuelle, si ce n'est en imaginaire. Très souvent, ils entrent dans un faux essor de sexualité, qui relève de l'imaginaire et qui est la masturbation. Dans le moment difficile où les jeunes sont mal à l'aise dans la réalité des adultes par manque de confiance en soi, leur vie imaginaire les soutient. Le garçon ou la fille sont comme déterminés à exciter en eux la zone qui va leur donner de la force et du courage et qui est la zone génitale qui s'annonce. Et c'est là que la masturbation, de remède à leur dépression, devient un piège. Un piège parce qu'ils se déchargent nerveusement de cette façon et qu'ils ne sont plus soutenus à affronter la difficulté de la réalité pour vaincre ces déficiences beaucoup plus imaginaires que réelles, mais qui ont été entretenues par des phrases inopportunes dites par les mères, telles que : « Tu n'arriveras à rien, comment veux-tu plaire à une fille, tu es toujours malpropre » ou par l'entourage qui les surprend ainsi et les fait rougir : « Ah, tiens, tu n'es pas indifférent, tiens, ah bien c'est ton flirt ? » C'est affreux pour un jeune d'être deviné de la sorte et de voir mettre à nu le sentiment précoce qu'il éprouve ; ceci peut le lancer vraiment dans la masturbation parce que celle-ci est un soutien à l'excitation des pulsions qui lui permettraient de dépasser cette déprime. Malheureusement, comme il s'y satisfait de façon imaginaire, il n'a plus la force d'aller chercher dans la réalité chez un autre humain, garçon ou fille, de l'appui, de la camaraderie ou de l'amour qui le soutienne et l'aide à sortir de ce piège où l'ont enfermé certains adultes indifférents ou agressifs. Ou jaloux, car il y a des adultes qui sont jaloux de cet « âge ingrat ». Ils se souviennent qu'eux-mêmes ils ont été abîmés par des adultes et à leur tour, au lieu d'éviter de faire le même tort aux autres, comme si c'était plus fort qu'eux, ils en remettent : « Qu'est-ce que tu vas penser, tu n'es pas en âge de penser, tu as encore la goutte de lait au bout du nez, etc. » Quand un jeune commence à avoir des idées et à se mêler à la conversation des adultes, ils sont prompts à le décourager alors que ce serait le moment de lui donner la parole ; « Tu t'intéresses à ça, bon, dis-moi ton opinion, ah, c'est intéressant... » Le père ne veut pas qu'il soit dit que son fils commence à être écouté par les jeunes qui sont autour. C'est lui qui entend avoir la suprématie. Il y a beaucoup de pères qui ne savent pas être père de garçon. Ce qui est curieux, ils ne savent pas l'être devant leur femme et devant leur fille, mais quand ils sont seuls avec les garçons, ils les sentent mieux. Mais ça vient de ce qu'ils ne veulent pas que ce garçon ait l'air d'être écouté autant qu'eux quand ils se mettent à parler à table et que le jeune n'a pas la même opinion que lui. Le père ne veut pas que son opinion ne prévale pas sur celle de son fils. La phrase juste serait par exemple : « Tu vois, à deux âges différents, nous pensons autrement, c'est bien. » Si le jeune se fait au contraire couper la parole, ou bien il le tolère avec un sourire de condescendance — « Papa ne veut pas avoir tort, eh bien tant pis ! » —, ou bien il n'ose pas, lui, s'affirmer et aller dire ailleurs un propos qu'il a tenu à la maison. Alors qu'ailleurs ça le ferait valoir. Mais comme à la maison ça l'a fait « dévaloir », il est marqué d'une déprime et il croit qu'il n'a pas le droit de le penser.

C'est à ce moment-là qu'il aurait besoin d'être fortifié. Les enseignants semblent tout indiqués pour prendre ce relais.

Pas seulement les enseignants de disciplines scolaires mais les enseignants de sport, les enseignants d'art. C'est à eux de donner la voix à l'enfant, en lui demandant son opinion, son jugement sur un combat, sur un match, sur une exposition. Et qu'ils ne laissent pas seulement le droit de parler aux grosses voix qui en imposent, mais à tous ceux qui ont un jugement mais restent cois. Il s'agit de les solliciter : « Tu ne parles pas, mais tu as ton jugement, j'ai vu que tu regardais beaucoup ce match, tu t'es fait une idée sur tel ou tel joueur. » Le jeune interpellé reconnaît que même s'il ne s'est pas exhibé parmi les actifs, il compte dans le jugement de ce professeur qui s'y connaît et ça peut sauver un garçon qui, chez lui, est écrasé par ses parents.

C'est un âge fragile mais aussi merveilleux parce que réagissant aussi à tout ce qui est fait de positif pour lui. Seulement les adolescents ne le manifestent pas sur le moment. C'est un peu décevant pour l'éducateur qui ne voit pas les effets immédiats. Je ne saurais trop inciter les adultes à persévérer. Je dis et répète à tous ceux qui les enseignent et se découragent, de chercher à les valoriser : continuez, même si le jeune semble « vous mettre en boîte » comme on dit. Quand ils sont à plusieurs, ils mettent souvent en boîte un aîné, et quand ils sont tout seuls, cette personne est pour eux quelqu'un de très important. Mais il faut supporter d'être chahuté, en ayant cette perception : oui, je suis chahuté parce que je suis un adulte, mais ce que je leur dis les aide et les soutient.

Donc, onze ans, c'est vraiment un point de fragilité maximale ?

Oui, de onze à treize ans : ils ont des rougeurs, ils se cachent le visage avec leurs cheveux, ils battent l'air de leurs mains pour vaincre leur gêne, leur honte, ou peut-être même masquer une grande blessure qui peut être indélébile.

La puberté elle-même est-elle la crête de cette traversée critique ?

Le temps fort, c'est le moment de la préparation de la première expérience amoureuse. Le jeune sent qu'il y a un risque, il la désire et il en a peur en même temps. Il y a un grand débat que le lourd dossier des suicides ou des conduites suicidaires rend très actuel. Il pose en fin de compte cette question essentielle : « Est-ce la première expérience sexuelle, qui est une crête culminante dans la vie de l'adolescent, ou est-ce l'expérience de la mort ? Je veux dire la confrontation avec le risque, avec le danger, ou le non-désir de vivre... »

Je crois que c'est indissociable. Parce que justement le risque du premier amour est ressenti comme la mort de l'enfance. La mort d'une époque. Et cette fin qui vous emporte et vous anéantit comme lorsqu'on se donne dans l'amour fait tout le danger de cette crête, point de passage obligé pour inaugurer sa dimension de citoyen responsable, et qui est un acte irréversible. Dans notre société, les jeunes ne sont pas aidés parce qu'il n'y a pas d'équivalent des rites d'initiation qui marquaient ce temps de rupture. Les épreuves collectives étaient imposées à des enfants qui étaient tous à peu près du même âge mais qui n'étaient pas tous mûrs pour que ça produise un effet mutant sur eux, mais c'était un événement qui marquait et la société les considérait comme intronisés, c'est-à-dire comme ayant subi l'initiation qui permet de devenir adolescent à partir de ce passage-là. Qu'ils y soient prêts intérieurement ou qu'ils n'y soient pas, ils étaient vus par les adultes comme ayant le droit d'y accéder. Réduits à eux-mêmes, les jeunes d'aujourd'hui ne sont plus menés ensemble et solidairement d'une rive à l'autre ; il faut qu'ils se donnent à eux-mêmes ce droit de passage. Cela exige d'eux une conduite à risque.

L'Afrique noire et l'Océanie offrent à l'ethnologie une grande traversée des rites d'initiation et d'apprentissage. Il sera intéressant de passer en revue quelles ont été les solutions que les sociétés anciennes avaient trouvées pour les aider à passer cette période de mutation qui est la mort de l'enfance.

Mais avant de comparer les attitudes du corps social à travers l'histoire des sociétés, et de rechercher comment les adolescents d'aujourd'hui peuvent seuls ou en groupes affronter la réalité, essayons de décrire ce qui se passe à l'intérieur de chaque individu et de dégager la transformation majeure qui fait d'un enfant un adolescent en devenir.

Le fait capital qui marque la rupture avec l'état d'enfance, c'est la possibilité de dissocier la vie imaginaire et la réalité, le rêve et les relations réelles.

Après la crise dite œdipienne opposant le garçon amoureux transi de sa mère à son père rival en qui il voit, dans le meilleur des cas, un sujet d'admiration, les feux s'apaisent, l'enfant parvient à l'âge que nous appelons « latence ». Sachant qu'il n'est qu'un enfant, il se résigne à attendre l'avenir. Cela n'exclut pas qu'il ait clairement la notion d'une sexualité latente, mais il conçoit qu'il n'aura pas à trouver son objet d'amour dans la famille; donc, dans le meilleur cas, l'enfant de fin d'œdipe, vers huit, neuf ans, garde une grande tendresse idéalisée pour sa mère, pour son père aussi avec un sentiment partagé entre la confiance et la crainte de s'écarter de la loi que le père veut qu'il garde et qui n'est pas une loi édictée seulement par le père, mais que celui-ci représente et dont il donne l'exemple. Il voit dans le père à la fois le garant de la loi et le témoin exemplaire maître de ses pulsions.

De toute façon vont se réveiller à onze ans les prémices d'une sexualité qui s'annonce avec une très forte composante imaginaire avant que ce ne soit le corps qui se mette en jeu avec ; cela correspond chez le garçon aux premières émissions involontaires de sperme, et chez les filles aux premières règles. Mais avant que le corps ne suive, on dirait que le garçon et la fille préparent cet avènement physiologique par une espèce de fièvre psychique d'amour imaginaire pour des modèles que maintenant on appelle des idoles à fans et qui ont succédé aux héros d'hier. La « relève » est venue des États-Unis. Héros et idoles constituent leurs partenaires dans des jeux de rôles où l'imaginaire prend la place de la réalité.

Au seuil de l'adolescence commence donc une seconde vie imaginaire ?

La première vie imaginaire qui a débuté à trois, quatre ans, vise les personnes du groupe proche de l'enfant, c'est-à-dire le père, la mère, les frères et sœurs, et l'entourage familier étroit. Pour le reste il est en relation avec le monde extérieur par les dires des parents mais directement, ça ne l'intéresse pas, à moins de grands événements comme une invasion, comme une guerre, où alors l'enfant est pris comme les parents dans la tourmente. Dans une société qui est relativement stable, la vue de l'enfant sur l'extérieur est absolument colmatée par son intérêt pour la famille et par la façon dont la famille réagit à la société, par les slogans du père. Les enfants sont tout à fait du même avis que le père y compris dans ses options politiques. Quand les parents sont en divergence, l'enfant présente à ce moment-là des difficultés à penser par lui-même qui seront plus ou moins silencieuses jusqu'à onze ans. Mais vers cet âge, va éclater un problème qui couvait : dans sa deuxième vie imaginaire, les sujets d'intérêt qu'il trouve hors du champ familial et qui devraient le préparer à la vie réelle continuent de prendre les parents comme référence... Le père qu'on n'aime pas parce qu'il est divorcé de la mère, ou la mère qui est mal vue parce que le père dit des choses à son encontre ou dans son dos, ou que la grand-mère paternelle qu'on aime n'aime pas la belle-fille, autant de conflits relationnels qui troublent la vie imaginaire d'un enfant entre neuf et onze ans mais on n'en voit les effets qu'à onze ans : il continue à mal faire la discrimination entre le son de la réalité et le son de l'imaginaire. Mais si tout s'est bien passé, s'il n'y a pas eu de déchirement familial, l'enfant est libre dans son second imaginaire de ne plus prendre ses modèles intra-muros dans la famille. Désormais ses modèles vont être extérieurs. Il compte toujours sur sa famille comme valeur-refuge, mais il ne sent pas qu'il y joue un rôle et il met son honneur à réussir en société. Toute son énergie s'en va vers le groupe des copains de l'école, des groupes de sport ou autres, et vers la vie imaginaire que peuvent donner la télévision, les lectures ou ses inventions dans les jeux. Voilà ce qui se passe avant l'éclosion de la puberté dans un éveil de l'imaginaire au-delà de la famille, dans le monde extérieur. Quand il en arrive à l'adolescence, c'est alors que cet imaginaire extérieur va le provoquer à dire qu'il veut sortir. Il veut aller mesurer, pour ainsi dire, cette discrimination qu'il a faite entre l'imaginaire et la réalité, en allant lui-même dans ces groupes sur lesquels il a fantasmé beaucoup d'irréalités mais qui en même temps existent puisqu'on en parle. Il est attiré par des petites bandes de jeunes plus âgés que lui et dans lesquelles il brigue de s'immiscer. Et il va ainsi entrer dans son adolescence en sortant de la famille et en se mêlant à des groupes constitués, qui vont pour lui, momentanément, avoir un rôle de soutien extra-familial.

Il ne peut pas quitter complètement les modèles du milieu familial sans avoir des modèles de relais. Ce ne sont pas des substituts, mais ce sont des relais pour sa prise d'autonomie d'adolescent confirmé, qui va se faire grâce aux égratignures et aux joies, aux difficultés et aux réussites qui vont être les événements de sa vie entre onze et quatorze ans. Il ou elle.

LES JEUX

Françoise Dolto : Quand j'étais jeune, mes camarades me disaient à tout moment : « Mais qu'est-ce que tu paries, qu'est-ce que tu paries ? — Je ne parie rien. — Mais tu ne crois pas en ce que tu dis ? — Non, j'ai dit ce que je pensais. Mais je n'ai pas envie de parier. » Mes camarades ne cessaient de parier. Les filles s'intéressaient moins au jeu que maintenant.

Aujourd'hui, les filles vont aux machines à sous avec les garçons. Ce qui enlève une part de rêve au jeu. Le partenaire, le rival n'est qu'une machine. Le jeu n'est plus une affaire d'hommes. Les filles sont présentes et misent. Le fantasme ludique de l'enfant qui se nourrit d'imaginaire : « Si j'étais millionnaire », disparaît avec la pratique des jeux d'argent.

Nous avons essayé de cerner l'entrée en adoles-cence, le premier « passage ». Quelle est la der-nière frontière ? Qu'est-ce qui représente la fin de l'adolescence ? Les neurologues se fixent sur le développement nerveux : vingt ans, l'âge où le tissu cérébral est entièrement constitué. Les spécialistes de la croissance dateront les derniers points d'ossi-fication.

C'est la fin de l'ossification de la clavicule, à vingt-cinq ans.

Le juge prendra comme repère la majorité pénale, l'éducateur, la fin de la scolarité obliga-toire, seize ans. Mais le législateur a fixé à dix-huit ans la majorité civique. La précocité des rapports sexuels, les sources d'informations extra-familiales, la télévision, la rue, les voyages à l'étranger, les stages, les moyens de locomotion individuels (deux roues), remettent en question l'âge fatidique. Faut-il ramener la majorité à seize ans, quinze, quatorze ans ? Et les éducateurs d'objecter l'immaturité, l'irresponsabilité d'une jeunesse trop assistée. A l'inverse, on est tenté de prendre en compte la composante sociale des études prolongées. Garçons et filles restent à la maison plus longtemps, ils se marient plus tard, ils ont des expériences d'amour libre. Bien des facteurs de société plaident en faveur de l'émancipation juvénile. Mais la sédentarisation des jeunes qui s'attardent à la maison entretient toute une génération dans un état de post-adoles-cence et vient contredire les partisans d'une majo-rité anticipée. Entre ces deux positions extrêmes les parents sont de plus en plus perplexes. Quelles indi-cations leur donner sur les probabilités de la fin (réelle) de l'adolescence ? Puisqu'on ne peut pas fixer un âge, quels sont les repères ?

Un jeune individu sort de l'adolescence lorsque l'angoisse de ses parents ne produit plus sur lui aucun effet inhibiteur. Ce que je dis n'est pas très agréable pour les parents, mais c'est la vérité qui peut les aider à être clairvoyants : leurs enfants ont atteint le stade adulte lorsqu'ils sont capables de se libérer de l'influence parentale en ayant ce niveau de jugement : « Les parents sont comme ils sont, je ne les changerai pas et je ne chercherai pas à les changer. Ils ne me prennent pas comme je suis, tant pis pour eux, je les plaque. » Et sans culpabilité de les plaquer. A ce moment de rupture féconde, trop de parents voudraient rendre coupables leurs enfants, parce qu'ils souffrent et qu'ils sont angoissés de ne plus pouvoir avoir l'œil sur eux : « Qu'est-ce qu'ils vont devenir... ils n'ont pas d'expérience... etc. »

Cette fin de l'adolescence peut-elle être vécue beaucoup plus tôt qu'à seize ans ?

Non, parce que la société ne le permet pas. Oui, si la société permettait qu'on travaille chez les autres à quatorze ans et qu'on gagne sa vie. Le jeune ne trouve pas en Occident de solutions licites pour plaquer ses parents en s'assumant sans être pour cela marginal, délinquant ou à la charge de quelqu'un qui veut bien prendre en charge un adolescent au risque de perversion. Actuellement nombre d'adultes sont intéressés par la très grande demande d'adolescents sur le plan sexuel et sur le plan affectif. Finalement, les jeunes sont obligés de se vendre, que la vénalité soit visible comme la prostitution qui est dans la rue, ou qu'elle soit ambiguë : on se fait entretenir par quelqu'un qui s'estime dès lors avoir des droits sur vous et sur votre corps. Cette nouvelle forme de dépendance vient de ce que les lois ne permettent pas à un jeune de gagner sa vie, même d'une façon parcellaire, mais qui lui donnerait les moyens d'avoir un gîte et une soupe populaire... enfin, de ne pas être à la charge de quelqu'un, et en même temps de trouver un travail ou un apprentissage payé, ou une expérience de voyage subventionné. Je pense que la société pourrait faire beaucoup en annonçant des possibilités de bourses de voyage, de bourses de formation... toute une gamme de « petits boulots ».

Le passage à l'âge adulte se traduit donc aujourd'hui le plus concrètement en termes d'indépendance économique.

En termes d'indépendance économique, de potentialité créative et d'apprentissage qui permettent de s'adapter, de s'insérer dans un groupe social. Ne plus recevoir ou prendre l'argent des parents ne résout pas le problème si l'on reçoit celui d'un autre adulte. C'est pire, car il y a un sentiment de dépendance que l'on n'a pas vis-à-vis des parents. Ce que les parents vous ont donné, on le redonnera à ses enfants. Mais la protection et l'assistance matérielle d'une personne latérale culpabilisent beaucoup plus. Car son don est sans retour, on ne le transmettra pas à sa descendance. L'emprise de ces protecteurs ou protectrices peut aliéner à vie la liberté de leurs protégés, même au-delà de la mort de ces aînés tutélaires. La relation de dépendance s'est développée comme on dit « en tout bien tout honneur » sans sexualité jouée dans le corps-à-corps. Il s'agit de personnes intelligentes et généreuses prenant de l'influence sur un jeune être.

Je songe à une jeune fille remarquablement douée, et qui était liée par un vœu de son mentor qu'elle respectait comme une dernière volonté et qui l'empêchait d'être autre chose qu'une institutrice d'enfants de dix ans, comme celle qui lui avait permis de faire des études. Ses parents avaient refusé de la garder chez eux au-delà de seize ans parce qu'elle ne rapportait pas d'argent. Et c'est une directrice d'école tout à fait désintéressée qui a pris le relais, sans même se rendre compte qu'elle mettait cette fille sous le boisseau en lui interdisant pour l'avenir de faire autre chose que ce vers quoi elle la destinait : la même carrière qu'elle. Elle aurait pu, à seize ans, prendre un travail manuel, mais c'était une fille intelligente qui voulait passer son bac ; cette directrice d'école lui avait permis de décrocher ce diplôme. Elle ne voulait pas qu'elle fasse des études supérieures, lui disant : « Ce serait ta perte si tu allais là, il faut rester au service du primaire. » Cette jeune fille était vraiment très mal en point quand je l'ai connue. En compagnie de sa protectrice, elle n'avait pas accompli sa puberté. Ce n'est que par une psychanalyse qu'elle a pu se dégager de cette promesse de rester institutrice qui l'empêchait de vivre complètement et de réaliser ce pour quoi elle était faite, c'est-à-dire des études supérieures. Et elle a très bien réussi après.

Cet exemple montre bien que la fidélité est beaucoup plus grande envers quelqu'un qui vous subventionne et qui n'est pas de la famille. La famille, on lui est infidèle, on est infidèle à ses parents, et c'est la loi, et c'est bien et on se sent soutenu par la force, au fond, de l'honneur qu'on fait à ses parents en faisant pour soi ce qu'on a à faire, et puis en ne les aimant plus puisqu'ils ne vous comprennent pas. Et alors on se met à aimer quelqu'un qui vous comprend et on peut être complètement bloqué parce que c'est justement quelqu'un de la génération antérieure. Un jeune a besoin d'aimer les gens de son âge et de se former par ceux de sa propre génération, pas de rester dépendant de quelqu'un d'une génération antérieure et qui a été un modèle à un moment donné. Si l'emprise se prolonge, c'est un modèle déstructurant. Momentanément, il semble aider le jeune à se réaliser et en fait il l'écrase parce que ce jeune croit qu'il lui doit une reconnaissance puisque ce n'était pas lui qui l'avait cherché et que cette générosité lui est tombée dessus par le choix de l'adulte qui s'est porté sur lui. C'est cette chose-là qui est à comprendre dans une société où un jeune ne peut pas de façon licite gagner de quoi dire non à ses parents et dire oui à son avenir, « oui à moi et à mon devenir ». Aux États-Unis, les jeunes arrivent à s'affirmer en pouvant gagner de l'argent tout en étant scolarisés — c'est même la règle du jeu que de participer au financement de ses études —, mais en France, ce n'est pas possible. Et pourtant, c'est tellement capital à cet âge, de onze à treize ans, de ne plus être en totale tutelle économique, pour accéder au droit à son essor personnel.

Les « ados » sont devenus une classe à force d'être rejetés comme inaptes à entrer dans la société.

CHAPITRE II

LE RÊVE DE L'ÉTERNELLE JEUNESSE
MYTHES ET ARCHÉTYPES

La mythologie antique a donné corps aux rêves d'immortalité et apporté des réponses aux grandes interrogations de l'homme sur la mort à l'enfance et l'épreuve de l'adolescence ; elle a inventé et mis en scène tous les cas de figure de cette douloureuse initiation à la condition humaine. Tous ces mythes ont fixé dans la mémoire collective des archétypes qui — la symbolique en étant perdue — sont devenus, à travers le langage courant et l'imagerie populaire, des stéréotypes tels que le bel Adonis et l'enlèvement de Proserpine.

Repartons du mythe d'origine. Il a trouvé la plénitude de son incarnation à la croisée de l'Orient et de l'Occident, dans la Méditerranée hellénique qui avait si bien assimilé tous les apports de culture.

Les Grecs, avec leur intuition géniale, ont conçu une déesse de la jeunesse, projection des rêves des hommes qui vivent le vieillissement et doivent apprendre à mourir, tout en aspirant à l'immortalité : Hébé.

Hébé aux fines chevilles sert aux hôtes de l'Olympe, dans une coupe d'or, l'ambroisie, breuvage qui leur procure la jeunesse éternelle.

Elle est la fille d'Héra, l'épouse de Zeus, roi des dieux. Héra veut garder en elle l'image de la jeune fille qu'elle fut.

La mythologie hellénique est dialectique : le mythe de la jeunesse éternelle qui vainc la mort est complété par le mythe antinomique de la jeunesse éphémère, la jeunesse adossée constamment à la mort. Et de la jeunesse sexuée. Chaque sexe a son mythe funèbre.

Pour les garçons, le bel Adonis, premier fils d'Aphrodite, victime d'une mort prématurée à la suite d'un accident de chasse qui l'arrache à une aurore de vie éclatante. Il meurt puceau. Pour les filles, Coré, victime d'un rapt et d'un viol qui l'enlèvent à son adolescence terrestre. Adonis erre dans le monde invisible. Coré descend aux Enfers, au royaume des morts.

L'imaginaire humain se donne en représentation des potentialités éternelles de développement, qui ne se perdent pas au fur et à mesure des acquisitions.

Le mythe des potentialités éternelles est toujours associé à ses contraires pour rejoindre la réalité, même si on l'idéalise : c'est ainsi que tous les personnages à qui il arrive des aventures épiques sont l'éphémère même. A côté des divinités qui jouissent de l'immortalité, il y a des fins très précoces, dramatiques, tragiques, de jeunes incarnés par Adonis et Coré.

Déméter est la mère de Coré qui devient Perséphone (Proserpine pour les Romains) comme épouse d'Hadès, dieu des morts. Il y a donc déjà cette intuition géniale des Grecs qui rend compte d'une manière symbolique que l'adolescence et la mort sont absolument confrontées, sont intimes. Et du côté des garçons, c'est Adonis qui est le premier fils de l'Amour, le premier fils d'Aphrodite, qu'elle va perdre aussi très prématurément avant de donner une représentation de l'Amour enfant, éternellement enfant, Éros. C'est intéressant de mettre au regard de la psychanalyse que l'Amour, au départ, est un adolescent qui disparaît d'une manière dramatique et prématurée. Adonis, tué au moment où il a toutes les qualités d'harmonie et de grâce, et qui va être remplacé par Éros. Comme pour esquiver cette réalité de la mort adolescente, de la jeunesse coupée à la fleur de l'âge, on va donner une représentation infantile de l'Amour, le petit Éros...

La légende de Niobé, dont les six fils et les six filles sont tués par Apollon et Artémis à la fleur de l'âge, ajoute au thème de la mort adolescente celui de la jalousie des adultes. Niobé a six garçons et six filles qui sont tous des Adonis ou des Coré, admirables de beauté, de dons, d'intelligence. Apollon et Artémis ne peuvent pas supporter la rivalité de cette perfection adolescente en laquelle ils soupçonnent une succession possible. Les dieux entendent garder leur monopole absolu. Avec des flèches, ils tuent les enfants de Niobé, Apollon abat les garçons, tandis que la déesse de la chasse prend pour cible les filles.

La puissance adulte, féminine autant que masculine, ne tolère pas la montée en grâce et en génie de la jeunesse. On pressent dans l'histoire de Niobé le génocide inconscient des jeunes. Il faut tuer les adolescents.

La mort d'Adonis célèbre l'éphémère de la jeunesse et de la beauté adolescente. Le massacre des enfants de Niobé est révélateur de la peur qu'inspirent aux adultes les dons et les talents de la jeunesse. Il est intéressant de noter que ce ne sont pas les parents qui tuent, mais les latéraux qui veulent garder le monopole de la séduction et de l'amour.

Patronne des fiancés, Aphrodite est aussi la patronne des prostituées. Elle a les deux visages de l'amour jeune, ce qui insupporte Artémis qui représente l'amour de la maturité et la maternité.

D'une certaine manière, on peut dire que c'est la mère et la matrone qui tuent la Coré, ou qui tuent l'Adonis : celui-ci est tué par un sanglier dépêché par la déesse de la chasse.

A un âge où elle avait encore à découvrir son adolescence, Perséphone est arrachée à sa mère pour devenir la possession d'un autre adulte qui est Hadès, le dieu qui règne sur les morts.

Il y a là aussi peut-être quelque chose de signifiant sur l'effet inhibiteur de l'adulte étranger qui se substitue à la tutelle parentale pour prendre en charge un adolescent. Hadès restitue Perséphone à la Terre-Mère pour que le printemps de la vie ait lieu. Si l'adulte dominateur ne rend pas l'adolescent qu'il gouverne à sa liberté, le captif ne s'accomplira pas. Sagesse du mythe qui condamne le rapt des adolescents quittant leur refuge d'enfance.

De l'enlèvement de Perséphone-Proserpine à la combativité de Diane chasseresse, aux colères de Junon défiant les foudres de Jupiter, aux foucades provocatrices de Vénus allumant la guerre des hommes (Troie) et celle des dieux (Olympe), aux opulences de Déméter-Cérès, reine des moissons et récoltes, il n'y a pas d'état intermédiaire mais un passage sans transition. La descente aux Enfers de Perséphone serait-elle une métaphore de la violence que subit la jeune fille qui perd sa virginité : le mythe semble introduire l'obligation du rapt et du viol inhérents au mariage.

L'adolescente nubile ne devient matrone que si on lui fait violence. Elle accède à la vie de femme par une rupture brutale. Jeune vierge hier, femme-amphore le lendemain, s'opposant à la minceur de l'éphèbe.

Victime ou dominatrice : l'Antiquité a magnifié ces deux extrêmes du pouvoir féminin. L'adolescence est passive, la maternité donne la maturité, la femme agit dans l'ombre. Elle gouverne aux cycles de la vie, elle utilise les forces de la nature. Au cours des mystères d'Éleusis, Déméter, mère de Perséphone, initiait les jeunes filles venues d'Athènes en procession aux secrets de la fécondité et aux rites de la sexualité.

La sortie de l'adolescence n'est pas la même pour le garçon que pour la fille.

Quel regard un psychanalyste peut-il jeter aujourd'hui sur Narcisse ? Son destin ne soulève-t-il pas le problème de l'hermaphroditisme ? Quand

Narcisse repousse l'amour de la nymphe Echo, il refuse de devenir autre, de s'accomplir dans la sexualité, dans l'acte procréateur. Dépassons cette interprétation courante. Puisqu'il ne voit que son image dans le miroir, l'autre c'est lui-même, est-ce que le mythe ne pose pas aussi le problème de l'ambiguïté de l'adolescence à un moment où elle porte une sorte d'ambivalence ? Le mythe de Narcisse représenterait l'extrême, la pathologie en quelque sorte de l'individu qui refuse de choisir entre une sexualité ou une autre. Hermès ou Aphrodite. Il veut être à la fois Hermès et Aphrodite. Il ne veut pas changer et avoir besoin d'une « moitié », d'un complémentaire.

Il est perdu, condamné, pour n'avoir pas pu se risquer dans l'amour avec un autre et s'être replié sur l'amour de son image visuelle au lieu de l'amour d'un autre. Il était dans l'amour d'un paraître à son image, et pas d'une autre créature qui se fait connaître par sa voix, issue d'un corps qui paraît sous un autre aspect que le sien.

Mais le narcissisme, n'est-ce pas justement l'un des risques ou l'une des tentations de l'adolescence ?

Assurément. L'amour fait trop risquer la mort de tout un passé sans espérance d'un avenir. Et justement, s'il y a actuellement davantage de désespoirs d'adolescents — on le dit — par des fuites dans l'imaginaire de la drogue ou bien dans l'imaginaire de la mort, le suicide, je pense que c'est parce qu'ils manquent de rites de passage où les adultes décrètent : « A partir de maintenant, tu comptes, tu es une personne de valeur. » Ils n'ont pas de repères nets donnés par la société qui leur permettent d'être encouragés à prendre un risque du fait qu'ils sont attendus de l'autre côté du fleuve. S'ils s'engagent totalement dans un amour, ils en prennent le risque, ils ne savent pas du tout où ils vont puisqu'il n'y a pas de possibilités de gagner leur vie et d'assumer les suites d'un amour. Le propre de l'être humain est de projeter dans l'avenir. Or un garçon ou une fille qui s'aiment ne peuvent pas projeter les fruits de leur amour, ils ne peuvent que vivre de cette trémulance d'amour qui est en eux et si un enfant naît c'est une catastrophe ; ils n'ont pas fini leurs études, ils n'ont pas de local, ils n'ont pas d'argent, donc il ne faut pas qu'il y ait un enfant. On en est arrivé, grâce à la technologie, à des moyens anticonceptionnels sûrs, et la contraception offre une nouvelle possibilité de se connaître, mais toujours de se connaître en se réservant, de manière qu'il n'y ait pas de fruit de cette connaissance. On se contente du face-à-face, de la solitude à deux en supprimant l'éventualité d'une œuvre commune, d'une filiation dont on ne pourrait pas prendre la charge. La société ne donne pas son aval pour les suites d'un amour de jeunes, ce qui fait que les jeunes n'ont pas le droit de mener leur vie à l'époque même où ils sont les plus ardents à aimer. C'est tragique. La tentation de Narcisse vient de ce qu'il n'y a plus de rite de passage. Il y a narcissisme dans la mesure où il y a égoïsme dans l'amour : on n'aime que soi-même dans l'illusion d'un autre, parce qu'il n'y a pas d'issue sur autre chose. Ça aurait pu exister mais avant la contraception, les jeunes étaient soutenus à prendre un risque qui les amenait à une situation de responsabilités. Maintenant, non. Il n'y a que leur responsabilité d'aimer, sans que cet amour puisse avoir des suites. Écho ne lui plaît pas, Narcisse n'en cherche pas une autre, l'autre, comme lui, est piégé dans sa propre image, chacun se retourne vers lui-même. C'est un peu ce que font les adolescents avec une fille qui ne les éveille pas... Ils sont comme Narcisse. Lui, il se voit dans une sexualité secondaire, il devient homosexuel théoriquement ; c'est en parlant des filles que les garçons s'aiment, et les filles, c'est en parlant des garçons qu'elles s'aiment. Échanges fugaces, onanisme à deux. C'est comme si Narcisse disait aujourd'hui à Écho et Écho lui répondait : « Écoute, je ne te demande pas plus qu'une caresse furtive sans suite. »

Dans le mythe ils ne se rencontrent jamais parce que le jeune homme ne peut offrir qu'un reflet. Mais Écho lui propose-t-elle autre chose ? Dans les relations sexuelles dites libres, les êtres ne se rencontrent pas. Les corps en tant que tels ne sont rien s'il n'y a pas des projets et si l'amour ne transcende pas ce qui se passe dans les corps et qui se réduit somme toute à des décharges nerveuses. Toute la poésie créatrice qui peut venir de cette rencontre a besoin d'être soutenue par le social qui reconnaît comme valable un amour procréatif, créatif d'œuvre. Ensemble, on crée quelque chose, un enfant peut-être, un enfant de toute façon même si ce n'est pas un enfant de chair. Actuellement, les jeunes n'ayant pas la possibilité de se projeter dans l'avenir sont obligés de se cantonner dans ces frôlements les uns des autres...

On dit qu'il y a de plus en plus d'homosexuels,

mais ce n'est pas vrai ! Ils se croient homosexuels et vivent en tant que tels après avoir été échaudés avec un premier amour. C'est une conduite de facilité. Un désengagement. Ils en sont restés là étant donné que personne ne les soutenait à prendre une autre fois un risque valorisant. Ils ont perdu leur créativité en ayant manqué un premier amour et personne ne leur dit : « Ne te décourage pas après cette expérience. Elle te prépare à une autre rencontre plus durable, avec un être qui aura foi en toi. » Alors ils se tournent vers un autre semblable que leur renvoie le miroir du narcissisme et qui leur redonne le sentiment de leur valeur au regard de gens qui négligent l'autre sexe. Je crois que c'est la même chose chez les filles et chez les garçons : un premier échec sentimental entraîne une espèce de rechute dans une homosexualité prépubère occasionnelle et qui est induite par une société qui ne soutient pas les jeunes à devenir adultes. Et c'est en devenant responsables qu'ils deviendraient adultes au lieu de régresser dans une pré-adolescence narcissique.

CHAPITRE III

L'IMAGE DU CORPS

Si l'on observe la statuaire du monde antique sur les bords de la Méditerranée, jusqu'au premier millénaire avant notre ère, les premières représentations plastiques de la jeunesse sont encore androgynes. C'est à l'époque archaïque de l'art grec, avant le VIIIe siècle avant J.-C., que le Couros affirme sa virilité un peu massive : il est lourd, il est puissant. Au Ve siècle avant J.-C., l'âge classique grec, masculin et féminin sont vraiment différenciés. L'archétype du corps adolescent, c'est l'éphèbe. Il est gracieux mais il n'est pas efféminé comme le sera, au temps du quattrocento florentin, le David de Donatello. Les jeunes athlètes d'Olympie sont gracieux effectivement, mais pas efféminés. Ils ont des attitudes dynamiques tandis que la jeune fille est, au contraire, réservée, secrète, fragile. Elle est plutôt statique dans son drapé, telle une vierge consacrée, protégée par la divinité tutélaire ou dans l'attente du sacrifice d'Iphigénie.

Il y a aussi le type de l'amazone, mais ces guerrières sont représentées avec un corps de femme adulte qui se réfère à Artémis. Ainsi, le thème féminin qui peut rivaliser avec les hommes dans la chasse ou la guerre n'est représenté qu'à l'âge adulte. Ou alors c'est la matrone qui a ou a eu des enfants. Mais il est certain que la Coré représente le féminin de l'adolescence, sans qu'on puisse dire que l'éphèbe est efféminé, même si parfois pointe une certaine ambiguïté. Il semble qu'il y ait un certain effacement au stade adolescence de la femme, avec une potentialité d'attributs d'agressivité comme dans la chasse ou la guerre, mais réservés à l'âge adulte de la femme.

Voilà ce que l'on peut observer pour la représentation du corps adolescent. Pour ce qui est des vêtements, dans l'Antiquité et jusqu'à la Renaissance, la nudité est vraiment réservée à la représentation masculine de la jeunesse ; la Coré, elle, est toujours drapée, la seule chose qui puisse apparaître — parce que ça annonce la fécondité sur laquelle on veut insister, comme si la femme n'était représentée que pour sa fécondité — c'est que les seins, les seins de la Coré, sont en transparence de la robe, très rarement dénudés, les seins sont toujours représentés saillants et fermes, comme si on voulait insister surtout sur le côté mammaire, ce qui n'empêche pas l'artiste effectivement de jouer les canons de la beauté.

Sur les bas-reliefs, on dénude les figures symboliques. Sur un marbre grec du Ve siècle avant J.-C. exposé au musée des Thermes à Rome, on voit Aphrodite avec ses deux suivantes. Ses compagnes incarnent chacune une des deux fonctions tutélaires de la déesse, c'est-à-dire de l'Amour : d'un côté une joueuse de flûte, qui est nue — comme c'est allégo-

rique elle peut être nue, ce n'est pas la fille d'un citoyen —, et de l'autre côté la suivante est une fiancée voilée. Il y a une dialectique dans la représentation de l'Amour, d'un côté, c'est une des premières apparitions du corps nu féminin, mais uniquement comme attribut symbolique d'Aphrodite. Jusqu'à la Renaissance italienne, les premiers nus féminins sont totalement allégoriques. C'est la brise du matin ou la brise du soir.

Dans cette représentation, Aphrodite apparaît comme une matrone par rapport aux deux autres et les suivantes sont deux aspects du charme féminin, la nubilité et le pouvoir de séduction. Cela correspond du reste aux aventures mythologiques prêtées à Aphrodite : elle a à la fois prise sur les fiancées qui vont se marier et en même temps elle représente aussi l'amour érotique symbolisé par la flûtiste nue, parce qu'elle est mère d'Éros. Il s'agit de susciter le désir de l'homme qui saura la féconder.

L'interdit reste signifié par le vêtement, les Grecs représentent la femme nue à l'âge adulte, mais elle est toujours voilée, même adulte, chaque fois qu'elle est le personnage d'un acte cérémoniel de caractère religieux.

Avec les Romains, la statuaire est plus érotique. On peut dire que la Vénus callipyge, ou la Vénus à grosse fesses, est une invention romaine. Après les seins, on expose le cul, on magnifie le siège féminin. Et c'est surtout sur les fresques, notamment à Pompéi, qu'on voit la liberté d'expression. Malgré tout, l'érotisme du corps dévêtu et lascif est réservé aux modèles des femmes adultes.

*C'est à la Renaissance qu'apparaissent les pre-
mières représentations de l'adolescence en tant que
telle. Il y a encore ambiguïté comme dans les anges
et les saints. Le Saint Jean de Vinci ou les madones
de Vinci portent avec efflorescence une sorte d'hermaphroditisme.*

On sait que les femmes posaient rarement nues
pour un peintre. C'étaient des jeunes gens qui
posaient, avec des vêtements de femme.

*Si on consulte l'histoire de l'art en cherchant le
thème de l'adolescence, Raphaël est certainement
un des premiers grands peintres qui a représenté
l'adolescence de la femme sous le couvert de la virginité de la femme. La vierge mère est le thème
imposé, mais ce qui est nouveau, il note sur le
visage et l'attitude de la femme le bonheur menacé
de la jeunesse, un caractère adolescent comme nous
le comprenons aujourd'hui.*

Les peintres de cette époque connaissaient
l'amour des personnes fortunées qu'ils prenaient
comme modèles. Ils s'éprenaient de filles de princes
qui étaient des adolescentes, et leur sentiment se
reflète sur la toile. On peut comprendre ainsi que les
madones de Raphaël soient juvéniles.

*C'est neuf pour l'époque. Jusque-là, la Vierge
était sans âge ou déjà d'une maturité certaine. On
peut dire que Raphaël, effectivement, est un des premiers à avoir eu cette sensibilité. C'est ainsi qu'il
choisissait ses modèles et il avait cette émotion
devant la juvénilité.*

Dans Fra Angelico, la Vierge aussi est très juvénile.

Oui, mais dans son attitude, elle est quand même plus hiératique. Tandis que chez Raphaël, elle est plus humaine. Le peintre était un être sensuel. La juvénilité était donc séductrice tandis que la juvénilité chez Fra Angelico est une juvénilité mystique.

Le peintre qui a été le plus ému par le caractère adolescent du corps, c'est Botticelli. Avec ses anges, il exprime cette fugacité du printemps de la vie. Chez ses femmes il y a une efflorescence qui pourrait être masculine et féminine. Dans La Naissance de Vénus, *on voit la déesse dressée sur sa conque marine. Par rapport à l'axe vertical du tableau, elle est complètement en déséquilibre. On peut penser qu'il a voulu représenter très exactement l'équilibre instable de la jeunesse.*

Le souffle de la vie monte comme en spirale.

Chez les préraphaélites anglais, au début du XIXᵉ siècle, on observe un retour à un certain naturel. A la recherche de la fraîcheur et de la spontanéité, les peintres comme Rossetti et Burne-Jones annoncent le romantisme anglais et le spleen de l'adolescence. Ils sont les premiers à représenter pour elle-même la jeune fille.

Personnellement, si je sollicite ma mémoire visuelle, je ne puis évoquer la représentation picturale du moment adolescent sans que s'interposent des figures botticelliennes. Mais revenons aux peintres antérieurs. Ils devaient représenter les jeunes à travers des thèmes donnés par l'Église. Le martyre de saint Sébastien est exemplaire. On retrouve, comme chez les Grecs et les Romains, un jeune homme qui est musclé comme un homme mais qui est passif, il subit son épreuve. On le représente comme quelqu'un qui pourrait se comporter en adulte. Or, il n'est que victime résignée, objet de sacrifice. Les moinillons de la peinture religieuse expriment moins l'adolescence que l'innocence. Dans la société mondaine, à la cour, les pages n'ont aucune « initiative », ils ne sont plus des enfants, mais enfin ils ne sont pas dans une situation dynamique. Ils servent d'ornements. Ils sont habillés aux couleurs du prince ou de leur maître, mais certainement aussi pour flatter l'œil. On dirait de très jolis caniches. Alors ils sont les serviteurs de l'art, apportant un livre ou tenant mollement un instrument de musique. Même dans la peinture martiale consacrée au thème de la guerre, la jeunesse reste servile. Les écuyers sont un peu l'ordonnance du chevalier, ou le page de la dame du château.

CHAPITRE IV

LA LÉGENDE DES JEUNES :
LA LITTÉRATURE ÉPHÉBIQUE

Quand le mot « adolescent » est-il entré en littérature ?

Sous la plume de Victor Hugo qui avait vraiment le don du verbe, on trouve cette définition superbe : « L'adolescence, les deux crépuscules mêlés, le commencement d'une femme dans la fin d'un enfant. » C'est probablement un des premiers emplois en littérature.

Quelle fulgurance ! Et pourtant, dans sa fougue, il a commis une petite impropriété. Le commencement d'une femme c'est une aurore, ce n'est pas un crépuscule. Mais ça passe. On entend aujourd'hui : l'aurore d'un adulte dans le crépuscule d'un enfant.

*Cette aurore correspond à ce que Rousseau, dans le fameux texte de l'*Émile, *appelle « la seconde naissance » de l'homme.*

Le mot « adolescent » brûle les lèvres de Jean-Jacques, mais il ne l'utilise pas. Il a recours à la périphrase : crise, seconde naissance. Il décrit cette crise. Il écrit la crise. « Cette orageuse révolution s'annonce par le murmure des passions naissantes... Il (l'enfant) devient sourd à la voix qui le rendait docile ; c'est un lion dans sa fièvre ; il méconnaît son guide, il ne veut plus être gouverné... il n'est ni enfant ni homme et ne peut prendre le ton d'aucun des deux... »

On laissait planer un flou artistique sur le passage pubertaire. En fin de compte il apparaît que le terme d'adolescent soit relativement nouveau. Avant le xxe siècle, on prolongeait l'enfance ou on l'intronisait brutalement jeune adulte. On est loin des « ados », comme l'on dit aujourd'hui, ce qui laisse supposer que cette classe d'âge existe. Malgré tout a fleuri avant la lettre (adolescent) toute une littérature éphébique.

La représentation de l'adolescent comme personnage solitaire, un rêveur malheureux ou un jeune génie, est une vision romantique. Dans l'Antiquité et le Moyen Age, l'adolescent (avant la lettre) est souvent un oblat, un héros sacrifié. Iphigénie en Tauride, saint Sébastien.

Ce sont les dédiés mystiques. Il y aura plus tard le dédié politique. Lorenzaccio fera des émules jusqu'au xxe siècle.

LA SECONDE NAISSANCE

Nous naissons, pour ainsi dire, en deux fois : l'une pour exister, et l'autre pour vivre ; l'une pour l'espèce, et l'autre pour le sexe. Ceux qui regardent la femme comme un homme imparfait ont tort sans doute : mais l'analogie extérieure est pour eux.

Jusqu'à l'âge nubile, les enfants des deux sexes n'ont rien d'apparent qui les distingue ; même visage, même figure, même teint, même voix, tout est égal : les filles sont des enfants, les garçons sont des enfants ; le même nom suffit à des êtres si semblables. Les mâles en qui l'on empêche le développement ultérieur du sexe gardent cette conformité toute leur vie ; ils sont toujours de grands enfants, et les femmes, ne perdant point cette même conformité, semblent, à bien des égards, ne jamais être autre chose.

Mais l'homme, en général, n'est pas fait pour rester toujours dans l'enfance. Il en sort au temps prescrit par la nature ; et ce moment de crise, bien qu'assez court, a de longues influences.

Comme le mugissement de la mer précède de loin la tempête, cette orageuse révolution s'annonce par le murmure des passions naissantes ; une fermentation sourde avertit de l'approche du danger. Un changement dans l'humeur, des emportements fréquents, une continuelle agitation d'esprit, rendent l'enfant presque indisciplinable. Il devient sourd à la voix qui le rendait docile ; c'est un lion dans sa fièvre ; il méconnaît son guide, il ne veut plus être gouverné.

Aux signes moraux d'une humeur qui s'altère se joignent des changements sensibles dans la figure. Sa physionomie se développe et s'empreint d'un caractère ; le coton rare et doux qui croît au bas de ses joues brunit et prend de la consistance. Sa voix mue, ou plutôt il la perd : il n'est ni enfant ni homme et ne peut prendre le ton d'aucun des deux. Ses yeux, ces organes de l'âme, qui n'ont rien dit jusqu'ici, trouvent un langage et de l'expression ; un feu naissant les anime, leurs regards plus vifs ont encore une

sainte innocence, mais ils n'ont plus leur première imbécillité : il sent déjà qu'ils peuvent
trop dire ; il commence à savoir les baisser et
rougir ; il devient sensible avant de savoir ce
qu'il sent ; il est inquiet sans raison de l'être.
Tout cela peut venir lentement et vous laisser du
temps encore : mais si sa vivacité se rend trop
impatiente, si son emportement se change en
fureur, s'il s'irrite et s'attendrit d'un instant à
l'autre, s'il verse des pleurs sans sujet, si, près
des objets qui commencent à devenir dangereux
pour lui, son pouls s'élève et son œil s'enflamme,
si la main d'une femme se posant sur la sienne le
fait frissonner, s'il se trouble ou s'intimide
auprès d'elle, Ulysse, ô sage Ulysse, prends
garde à toi ; les outres que tu fermais avec tant
de soin sont ouvertes ; les vents sont déjà déchaî-
nés ; ne quitte plus un moment le gouvernail, ou
tout est perdu.

C'est ici la seconde naissance dont j'ai parlé ;
c'est ici que l'homme naît véritablement à la vie,
et que rien d'humain n'est étranger à lui.
Jusqu'ici nos soins n'ont été que des jeux
d'enfant ; ils ne prennent qu'à présent une véritable importance. Cette époque où finissent les
éducations ordinaires est proprement celle où la
nôtre doit commencer ; mais, pour bien exposer
ce nouveau plan, reprenons de plus haut l'état
des choses qui s'y rapportent.

Jean-Jacques Rousseau,
l'*Émile*, livre cinquième.

*Le thème de la mort fatale se retrouve dans le
couple d'adolescents. Le premier amour n'échappe
pas à une fin tragique. Dante : Paolo et Francesca ;
Shakespeare : Roméo et Juliette.*

Cette lignée romanesque aboutit à Paul et Virginie. L'amour est impossible. Sans mourir à ce qu'il est, il ne peut se transformer en vie nouvelle. Le couple d'adolescents touche aux interdits. Chateaubriand aborde avec René le sentiment incestueux.

Le drame de Pelléas et Mélisande oppose l'amour adulte à l'amour adolescent. Deux enfants empêchés de s'aimer par le substitut parental. Golo a vingt-six ans. Son jeune frère Pelléas, quinze ans, et la jeune fille recueillie par Golo, seize ans. Pelléas est un innocent. Il est en admiration devant Golo et devant Mélisande en tant que femme de son frère aîné. Il lui voue des sentiments qu'il est en train de découvrir en lui-même grâce à l'amour qu'il porte au substitut de sa mère. Pour Mélisande, Golo est le père symbolique. Le grand prêtre interdit aux plus jeunes de communier ensemble car il entend être seul à capter leur entière dévotion. C'est un thème postromantique et encore actuel, celui du pouvoir tutélaire sur la jeunesse, de la possession mystique du chef de secte ou de bande sur les « ados ».

C'est Flaubert qui, dans une grande nouvelle trop peu connue, Septembre, *écrite comme une confession, a donné la parole à la solitude et à l'inquiétude amoureuse d'un jeune. La nature, loin de le consoler, ne fait qu'aviver son mal-être. Rousseau dans ses promenades solitaires est un adulte qui évoque son enfance, mais il faudra attendre Flaubert pour que s'exprime le premier lyrisme de l'adolescence.*

La littérature allemande a accordé dès le XVIIIe siècle une place importante aux adolescents en développant la vieille tradition du *Bildungsroman*, le roman d'initiation, le roman d'apprentissage.

Le premier à inaugurer cette filière est Simplicissi-mus *de Grimmelshausen publié en 1668. Le classique du genre sera, en 1796, le* Wilhelm Meister *de Goethe. C'est la première fois qu'un écrivain consacre un large développement à l'observation des signes de cette transformation intérieure de l'être humain après sa puberté.*

Dans les romans d'initiation qui ont précédé, le terme « adolescent » a-t-il été employé ?

Les romans de chevalerie mettent en scène des pages, des écuyers, les chroniques médiévales des apprentis, des étudiants. Gil Blas de Santillane *est dit un enfant.*

Philippe Ariès a bien montré que jusqu'à la fin du xviiie siècle, les étudiants étaient encore rangés dans la classe d'âge des enfants. On pouvait être dit « enfant » jusqu'à vingt-cinq et même trente ans. A la cour, les princes restaient des infants jusqu'au moment de monter à leur tour sur le trône. A la campagne, on était encore un enfant jusqu'à dix-huit ans. De nos jours il en subsiste encore quelque habitude mentale dans le monde médical. L'hôpital des Enfants Malades reçoit des malades de... quinze ans.

Sous l'Ancien Régime, une fille de quatorze ans n'était pas considérée comme une adolescente, mais déjà comme une jeune adulte capable d'être choisie pour assurer la descendance. Mais si les alliances étaient très précoces (ils étaient fiancés à sept ans) la consommation sexuelle entre infants n'était pas anticipée.

Il ne faut pas oublier le xviie siècle avec Fénelon et

son Télémaque. *Les aventures de ce jeune garçon initié par son mentor peuvent être saluées comme une préfiguration du roman d'apprentissage.*

Chez les adolescents du *Bildungsroman*, l'amitié occupe une place primordiale. Elle passe avant l'amour de la femme. Amitié pour un semblable, sorte d'affection passionnée, platonique mais ambiguë.

L'amour reste un sentiment d'enfance non transformé. La sexualité de l'adolescent hésite entre homosexualité et hétérosexualité. Montherlant dans *La Relève du matin* se réfère à Hermès, « Dieu de l'adolescence qui était aussi le dieu du crépuscule ». A travers son exemple et ceux de Gide et de Green, qui ont imposé une littérature d'écriture homosexuelle, il est intéressant de s'interroger sur leur nostalgie inconsciente d'une adolescence inachevée. Il y a quelque chose de l'adolescence non terminée chez l'homosexuel, par sa manière d'aimer l'absolu, et de ne pas tolérer la trahison. C'est aussi vrai pour les hommes que pour les femmes inverties. Cela ne veut pas dire que tous les hétérosexuels tolèrent la trahison des sentiments, mais ils composent avec, parce que pour eux il y a plus important, il y a l'œuvre. L'œuvre en commun conçue de la rencontre de deux êtres différents qui finissent par se trahir. Si l'homosexuel est artiste, il fait œuvre symboliquement. Tout écrivain se sauve, ou peintre, ou musicien. Il porte un fruit culturel. Le fruit charnel seul ne suffit pas non plus à faire tenir les couples. Un couple ne tient que s'il est un ensemble social. La société, en reconnaissant le divorce, a vraiment apporté le trouble dans la responsabilité parentale et compromis la formation du citoyen. Au bout de huit ans les parents ont fait de leur enfant un humain, mais pas encore un citoyen, il s'en faut de beaucoup. Au-delà des sept ans de l'enfant, les couples ont peine à rester ensemble dans un même niveau de regards amoureux de leurs différences. L'écart entre les parents se creuse. S'ils n'ont pas eu d'autres enfants, l'œuvre ne les retient plus à être l'un pour l'autre. Peut-être n'ont-ils pas assez bien vécu leur adolescence, toujours est-il qu'ils ressentent, quand leur aîné a sept ans, comme le droit à une nouvelle adolescence.

On ne peut pas étudier une tranche d'âge séparée des autres avec lesquelles on vit constamment. Et justement, les enfants, arrivant à un âge où ils se détachent de leurs parents, exercent sur l'entourage un certain nombre d'effets psychologiques qui sont rémanents de la propre enfance de leurs ascendants. Les parents sont aussi, de leur côté, détachés de la manière de penser leurs relations à l'enfant. A partir du moment où l'enfant ne prend plus ses parents comme des absolus, les parents eux aussi sont libérés de l'obligation d'être un absolu pour leur enfant et ils sont de nouveau dans le relatif d'une adolescence retrouvée comme devenant des modèles à ces enfants qui ont rompu la relation première à papa-maman et qui attendent de sortir de la famille. Et les adultes, à ce moment-là, sont habilités à leur montrer qu'ils vivent eux aussi tout à fait en dehors au lieu d'être centrés sur la vie familiale. C'est probablement pour cela que l'adolescence est si redoutée par la société des adultes et que celle-ci paraît si sévère avec les jeunes. Maintenant qu'ils ne sont même plus valorisés par l'argent qu'ils peuvent rapporter à leurs parents chez qui ils trouvent gîte et couvert, qu'ils s'entendent ou non avec eux, ils sont obligés de cohabiter, ce qui provoque des effets secondaires sur les adultes. Autrefois, quand la loi permettait aux jeunes de travailler, s'ils ne s'entendaient pas avec leurs parents, ils pouvaient les quitter. Ils avaient de quoi s'assumer, petitement, mais sans être à charge. Tandis que maintenant ils ne peuvent pas, licitement, avoir de quoi s'assumer. D'où les troubles graves qui perturbent la psychologie des adolescents et compromettent l'équilibre des foyers. Même si pour rien au monde ils ne voudraient faire une chose semblable. Malheureusement, très souvent aujourd'hui, les adultes leur montrent des valeurs qui ne sont qu'alimentaires et non pas des valeurs qui soutiennent un certain idéal dans le travail, et c'est pourquoi les jeunes sont si démunis et si désarmés.

Quand les parents retrouvent leur adolescence, ils apparaissent fragiles, désemparés au moment où l'adolescent vit justement pour la première fois. C'est vraiment le contraire de ce qu'attend l'enfant adolescent. Il préférerait observer ses parents épanouis dans leur vie sexuelle, engagés dans la vie publique, et donnant ainsi un sens à leur temps de vivre. Il souhaite que les parents ne s'occupent pas trop de lui, tout en restant disponibles quand il a envie de parler. L'important est que le père et la mère fassent bien ce qu'ils font, quitte même à ce que l'adolescent développe un certain humour ou une indulgence amusée à dire : « Mon père est comme ça, il se tue à la tâche » ou : « Ils ne font rien mais ils ont l'air bien dans leur peau. »

Ce dont les adolescents souffrent le plus, c'est de voir les parents vivre à l'image de leurs enfants et se mettre à les concurrencer. C'est le monde à l'envers. Les hommes ont maintenant des petites amies de l'âge de leurs enfants et les femmes aiment plaire aujourd'hui aux copains de leur fils, parce que justement elles n'ont pas vécu leur adolescence. Elles se sont piégées dans l'identification à leurs enfants.

Bien avant les psychologues, les romanciers ont analysé les rapports des adolescents au temps, à l'espace, à la vérité, à l'amour.

De Goethe à Thomas Mann, la littérature allemande crédite les adolescents de toutes les possibilités d'aimer mais ils ne les réalisent pas concrètement. Ils n'arrivent à communiquer qu'avec les êtres avec qui il ne peut être question de sexualité.

L'amour des enfants d'abord pour les parents puis pour les adultes est une idéalisation puisque le corps n'est pas capable de réalisation dans la consommation corps-à-corps. Chez l'adolescent l'amitié très passionnée s'adresse à quelqu'un avec qui la sexualité n'est pas envisageable.

Le rapport au temps est confus et angoissé. L'adolescent se déphase du temps quotidien pour vivre un temps subjectif semblable au temps romanesque.

L'adolescent vivrait en fait ce que Camus appelait le « vif décisif ». Il doit sans cesse recommencer à tenter de vivre comme si cette période ne devait jamais finir. C'est l'épreuve de Sisyphe, celle de la conscience engagée dans un tunnel.

Il ne sait pas le bout du tunnel. Le temps de l'adolescent est haché de joies immenses et de peines aussi soudaines que passagères. Je crois qu'il souffre et jouit au-dessous du niveau continu d'humeur : il connaît une humeur oscillant sans cesse entre la dépression et l'exaltation. C'est caractéristique de cette phase.

Les sociétés anciennes tempéraient l'angoisse des jeunes en leur donnant à connaître la limite de l'épreuve concrétisée par les rites d'initiation. Cette initiation était en place pour rompre l'isolement de l'adolescent.

Il avait un repère dans le temps, pour son intégration à la vie du groupe. C'était la société qui décidait de ce temps d'initiation et de l'âge à partir duquel on a les attributs de la virilité. On peut se marier ou bien partir à la guerre, partir à la chasse. Ces activités sont déterminées dans le temps par la société.

On verra plus loin que, contrairement à ce qu'on pourrait croire, ces initiations ne sont pas précoces. En général, entre quatorze et seize ans. Le conseil des anciens prend des marges raisonnables. Ce n'est jamais douze ans, c'est plutôt seize ans et parfois c'est plus tard.

Le choix de l'âge tient à des raisons économiques, des raisons de structures de sociétés qui font que c'est parfois mieux que cela soit plus tard, parfois mieux que ce soit plus tôt.

*Dans les premiers romans autobiographiques modernes, comme dans les romans d'apprentissage des siècles précédents, l'initiation ne s'opère pas sans un déplacement dans l'espace. C'est le déracinement ou l'enfermement qui déclenchent la crise libératoire. Le dépaysement (grandes vacances, cures), ou la clôture (internat, chambre de malade) mènent au lieu d'initiation. L'*André Walter *de Gide est condamné à* *la chambre pour une raison de santé, et c'est là qu'il naît à la littérature.*

Finalement l'adolescence se vit à la fois comme un exil et comme une initiation au terme de cet exil.

Chez les jeunes héros germaniques, les valeurs esthétiques priment sur les autres valeurs morales, philosophiques, politiques. L'adolescent recherche éperdument des contacts sociaux ou affectifs qui soient dépourvus de mensonge. Est-ce contredit par le collégien en vadrouille de L'Attrape-Cœur *(J. D. Salinger) ?*

Adolescent hâbleur, il ment pour mystifier les autres, mais en fin de compte, s'il donne une image exacte de lui, il croit protéger son vrai moi, tellement vulnérable et si mal défini encore qu'il ne peut pas le mettre en avant. Alors il se réfugie dans l'affabulation.

Il se masque derrière le langage. C'est le langage qui n'a plus de relations avec la réalité. Mais qui défend le sujet symbolique.

Holden se targue d'être « le plus épouvantable menteur que vous ayez jamais vu dans votre vie ».

Holden n'est pas du tout mythomane, parce que, à chaque fois, il raconte à lui-même l'énormité qu'il a trouvée. Il défend le symbolique, le sujet unique qu'il est, mais il le défend en noyant la réalité derrière un masque de langage que les autres croient en rapport avec sa réalité.

Le personnage de L'Attrape-Cœur *n'est pas du tout*

romantique. Et pourtant derrière son masque il présente l'adolescence comme étant un temps de pureté ou d'innocence par rapport à la société dans laquelle il va entrer ou dans laquelle il est déjà. De tous les romans où l'adolescent est à la première personne, se dégage cette idée que l'adolescent est père de l'homme, de l'homme à venir, et qu'il vaut mieux que cet homme, qu'il vaut mieux que l'adulte et que c'est lui, finalement, même si cela est très lourd à porter et qu'il en est très malheureux, c'est lui qui porte la vérité.

Il se passe à cette époque de l'adolescence la même chose que pour le nouveau-né qui porte la vérité du futur de l'enfant. Avant les compromissions de la vie commune avec les autres, l'adolescent est porteur de vérité. Avant les compromissions qu'il sera obligé de faire pour survivre et pour réaliser sa sexualité qui, pour un temps encore, ne fait que sous-tendre ses fantasmes sans passage à l'acte.

Dans Les Mots, *Sartre est peut-être le premier à récuser le temps de l'innocence, la comédie du jeune par rapport à la société. Comme si l'enfant ne pouvait que répéter, prendre le modèle des adultes et les répéter, les imiter mais sans y croire.*

Conscient de faire semblant. L'intégration sociale consisterait à faire les gestes des adultes. C'est le mot « faire semblant » des enfants : mimer.

Pour Sartre, l'être n'est que la somme de ses actes. Finalement la personnalité ne serait qu'un ensemble de gestes qu'on peut observer de l'extérieur.

Cette observation, qui n'est pas globale, est morcelante et déshumanisante. Elle était probablement nécessaire à l'auteur pour aller à la rencontre d'un narcissisme affectif qui ne soit pas centré sur l'ombilic. Car l'ombilic unifie et le personnage n'accepte pas de voir le corps dans son unité et relié à une ascendance. Il le met en pièces anatomiques, il en détaille les fonctions, comme si elles existaient chacune séparément. Et il ne décrit des autres que les tics, les manies, les défauts. Il semble qu'il manque l'amour dans Sartre. Pourtant c'est un homme qui a suscité l'amour quand il était jeune, mais lui-même il a ressenti la séduction, pas l'amour.

Il n'a vraiment aimé que le langage. Il a vraiment été un amoureux du langage.

C'est un peu dans *L'Attrape-Cœur*. Il dit aux gens qu'il est fragile, mais il faut bien qu'il aime quelqu'un. Qu'est-ce qu'il aime ? Le langage et narcissiquement le langage qui sort de lui. Et qu'il arrive à faire aimer par les autres. Mais lui-même, qui aime-t-il ? Il est un postadolescent qui veut sortir d'un amour qui était peut-être faux dans le romantisme mais qui n'est pas encore acquis comme le véritable amour.

En prenant comme un repère historique la Seconde Guerre mondiale qui enterra les survivances du XIXe siècle, on observe une certaine rupture, un changement de regard des romanciers. Avant 1939, l'adolescence était racontée par les écrivains comme une crise subjective : on se révolte contre les parents et les contraintes de la société, tout en rêvant d'être vite à son tour des adultes pour faire comme eux. Après

1950, l'adolescence n'est plus regardée comme une crise, mais comme un état. Elle est en quelque sorte institutionnalisée comme une expérience philosophique, un passage obligé de la conscience. On en vient au thème existentialiste de la découverte de l'absurde. Dans cette interprétation-là, l'adolescence est un état nécessaire de la conscience moderne pour découvrir le tragique de la condition humaine. Chaque être humain referait sans le savoir le chemin des philosophes de façon plus intuitive que conceptuelle.

En France, pendant la guerre et à la fin de la guerre, la division du pays en deux idéaux complètement contradictoires a déchiré les familles, d'une autre façon que l'affaire Dreyfus avait divisé les grands-parents. Pour les moins jeunes, les valeurs ont vacillé totalement. Les enfants ne pouvaient plus être contre les parents, puisque les parents avaient flotté entre la collaboration et la résistance. Les jeunes ne s'occupaient pas de politique autrefois comme ils s'en sont occupés après la guerre. Les valeurs philosophiques et sociales (la philosophie de la révolution) ont pris l'avantage sur les valeurs esthétiques et morales.

« Elle avait cette grâce fugitive qui marque la plus délicieuse des transitions, l'adolescence, les deux crépuscules mêlés, le commencement d'une femme dans la fin d'un enfant. »

Victor Hugo
Les Travailleurs de la mer

CHAPITRE V

LES HÉROS ET LES MODÈLES

Avant que naisse l'idéologie révolutionnaire, avec ses guérilleros et moudjahidins, quels étaient les héros de la jeunesse ? Que proposait-on à son imagination ? Quels modèles à imiter ?

Les grands voyageurs, navigateurs et explorateurs ont probablement succédé aux chevaliers, condottieres et chefs de guerre : de Marco Polo à Vasco de Gama et Bougainville, après Alexandre, César et les croisés.

A l'époque de Bonaparte, la conquête scientifique de Humboldt a fait de l'ombre à la gloire militaire du général. Bonaparte était jaloux de Humboldt dont les carnets de route expédiés d'Amérique latine en Europe et publiés remportaient un immense succès. On parlait autant de ses découvertes que des victoires des soldats. La mission scientifique qui avait accompagné le corps expéditionnaire en Égypte avait fasciné le jeune Champollion. L'aventure scientifique ne cessera plus d'être une émulation jusqu'à ce que la compétition sponsorisée ou la course aux armements doublée de la guerre des

LES MODÈLES DE LA JEUNESSE
DU MOYEN ÂGE À NOS JOURS

Le Moyen Âge	Renaissance-XVIIIᵉ siècle	XIXᵉ siècle-1950	1960-1980	Fin XXᵉ siècle
Le temps des héros →	*Le temps des maîtres* →	*Le temps des timoniers* →	*Le temps des idoles* →	*Crépuscule des dieux*
Identification à la chevalerie	Savants	Chefs de guerre	Stars éphèbes	Le groupe substitut du père
Conquérants	Grands navigateurs explorateurs	Combattants de la liberté	Chefs de bande	Collectif de classe d'âge
Rites d'initiation →	Apprentissages →	Fin des apprentissages →	Ni Dieu ni maître →	Fin des idéologies
Collusion pouvoir et mystique	Opposition pouvoir et conscience	Fin de la république des professeurs	Retour du narcissisme	Culte du rassemblement
Croisés Martyrs	Génies	Révolutionnaires	Esthètes et faux prophètes	Associations humanitaires Grandes causes

IMAGES D'ADULTES TUTÉLAIRES
IMPOSÉES AUX FILLES
PAR L'ENVIRONNEMENT CULTUREL

Antiquité	Le père La nourrice
Moyen Âge	Le chevalier d'amour courtois
Renaissance	Le poète
XVIIIᵉ siècle	La mère abbesse Le prince volage
XIXᵉ siècle	L'officier, amant romantique
XXᵉ siècle	Le médecin La femme libre artiste, sportive

espions dissuade ou décourage l'initiative de la jeunesse.

Sur un diagramme (voir documents joints), on peut suivre les évolutions, les modèles proposés à la jeunesse. Le temps des héros connaît son zénith avec la chevalerie initiée et adoubée.

Le voyage a aussi son image négative : celle de l'exil, de la déportation dans les premières colonies. Et puis la notion d'exploit et la finalité scientifique vont transcender l'expatriation.

Après l'Ancien Régime, après la Révolution française, le crépuscule des dieux correspond, avant même la mort des idéologies, à la fin des rites d'apprentissage. L'instruction obligatoire va dévaloriser l'habileté manuelle et l'art de la maîtrise corporelle. L'ère des idoles va s'ouvrir. La machine à broyer les stars éphémères. Il n'y a plus de modèles en tête, de modèles de personnes à suivre ou à rejeter. Mao et le Che sont vite avalés. On aime voir ce que font les « idoles » mais on ne songe pas à les imiter. On les consomme à la cote variable du hit-parade. Ni Dieu ni maître. Ce n'est qu'à l'intérieur des sectes que les plus faibles vont trouver leur dominateur.

C'est un phénomène collectif, ce n'est pas une consommation individuelle. Le seul fait de figurer dans le peloton de tête est critère de choix.

On avait demandé à la population jeune d'un nouveau lycée de chercher à qui elle voulait qu'on dédie ce lycée, comment elle voulait l'appeler. Il y en a beaucoup qui ont demandé Mesrine. Finalement cet établissement est devenu le lycée Jean-Paul Sartre, de par la décision des adultes. Au moins que les noms correspondent à des écrivains prisés des jeunes. Les étudiants ont beaucoup lu en poche Boris Vian, ils pourraient aimer fréquenter un lycée Boris Vian. Il y a eu le lycée Saint-Exupéry à une époque où les adultes savaient que les jeunes lisaient Saint-Exupéry.

Les rapports directs entre les lecteurs et les « maîtres à penser » n'existent plus guère. Quand un étudiant des années cinquante aimait un écrivain vivant, il cherchait à le rencontrer. Les gens allaient voir les grands auteurs dans les séances de signatures. Maintenant qu'on les voit à la télévision et que les livres à succès se vendent à des centaines de milliers d'exemplaires, les gens ne cherchent pas du tout à voir la personne. Avant on allait quand même à la recherche d'un échange avec un maître, un gourou, etc., à titre individuel parce qu'on n'avait rien à voir avec l'idole de la fête collective. Tandis que maintenant, beaucoup de jeunes sont désarmés et tombent sur le gourou d'une secte collective pour n'établir avec lui qu'un rapport de victime. Il y a seulement vingt ans, on se pressait pour avoir un autographe d'Elvis Presley ou de John Lennon. La musique enregistrée a réduit leur présence à un imaginaire qui se consomme.

Ce n'est plus l'original qui envoie le message, c'est la photocopie.

On avait peur de la génération qui avait l'air complètement démobilisée, indifférente, sans prise, sur des thèmes comme solidarité et antiracisme. On la voit se rassembler et descendre dans la rue, s'organiser, faire des états généraux. Ces jeunes ressentent donc beaucoup de choses, mais ils les ressentent collectivement. De la même façon que leurs aînés intellectuels, philosophes, militants des partis, ont renversé Staline et Mao, les jeunes d'aujourd'hui nous disent : « Même à ceux que nous allons applaudir ou dont nous achetons les disques, nous ne sommes pas du tout inféodés. Nous vivons très bien sans Dieu ni maître. Mais nous essayons de vivre avec une certaine conscience de l'humanité. » C'est une sensibilité collective aux droits de l'homme.

Il y a quelque chose qui existe tout de même, je crois, chez les adolescents, quelque chose qui n'a pas changé, c'est leur préférence pour l'amitié. La croyance de l'amitié existe et je crois que c'est quand ils perdent ça qu'ils n'ont plus rien du tout. Seule l'amitié leur rend la vie vivable.

Comme dans tous les romans que nous avons cités, cette recherche de l'amitié un peu passionnée pour un semblable n'a pas changé. Cet échange individuel est certainement toujours recherché, peut-être plus tenu en échec, peut-être moins souvent satisfait, mais toujours désiré. Ceux qui sont le plus en péril, en dérive, qui se jettent le plus dans le collectif, sont peut-être ceux qui n'ont pas trouvé cette amitié ou qui ont été trahis une fois, ou deux.

Je suis toujours très frappée quand cette question est posée à un enfant qui est en difficulté, un adolescent, mais même un enfant de sept ou huit ans, quand on le voit n'avoir envie de rien. Il y a des enfants qui sont déjà comme ça, il faut dire que ce sont souvent des enfants de parents divorcés, séparés. « Mais par qui as-tu été trahi? » Pas par leurs parents. Par un camarade. Et à cause de cette trahison par un camarade ou par une camarade, que ce soit fille ou garçon, la blessure provoquée s'agrandit par la séparation de leurs parents qui leur reste inexplicable. Ils ne comprennent rien au fait qu'ils sont fuis, qu'ils sont trahis par un camarade qu'ils aiment; si cela arrive une deuxième fois, ils pensent : « On me fait ça parce que je ne suis rien. » Ils n'ont plus confiance en eux-mêmes. Ce sentiment existe déjà dans l'enfance, mais c'est encore plus fort chez l'adolescent qui se sent trahi par un camarade, justement du même âge que lui et dont il croyait qu'il était au même niveau de fidélité que lui dans l'amitié. Il s'agit d'amitié amoureuse sans réalisation physique. Bien que sujet à des pulsions qui naissent dans la transformation physiologique de l'adolescence, les jeunes ne sont pas encore en vue d'une consommation sexuelle. L'amitié est quelque chose de beaucoup plus sacré pour eux. Quand on n'a qu'un ami et qu'on n'a plus confiance en soi à cause d'une trahison préalable quand on était enfant, le choc est terrible. On a pu attendre la puberté en se disant : « Quand j'aurai cet âge-là je me ferai de vrais amis. » Et voilà que l'on découvre que c'est impossible. On avait attendu la puberté, sans se décourager complètement, et à la puberté, la trahison par l'être élu vous laisse désespéré.

L'amitié déçue est la plus grande épreuve de la puberté : dès lors qu'il faut quitter la famille pour aller dans l'inconnu, poussé par une sexualité qui a été marquée par la prohibition de l'inceste, les amis de classe d'âge voisine prennent une importance capitale. Comme on ne trouve de motivation que dans la foi en soi-même, si les amis trahissent, on est comme dépossédé. Et c'est à ce point d'abandon, de solitude, de désarroi, que, peut-être, un collectif où il n'y a pas de relations personnalisées va pouvoir utiliser encore des restes de force en donnant un certain sens à cette énergie captée par le groupe. Que ce soit un collectif dans un militantisme actif ou que ce soit un collectif dans une réception passive : écouter des disques, fumer, boire ou se droguer ensemble de quelque chose pour une satisfaction partielle. La fragilité, la faille des adolescents en rupture viennent de ce que le travail pour chacun individuellement valorisé n'existe pas légalement. Je crois que c'est cela qui fait actuellement basculer tant de jeunes. Bien sûr ils ont d'autres raisons de sombrer, mais comme il n'y a plus le travail à travers lequel ils pouvaient, de façon individuelle, reprendre confiance en soi-même, simplement en faisant de l'argent, ce qui est une promesse de se libérer après coup : si on peut faire des économies, amasser, on aura un chez-soi, on aura une marge de manœuvre, un début de vie privée. Quand ce n'est plus possible, les jeunes sont entraînés à recourir à des moyens illicites de gagner de l'argent ou à des moyens illicites de prendre du plaisir parce que c'est nocif pour la santé. Même si la drogue peut mener à la mort du citoyen, c'est pour eux un plaisir qui permet de survivre. Mourir lentement, ce n'est pas la même chose que se suicider tout de suite. Le collectif peut être un refuge et un substitut de la confiance en soi.

Les idoles des années cinquante avaient leurs fans comme les charismatiques du pouvoir leurs mili-

tants. Aujourd'hui, elles ne sont plus qu'un numéro au Top 50, un pion qu'on joue pour gagner au jeu du Minitel qui consiste non pas à émettre un choix personnel mais à avoir le conformisme ou la chance d'estimer quel est le choix de la majorité. Cela aurait une autre portée si on donnait le prix à celui qui a donné un choix différent des autres en sachant l'exprimer. Le gagnant serait celui qui fait preuve d'une individualité convaincue de ses sentiments et de ses opinions.

C'est à l'école que l'on apprend à prendre comme référence le discours moyen, le « consensus ». Comment faut-il faire cette rédaction pour que cela plaise au maître ? Au lieu de la faire comme j'ai envie de la faire. C'est tout le temps cette recherche du plaire à l'autre et qui devient maintenant un collectif au lieu d'être l'individu. Quand il y avait des maîtres intelligents, ils incitaient leurs élèves à faire chacun différemment et non pas comme eux le voulaient. Il y en avait très peu comme ça.

Tout le système découle peut-être du fait qu'une machine sort des objets tous pareils et que les machines, étant donné leur puissance, ont servi de modèles aux humains. L'humain a fait des machines et ensuite c'est la machine qui est devenue son modèle. Il n'y a pas de doute que ce sont les individualités qui font la force d'un groupe.

Dans la mesure où les familles ne leur proposent plus des rites de passage, que leurs aînés sont eux-mêmes complètement disqualifiés en recherche de vie, les jeunes en se regroupant, en se serrant les coudes, en employant un langage un peu plus gestuel, font comme s'ils inventaient de nouveaux échanges ou comme s'ils vivaient contre la société en pensant qu'ils pourraient inventer des choses nouvelles. Et ils ont raison. C'est aux jeunes de le faire, ce n'est pas aux adultes.

CHAPITRE VI

LE DISCOURS SUR L'ÉPHÈBE
PIONNIERS DE L'HÉBOLOGIE

L'Américain Stanley Hall est l'un des tout premiers à avoir préconisé, au début du siècle, une étude spécifique de l'adolescence. Il a fait école aux États-Unis après avoir publié The Psychology of Adolescence *en 1904. Le courant de recherche remonte aux années 1890.*

On a commencé à cette époque à faire l'inventaire de la littérature dite éphébique et à plaider en faveur de l'hébologie. L'adolescent est considéré en tant que tel, comme un sujet d'observation privilégiée.

Lancaster, dans un ouvrage publié en 1898, a sélectionné deux cents biographies de personnes célèbres pour en noter les tendances dominantes au moment de l'adolescence : impulsions violentes, émotions fortes mais éphémères, fantasme de la réussite, penchant pour l'art et la poésie, désir de réformer la société, goût de la rêverie lunaire, de la solitude ou de l'extravagance. Parmi ces adolescents, Savonarole, Jefferson, Shelley, George Eliot, Tolstoï, Rousseau, Keats, Hans C. Andersen, R. Wagner, Pierre Loti. Aucun des jeunes avec qui

Lancaster s'est entretenu n'a échappé à un moment ou à un autre à la tentation du suicide (ce qu'il niera une fois parvenu à l'âge adulte). Mais il critique la tendance romanesque (c'est le cas de George Eliot) à l'exagération du caractère tourmenté de la période adolescente. Les turbulences ne font pas le séisme. La psychologie moderne doit dédramatiser. Pour la première fois, Stanley Hall recherche, analyse les causes des échecs scolaires de l'homme de génie comme Wagner, Huxley, Hegel...

Napoléon n'est sorti que quarante-deuxième de son école militaire. Darwin a été un élève « extrêmement médiocre ». Einstein a été jugé débile par ses professeurs.

C'est le constat, non de l'échec de ces cerveaux mais de l'échec du système scolaire, par son incapacité à accueillir l'intelligence et l'imagination créatrices.

Hall analyse les performances précoces de certains « surdoués » dans le domaine scientifique comme Tycho Brahé, Galilée, Newton, ou philosophique comme John-Stuart Mill et Thomas Huxley. L'Américain s'est livré à une enquête statistique sur l'âge d'apparition du TALENT littéraire et artistique. Dans la plupart des cas célèbres, il se révèle bien avant la vingtième année. Mais la famille, l'école, l'Église luttent contre la tendance générale de l'être humain à la précocité.

Hall a le mérite d'avoir appelé les responsables de la pédagogie à travailler en plus étroite liaison avec les chercheurs psychologues et à se mettre à l'écoute des marginaux pour mieux saisir les phénomènes du processus de formation de la personnalité.

Quatre-vingt-quatre ans après la parution de ce manifeste, peut-on mesurer son apport, son caractère novateur? Quand il affirme présenter une conception révolutionnaire qui bouleverse autant les idées reçues que le darwinisme a pu le faire pour les théories en cours sur l'évolution, ne se pare-t-il pas indûment de ce qu'il ne sera pas excessif d'accorder à Freud?

Stanley Hall fut un précurseur en son heure pour avoir posé le problème d'une science de l'homme encore inexistante à son époque et avoir critiqué la psychologie de cabinet au profit d'une psychologie de terrain. Mais sa vision du « remède pédagogique » ne dépasse pas le rousseauisme : encourager les impulsions, les instincts y compris les instincts prédateurs afin de les structurer et d'éviter ainsi qu'ils ne resurgissent à l'âge adulte en agressivité violente. Il propose naïvement pour produire cette catharsis chez les jeunes à l'âge pubertaire le contact avec le grand livre de la nature et le récit des hauts faits passés.

CHAPITRE VII

CROISSANCE ET COMPORTEMENT
LA DISGRÂCE ET L'HARMONIE

Étrange cette sorte de disgrâce physique qui s'empare des jeunes au moment de la puberté, plus chez les garçons que chez les filles. Ils commencent par avoir de grosses jambes, pas gracieuses, un peu comme des poulains, qui se développent tout à fait dysharmonieusement. Les membres sont disproportionnés. On voit d'énormes membres inférieurs et des bras qui ne suivent pas, ou quelquefois, rien que les bras et les jambes, le thorax reste petit. Il n'y a pas d'envergure, le cou reste un cou de poulet, ou bien au contraire, le thorax, le cou, la tête deviennent énormes, et probablement le sexe aussi, mais les bras sont graciles. Le visage apparaît comme tuméfié, le nez s'épate au point de devenir camus, les narines se dilatent, les traits grossissent, comme taillés à coups de serpe. Les uns sont bouffis, les autres dégingandés. Les filles sont très préoccupées de leur taille. Les très grandes ont autant de gêne que les petites très enrobées. C'est tout à fait curieux, la dysharmonie de croissance entre douze et treize ans chez les garçons, beaucoup plus que chez les filles. Comme s'il y avait une croissance discontinue par parties du corps... Deux ans après, ils ont tout à fait grandi.

Autant les enfants sont spontanément très fraternels avec les très grands handicapés, autant ils sont cruels avec les camarades atteints de simples disgrâces : le nanisme, le gigantisme, la graisse, les os et la peau. Les jeunes adolescents forment volontiers le tandem des contraires : les longilignes choisissent souvent un petit gros comme copain inséparable, la girafe va de pair avec la boulotte. Ils forment un couple qui provoque la risée et qu'on appelle « doubles pattes et triples croches ».

C'est sans doute la recherche de complémentarité. Les défauts de l'un et de l'autre s'équilibrent, se neutralisent. Il est rassurant d'être deux. Les jeunes préfèrent apparaître en public avec leur semblable en disgrâce pour surmonter leur anxiété, leur mal-être. Les filles vivent leurs problèmes de silhouette d'une manière très perturbante. Elles cherchent des compensations avec ce qui leur est contraire, par exemple en mettant exactement ce qui les fait paraître encore plus fortes : des pantalons en velours, des blue-jeans, en mangeant ce qui les fait le plus grossir. Mais il y a des filles qui n'ont rien de féminin et qui le vivent très bien. Il y a aussi de plus en plus de filles très séduisantes qui peuvent se valoriser, s'exprimer dans bien d'autres choses que la féminité. Elles mettent leur fierté à ne pas plaire comme objet.

Les filles qui se négligent complètement, s'habillant avec des sacs, ne se lavant pas, ne se peignant

pas, s'enlaidissant, ne sont pas de tendance homo-
sexuelle...

Disons qu'elles désirent vivre un temps neutre.
Elles ne veulent pas séduire à la manière d'une
femme, et elles ne veulent pas non plus conquérir à
la manière des hommes. Un homme n'ose pas se
montrer conquérant de femmes comme des homosexuelles actives, mais en fait elles recherchent toujours une femme qui les initierait et qui les aimerait
comme un petit être neutre pour les rendre féminines
à leur image. Elles cherchent à être amoureuses de
femmes féminines et elles neutres, elles ne sont pas
amoureuses de femmes féminines comme si un
homme les aimait. Elles sont amoureuses de femmes
féminines modèles. Ou alors puériles, désarmées,
comme le seraient des enfants ou une maman avec
sa petite fille. C'est comme des sentiments mater-
nels et filiaux archaïques qui se jouent avec une
maman ou avec la femme qui ne prend pas encore
soin d'elles. Ce sont des filles qui n'osent pas être
femme ni homme, des filles qui sont restées à l'état
neutre... C'est une stagnation due à des difficultés
entre trois et cinq ans.
La tendance homosexuelle peut se manifester
ainsi comme une espèce d'homosexualité archaïque.
La femme par exemple joue la jeune maman qui
s'occupe de vieillards comme de bébés. La femme
maternelle maternise des petits, mais pas des adolescents. Elle jalouse les filles de douze ans parce
qu'elle n'a pas eu à cet âge l'expérience des relations hétérosexuelles que sa fille cherche à avoir.
Les problèmes de la femme et de l'homme sont le
jour et la nuit. Vous voyez beaucoup de femmes qui

laissent les années passer sans désirer d'enfants. Elles aiment les enfants, mais elles ne peuvent pas se mettre en condition d'en recevoir un d'un homme ou d'en donner un à un homme.

La maternité et la sexualité peuvent être complètement dissociées chez la femme. Chez l'homme, pas. L'homme, il est nourrisson peut-être, mais un nourrisson viril avec les femmes. Il s'intègre avec les filles ou avec les garçons en tant qu'homme, pas en tant qu'eunuque... Je crois que la fierté du sexe pénien est quelque chose qu'on ne peut pas retirer à un garçon. Et même il est très rare que ceux qui veulent jouer à la fille veuillent ne pas avoir de pénis. Se faire opérer du pénis est exceptionnel chez les homosexuels travestis. Travestis filles mais avec le pénis. Les homosexuels mâles entendent bien être considérés justement comme des hommes. Ils y tiennent énormément. Je me souviens d'un critique littéraire qui était très affecté parce qu'une de ses consœurs avait écrit : « La critique littéraire parisienne est entre les mains ou des hommes ou des homosexuels »; ça l'avait beaucoup choqué et il disait : « Mais c'est la même chose ! Comment peut-on distinguer les homosexuels des hommes ! »

Quel est le premier signe pubertaire chez le garçon ?

La première pollution. Plusieurs des adultes que j'ai suivis en psychanalyse ont évoqué les circonstances de leur première pollution qui avait compté dans l'éveil de leur sexualité. Un simple frôlement avait suffi à le provoquer : en touchant légèrement, par mégarde, la jambe d'un camarade, au vestiaire du gymnase. Dans la lutte, l'empoignade, le corps-à-corps entre adolescents qui peut exciter la turgescence. La jouissance érotique n'en est pas absente. Tous les garçons que j'ai suivis n'avaient aucune tendance homosexuelle.

La première pollution vient plutôt d'un contact épidermique intempestif, ou de la moiteur du lit. La pollution nocturne de l'adolescent n'est pas spécialement favorisée par une énurésie de l'enfance.

Il est probable que l'angoisse de la castration sous-tend l'impression de vide, qui peut aller jusqu'à une réaction dépressive.

La première pollution de Louis XIV a été commentée comme « une substance pourrie qui s'échappe du roi ». On murmurait : « Le roi se meurt. »

On ne culpabilise plus la masturbation. Les enfants d'aujourd'hui ne sont plus mis en garde contre le « péché d'amour ». La littérature sur l'onanisme qui a troublé des générations de jeunes est périmée. Il n'en reste pas moins qu'une vague sensation « honteuse » peut suivre l'éjaculation solitaire. Du reste, dans le rapport sexuel, l'impression de vide castrateur, d'impuissance, domine si l'affection, le sentiment amoureux ne subliment pas la jouissance.

Avant la puberté, chez l'enfant plus jeune, la masturbation sans éjaculation peut entraîner une jouissance érotique.

Les premières règles ne sont-elles pas plus dramatisées par les filles que la première pollution chez les garçons ?

Chez les vierges, le tampon intravaginal est difficile à introduire, douloureux à enlever. Une jeune fille qui l'utilise est censée — souvent aux yeux de sa mère — avoir eu déjà un rapport sexuel.

Mais les mères parlent plus volontiers à leurs filles du « sang menstruel » qu'on ne parle aux garçons de la « première pollution ».

L'information sexuelle « occulte » le fait, ou omet d'avertir les garçons et d'expliquer le déclenchement.

Le premier rapport est aujourd'hui une affaire entre jeunes du même âge.

L'acte sexuel est presque toujours décevant la première fois, surtout avec un partenaire du même âge, qui le fait pour faire comme les autres, pour en passer par là à son tour, plutôt que guidé par une attirance, la recherche d'un échange, d'un plaisir partagé. Les jeunes font le rite du passage en restant entre eux. De plus en plus rares sont ceux qui sont initiés par un ou une aînée.

Le garçon est plus préoccupé du sentiment de « puissance » que de jouissance. Au contraire des filles.

Pour ce qui est de la virginité, les valeurs se sont inversées. Autrefois, une fille à marier déflorée perdait de sa *valeur*. Aujourd'hui, une fille ressent le premier rapport sexuel comme une valorisation de sa personne.

L'Institut Arnold Gesell fondé en 1950 au Connecticut (États-Unis) a mené une enquête systématique sur les étapes de l'évolution du comporte-

ment de l'adolescent au fil des années de croissance de dix à seize ans (le champ d'âge que nous évoquons dans cette suite de La Cause *des enfants). L'étude de ce cycle rassemble les observations qui ont été faites sur un groupe de jeunes Américains au vu des « gradients de croissance » : développement physique, sexualité, santé et hygiène, attitudes, émotivité, traits de la personnalité, relations sociales. Nous avons extrapolé ces données pour en dresser un état (voir tableau) qu'il est intéressant de regarder avec le recul et de replacer dans la perspective actuelle.*

Il faut préciser que la population observée est composée de jeunes Américains des années 50-60.

Certains comportements, comme ne pas se laver à dix ans, ne pas s'intéresser aux besognes familiales, ne tiennent qu'à un type d'éducation. Plus encore que l'époque de référence, ce qui limite la portée de cette enquête, c'est de n'avoir observé qu'un certain style d'enfants élevés dans des familles puritaines et de fixer un calendrier des réactions par rapport à une norme convenable tout à fait arbitraire qui en définit l'âge « minimum ».

Pour les garçons, on ne parle de masturbation qu'à partir de douze ans.

A quatorze ans, les pollutions nocturnes entraînent, dit le rapport, un sentiment de culpabilité. A croire que ces enfants appartiennent à des familles luthériennes ou anabaptistes, refoulées sur le plan de l'activité sexuelle. Les enquêteurs ne signalent pas un intérêt des filles pour les garçons avant qu'elles n'aient quinze ans. Et ils ne voient que l'impact social de cette curiosité pour l'autre sexe, alors qu'il s'agit d'amour passionné et de rapports sexuels. Il n'est même pas fait état des expériences multiples de « couples » qui ont lieu à seize ans.

A cet âge, selon Gesell, les jeunes en sont encore à la masturbation. Aujourd'hui, on sait bien que les jeux sexuels et les passions amoureuses commencent à six ou sept ans. Ne les faire surgir qu'à douze ans me rappelle les livres à version expurgée pour la jeunesse.

Gesell n'exclut pas explicitement que cela puisse se manifester plus tôt, mais ici la population étudiée n'a pas moins de dix ans.

Il est dit que les filles s'intéressent au développement de leurs seins à onze ans. Mais c'est bien avant.

Examinons le plus observable : les signes de croissance physique. D'après le tableau, entre filles et garçons de dix-onze ans, il n'y a pas de différence de taille moyenne, mais pour les filles, on observe déjà des signes de maturation sexuelle, de puberté, alors que chez les garçons, dans la moyenne, ce ne serait pas encore visible.

Ce n'est pas vrai. On voit chez les filles des seins, et on voit chez les garçons apparaître le duvet. La modification du corps se voit autant que chez la fille, mais autrement. Chez la fille, c'est plutôt en beauté, et chez le garçon c'est plutôt en dysharmonie. Il y a un décalage prononcé entre les deux sexes.

L'apparition du duvet est notée à la naissance du pénis, à douze ans.

Ce peut être bien plus tôt. Quoi qu'il en soit, ce n'est pas cela qui fait la valeur sociale de quelqu'un.

Autre observation chez les garçons de onze ans : les érections (provoquées sans doute au cours de jeux de lutte) sont attribuées à des stimuli non érotiques.

Pourquoi « non érotiques » ? C'est tout ce qu'il y a de plus érotique ! Quand ils grimpent à la corde, les garçons bandent parfois à ce contact. Ces érections n'ont pas la signification de relations d'amour, mais n'en sont pas moins des excitations sexuelles. Et encore dans les empoignades entre garçons, les luttes, il s'établit un rapport d'hostilité, de rivalité. Il s'agit d'être le premier, le dominateur ou le dominé, ce qui n'est pas totalement étranger à l'ordre de la conquête sexuelle.

Le sommeil lui aussi évolue entre dix et douze ans. Gesell a étudié la fréquence des rêves et leur nature. A la puberté il y a une période, plus précoce ou tardive suivant les individus, où l'on fait plus ou moins de cauchemars.

Forcément, puisque c'est la période où l'on quitte la période de latence : elle correspond à la mort de l'enfant. Il y a donc des cauchemars où l'on est tué,

LA CROISSANCE ET LE COMPORTEMENT DE 10 À 16 ANS

Tableau comparatif établi à partir des observations
de l'Institut Gesell sur des groupes d'adolescents américains

CROISSANCE — SEXUALITÉ — SANTÉ ET HYGIÈNE — ATTITUDES ET COMPORTEMENT

Voir suite du tableau p. 84 : ÉMOTIVITÉ — AFFIRMATION DE LA PERSONNALITÉ — RELATIONS SOCIALES

	CROISSANCE		SEXUALITÉ		SANTÉ ET HYGIÈNE (sommeil, appétit, soins corporels...)	ATTITUDES ET COMPORTEMENT (tics, habillement, ordre, serviabilité...)
	Filles	Garçons	Filles	Garçons		
10 ANS	même taille moyenne		jeux sexuels		bonne santé générale et bon appétit 10 h de sommeil en moyenne les garçons s'endorment plus vite que les filles cauchemars fréquents heure de coucher : 8 h 30 n'aiment pas se laver	mouvements de la bouche intéressé, enthousiaste, confiant, curieux, a besoin de diversion négligence dans l'habillement, désordonné peu enclin à rendre les services
	léger début de maturation sexuelle	pas de traces de maturation sexuelle	s'intéressent aux fonctions d'élimination	s'intéressent davantage aux fonctions d'élimination		
11 ANS	différences individuelles apparition de poils au pubis poussée des mamelons 90 % de la taille adulte	groupe plus uniforme peu de signes de maturation sexuelle accroissement de la structure osseuse 80 % de la taille adulte	intérêt pour le développement des seins connaissances des règles, des rapports sexuels et de la reproduction	intérêt naissant pour le sexe érections résultant de stimuli non érotiques	bonne santé, infections légères, bon appétit 9 h 30 de sommeil en moyenne le fait de se coucher est plus problématique que celui de se lever longs rêves heure de coucher : 9 h devient moins réticent à la toilette	tics du visage, exagération des mouvements gai, amical, actif, alerte ont des idées arrêtées sur la façon de s'habiller évite les tâches de la maison
12 ANS	croissance accélérée en taille et en poids gonflement des seins apparition de poils aux aisselles première ovulation possible	différences individuelles augmentation de la taille des organes sexuels apparition d'un duvet à la naissance du pénis	intérêt pour les menstruations	augmentation de l'intérêt pour le sexe et pour leur propre anatomie érections fréquentes masturbation	bonne santé, maux de tête et d'estomac excellent appétit 9 h 30 de sommeil en moyenne moins de cauchemars et moins de rêves heure de coucher : 9 h début de coquetterie chez les filles	mouvements des mains, exagération orale bavard, exubérant, très actif recherche dans l'habillement, veut se donner un style se résigne aux tâches familiales

82

			pour le sexe	masturbation		
13 ANS	de la croissance mûrissement continu règles	des poils pubiens croissance rapide des organes sexuels la voix devient plus grave première éjaculation			rhumes, fatigue, appétit inégal 9 h de sommeil en moyenne les rêves agréables prédominant sur les cauchemars heure de coucher: 9 h 30 consacrent plus de temps à la toilette (soin particulier aux cheveux)	règlement sur soi plus calme, parfois triste, attitude un peu négative, moins communicatif intérêt pour l'apparence, devient plus soigneux (surtout les filles) plus serviable
14 ANS	a pratiquement atteint son corps de femme maturité des caractéristiques sexuelles secondaires	ressemble encore à un enfant période de transition croissance rapide transpiration aux aisselles	s'intéressent aux aspects sociaux du sexe et à des aspects plus complexes de la reproduction intérêt pour les garçons	émissions nocturnes et masturbation donnant lieu à des sentiments de culpabilité	excellente santé, appétit considérable quelques difficultés cutanées 9 h de sommeil en moyenne les levers commencent à être difficiles heure de coucher: 9 h 30-10 h les garçons se lavent moins volontiers que les filles	devient excitable ou irritable à nouveau plus sociable et plus énergique grand intérêt pour les vêtements et leur propre apparence aider dans la maison est moins problématique qu'avant
15 ANS	arrondissement des formes	développement des forces apparition de poils: devant les oreilles, menton, lèvres pomme d'Adam plus saillante	intérêt pour les aspects moraux du sexe	intérêt pour les filles et le côté social du sexe	très bonne santé, problèmes cutanés bon appétit, certains prêtent attention au régime 8 h 30 de sommeil en moyenne moins de rêves, levers souvent difficiles heure de coucher: 10 h-10 h 30 prennent davantage soin de leurs corps	mouvements des doigts, décharges verbales apathique, indifférent, replié sur lui-même progrès dans l'ordre et le soin des habits les tâches familiales sont considérées comme un fait accompli
16 ANS	affinement des traits de maturité	la croissance est terminée pour 98 %	responsables et capables de choix dans leurs rapports avec les garçons, mûres dans leurs sentiments	intérêt croissant pour les filles	excellente santé, amélioration du teint, appétit variable selon les individus 8 h de sommeil en moyenne levers souvent difficiles heure de coucher: 10 h-11 h assument leurs responsabilités quant à la propreté personnelle les garçons se rasent	diminution de la tension générale tranquille, détendu, plus à l'aise responsable quant au soin des vêtements et l'ordre de sa chambre

LA CROISSANCE ET LE COMPORTEMENT DE 10 A 16 ANS *(Suite)*
ÉMOTIVITÉ — AFFIRMATION DE LA PERSONNALITÉ — RELATIONS SOCIALES

	ÉMOTIVITÉ (expression des sentiments, inquiétudes...)	AFFIRMATION DE LA PERSONNALITÉ (recherche de soi, vœux, intérêts...)	RELATIONS SOCIALES (parents, frères et sœurs, amis...)
10 ANS	désinvolte et bon vivant, en général d'humeur égale un des âges les plus heureux peu de pleurs, sujet principal de larmes : la colère peu de frayeurs, peur de l'obscurité peu compétitif	ne se préoccupe pas beaucoup de lui-même enraciné dans le présent, projets futurs assez imprécis vœux de possessions matérielles aime les activités à l'extérieur	très attaché à ses parents, affectueux et démonstratif aime participer aux activités familiales disputes avec les frères et sœurs les filles ont des rapports complexes et intenses avec une ou plusieurs amies intimes les garçons évoluent dans des groupes
11 ANS	sensible, aime s'affirmer, saute d'humeur, poussées d'irritation et d'agressivité, besoin de discuter inquiet et craintif, peur des animaux, de l'obscurité, des endroits élevés esprit de compétition et de vengeance pleurs fréquents : colère, désappointement	quête de soi, opposant, se trouve souvent en conflit avec les autres, n'aime pas être critiqué commence à avoir des idées sur sa vie future vœux de possessions matérielles goût des collections	tendance à résister à ses parents, perturbe la vie familiale mais aime les activités en famille combatif à l'égard des frères et sœurs rapports affectifs intenses et compliqués entre filles les garçons fonctionnent en bandes
12 ANS	équilibré et dilaté, meilleur contrôle de lui-même, sens de l'humour moins de pleurs, plus facilement triste moins d'inquiétudes, soucis sociaux, peur du noir, des serpents, de la foule... moins agressif	recherche de soi en essayant de gagner l'approbation des autres, se considère plus objectivement vœux de possessions matérielles projets plus réalisés et plus précis intérêt pour la nature	plein de sympathie pour la mère, se sent proche du père, aime la famille et ses activités mais commence à rechercher la compagnie des amis au-delà de son foyer amélioration des rapports avec les frères et sœurs les garçons et les filles se mélangent davantage

13 ANS	plus réfléchi, goût du secret / âge le moins heureux, / facilement déçu et blessé / sombre dans des dépressions / moins craintif, / inquiétudes sur le travail scolaire, / peurs sociales / veut réussir	... son ... un ... / vie intérieure importante, / aime être seul / impatient de grandir, / intérêt pour sa carrière et le mariage / désire la paix et le bonheur des autres / marottes individuelles, aime le sport	... moins proche et moins ... / dans ses rapports avec ses parents, / se retire sensiblement / des activités familiales / bons rapports avec les frères et sœurs / (surtout les plus âgés / ou les beaucoup plus jeunes) / les garçons sont moins sociables qu'à 12 ans, / les filles ont tendance à côtoyer / des garçons plus âgés
14 ANS	expansif et exubérant, / extraverti, sens de l'humour / plus gai, bouderies, mauvaises humeurs / l'école, les événements mondiaux, / sa propre apparence / sont les principales causes de soucis / esprit de compétition, désir de bien faire	recherche de soi / en comparant son moi à celui des autres, / anxieux d'être aimé, désir d'indépendance / pressé de grandir / souhaite un monde meilleur / intérêts sociaux et activités sociales / plus équilibrés	critique ses parents, / souvent gêné par sa famille, / éprouve le besoin de rompre les ponts / et d'affirmer son indépendance / difficultés avec les frères et sœurs / d'âge rapproché / formation de groupes et d'amitiés / basés sur des intérêts communs / les filles s'intéressent davantage / aux garçons que les garçons aux filles
15 ANS	instable et apathique, critique, / vie émotionnelle complexe / cherche à dissimuler ses sentiments / peurs sociales / recherche de la popularité et de la liberté, / fierté de ses propres opinions	s'intéresse à ce qui le différencie des autres / désir de bonheur personnel / les goûts et les intérêts individuels / se plaisent	s'éloigne de ses parents dont il accepte mal / les démonstrations affectueuses, / trouve ses principales satisfactions sociales / auprès de ses amis / et dans des activités extérieures / amélioration des rapports avec les frères et sœurs / groupes mixtes où se développent / des relations et des amitiés privilégiées
16 ANS	amical et bien adapté, / plus positif et plus tolérant / inquiétudes par rapport à l'avenir, / soucieux de son apparence / recherche du succès social	sens du moi, indépendant, / confiance en soi / état d'équilibre et d'assurance / vœux de bonheur, succès et progrès personnel	meilleures relations en famille / mais préfère la compagnie des amis / à celle des copains / protecteur à l'égard des frères / et sœurs plus jeunes / et bonne entente avec les plus âgés / considère ses amis comme un facteur très important / dans sa vie

ou l'on tue. Il faut absolument s'en sortir. Mais on ne peut pas le faire autrement que par les cauchemars avant d'arriver à la puberté. Je ne sais pas si on peut aller jusqu'à dire que les rêves agréables prédominent sur les cauchemars à partir de treize ans. Mais cela peut correspondre à la fin de la latence.

Les tics sont inhérents au développement de l'adolescent. On observe chez beaucoup d'individus une certaine maladresse corporelle, surtout quand ils parlent, ne sachant pas où mettre les mains ou se dandinant sur leurs jambes. Les tics du visage sont multiples.

Nous l'observons plutôt chez les jeunes citadins, beaucoup plus qu'à la campagne. Les enfants des villes sont obligés de refouler leur motricité. Ces tics de l'expression, cette maladresse corporelle sont là encore liés à un mode socio-éducatif. Ce n'est pas un stade inéluctable du développement de l'émotivité adolescente.

A la campagne, on est beaucoup plus assuré de ses mouvements. Ceux qui ont du mal à les contrôler sont refoulés dans l'expression de leur tension par la vie citadine. Et peut-être plus encore aux États-Unis que chez nous. Enfin aux États-Unis il y a vingt ans.

Le temps de sommeil indiqué est sidérant. Il laisse mesurer la contrainte du moule socio-éducatif. A douze ans, neuf heures trente, et l'année d'après neuf heures. Mais entre-temps le coucher à neuf heures du soir est passé à neuf heures trente. Des horaires de pensionnat. On croit rêver. Aujourd'hui, ne serait-ce qu'à cause de la télémanie, on constate un manque de sommeil chez les enfants.

Dans les relations sociales, le rapport souligne les disputes entre frères et sœurs.

Ces disputes disparaissent à quinze ans, note Gesell. C'est vrai. A partir du moment où les jeunes ont de véritables relations affectives et sexuelles, les frères et sœurs perdent leur intérêt.

Là encore, cela me semble être tout à fait dépendant de la société. Les garçons à treize ans sont moins sociables qu'à douze ans, les filles ont tendance à côtoyer les garçons plus âgés. Les garçons aussi cherchent des filles plus âgées.

Pour la vie en groupe, le rapport note qu'à dix ans les filles recherchent davantage une amitié amoureuse avec une autre fille et que les garçons recherchent davantage la bande. Je ne sais si aujourd'hui les filles ne vont pas aussi en groupe.

Il faut dire qu'à partir de dix ans, garçons comme filles s'acoquinent à deux pour aller dans des groupes. C'est parce qu'ils sont en doublé qu'ils fréquentent des groupes. Ils ne sont pas deux qui se suffisent à eux-mêmes, alors que quand ils sont plus jeunes, deux se suffisent à eux-mêmes. Là ils sont deux pour aborder un groupe auquel ils s'agglomèrent. Mais ils ne restent pas en couple dans le groupe. Ils vont en duo et une fois dans la bande, les duos se dissocient et font des petits groupes ou d'autres duos.

Comme les filles vont au bal à deux.

C'est la même chose. Au premier bal on va à

deux, et les garçons aussi. Ils se donnent du courage pour y aller. De même que les garçons vont au bordel, toujours à deux, pour commencer, au moins à deux, quelquefois à trois, mais pour commencer ils ne vont pas tout seuls, ils n'oseraient pas. Ce n'est qu'après, une fois qu'ils ont fait connaissance avec la Zoé, la Julie, qu'ils y vont tout seuls. Parce que le tremplin pour entrer dans la société, c'est un alter ego, pas plus « à la cool » l'un que l'autre, mais à deux ils affrontent en même temps, de rentrer dans une bande, de frayer avec un groupe. Ils partagent la même appréhension et la même expérience.

Avant neuf, dix ans, l'accompagnateur, c'est plutôt un frère, une sœur, un grand frère, mais pas un copain, une copine, de son sexe. Et on n'ira pas avec un camarade de l'autre sexe. A la puberté, la recherche de l'autre sexe et la recherche de la découverte du nouveau se font plus facilement à deux.

C'est important à dire parce que c'est vraiment quelque chose de fondamental. Cela a existé dans n'importe quel temps historique. Du temps des *Misérables* ou de notre temps, cela se fait de la même façon. Le tandem se poursuit chez beaucoup d'adultes qui n'ont pas eu l'occasion de se fortifier personnellement. On voit beaucoup de jeunes femmes qui font l'échange d'objets personnels avec une autre. Un jeune homme aussi fera du tennis parce qu'il rencontre un camarade qui l'y entraîne. Alors qu'il pourrait très bien aller s'inscrire tout seul dans un club de tennis. Ou faire du jogging. Arrive un autre, « Viens, on va faire ça ensemble ! » Pourquoi ? Ce n'est pas indispensable. Chacun n'y prend que son plaisir à lui.

On le voit à la fréquentation du cinéma. Beaucoup

d'adultes, surtout âgés, y vont seuls en choisissant le film et beaucoup de jeunes, bien que maintenant les salles soient multiples dans le même immeuble et qu'ils puissent voir des films différents, iront voir un film qui ne les tente pas pour rester près du copain dans la salle obscure. Et ce n'est pas avec une fille qu'on va peloter.

Dans cette société américaine des sixties, les garçons et les filles sont séparés, mais il n'y a pas la moindre observation des tendances homosexuelles.

Rien du tout. Quand le rapport note : sans érotisme, cela veut dire homosexuel. Tous ceux qui disent « s'intéresser à », cela veut dire « homosexuel ». Ils s'intéressent aux filles mais en n'étant rien qu'avec des garçons.

Un mot de Marguerite Duras, interviewée en 1987, a fait son petit effet : « Tous les hommes sont homosexuels. »

Toutes les femmes aussi, tous les humains. Elle voulait dire qu'il y a un égoïsme, pas seulement sexuel, plus développé chez les mâles que chez les femmes. Un égoïsme du comportement, même quand apparemment on partage un plaisir, même si on fait jouir une femme. Je crois que c'est une conduite d'adolescence prolongée. Les jeunes filles sont soucieuses de porter l'enfant de l'homme qu'elles aiment, tandis que si l'homme fait un enfant à une fille, ce n'est pas le sien. « Ce n'est pas mon problème, je n'ai rien à voir avec ça », dit-il. Alors que la fille, elle est totalement engagée, et pour elle parce que c'est l'enfant de tel autre.

D'après Duras, même quand il est soucieux de provoquer l'orgasme chez la femme, l'homme y mettrait une fierté de mâle dominateur profondément égoïste. Peut-on être aussi catégorique ?

Je pense que cela fait partie de notre névrose actuelle, généralisée, qui est une prolongation de l'adolescence chez les garçons, qui ne sont pas éduqués, ni par leur mère ni par leur père. Ils sont aimés par leur mère, dirigés par leur père, mais pas éduqués. Dans le sens de l'éducation sentimentale du garçon, qui n'est pas faite par le père.

Les pères ont souvent le sentiment de ne plus pouvoir parler à leurs garçons, même quand ils essaient, de ne pas être écoutés.

Ils n'ont pas les mots. Ils ne peuvent pas les avoir parce que le jeune se défend d'une intrusion dans sa vie privée. Je crois que le jeune, beaucoup plus que des paroles, attend des actes. Que le père ne fasse pas de discours, mais s'accorde complètement aux valeurs qu'il prétend défendre dans sa vie réelle. Sinon c'est tout de suite pris pour une morale caduque et théorique. Ce qui importe, c'est l'exemple de vie. En fait, le jeune attend beaucoup plus de s'opposer à un adulte ferme, cohérent. Cela fait du bien de pouvoir dire : « Je ne veux pas travailler comme toi, je ne veux pas vivre comme toi, je ne veux pas prendre mes plaisirs comme toi, surtout pas ! » Mais au moins de pouvoir s'y référer.

Pour ça, il faut que l'adulte assume ses contradictions.

Il ne faut pas que l'adulte flatte l'adolescent en lui disant : « Je vais faire ce que tu aimes, je vais te parler comme tu voudrais que je te parle, je vais prendre ton vocabulaire. » Même s'il le voulait, il n'y arriverait jamais. Ils n'ont plus de vocabulaire ou s'inventent des onomatopées, un code, précisément pour faire la différence.

Dans cette « chronologie » relative, comment s'acquiert l'information sexuelle pour ce qui est de la connaissance des règles, des rapports et de la procréation ? D'après Gesell, ces notions sont intégrées à onze ans.

A onze ans, généralement, les enfants sont au courant. A ce propos, comme je l'ai dit récemment à des élèves d'une classe de troisième — ils étaient très intéressés par cette rencontre au CES — je trouve terrible d'avoir à parler à des jeunes de quinze ans des moyens anticonceptionnels, alors que jamais de leur vie, à l'école, on ne leur a parlé de la noblesse de la conception. Or on a une occasion tous les ans, à la fête des mères et à la fête des pères, de leur dire ce qu'est un père, les niveaux de paternité, de maternité conceptionnelle, de naissance légale, adoptive, d'accueil au monde. Tous ces mots associés aux mots de père et de mère qui permettraient que l'enfant ait une dignité de la conception et du rôle tutélaire, direct ou indirect, d'adultes vis-à-vis des jeunes en croissance.

Or tout d'un coup, on leur parle des moyens de ne pas concevoir. Et on n'a jamais ennobli le fait de concevoir. Je crois qu'il y a là quelque chose de très grave, et que cette éducation devrait justement commencer à l'école, par la dignité de sa propre naissance, quels que soient les parents qu'on ait, même si depuis ils sont séparés, ou pis, si on n'en connaît qu'un seul, sans même savoir le nom de l'autre. On a pris vie et c'est ça la conception qui est intéressante et qui est importante. Je crois que si on n'enseigne pas cela, on ne peut pas enseigner les moyens anticonceptionnels d'une façon qui n'est pas douteuse du point de vue éducatif.

Pensez-vous qu'il soit significatif d'observer que pour les filles, dans la treizième année, il y a une baisse d'intérêt pour la sexualité? Les enquêteurs américains par ailleurs notent que les filles de quatorze ans sont curieuses de connaître les réactions des garçons et s'intéressent aux processus de la reproduction. Mais il semble qu'elles manifestent une certaine désaffection à l'égard de la sexualité même.

Si elles s'intéressent plus aux aspects sociaux de l'échange avec l'autre sexe, c'est parce qu'elles refoulent la sexualité. C'est particulier aux enfants américains. Ils se préoccupent de l'effet qu'ils font, au lieu de s'occuper de leur être et de leur perception personnelle. La recherche du garçon à attirer et charmer est une recherche hystérique. L'attitude qui consiste à ne voir en l'autre qu'un sujet à séduire est tout à fait le contraire de la sexualité. L'éducation sclérosante que les filles reçoivent les porte à n'avoir qu'une idée en tête : « A qui vais-je plaire? » Ce tableau est révélateur de la névrose d'une éthique collective qui conduit les filles à s'intéresser avant tout à l'aspect de la féminité qui peut séduire l'autre, au lieu de penser à ce qu'elles pressentent de la sensibilité de l'autre.

CHAPITRE VIII

RITES DE PASSAGE
ET PROJETS ADOLESCENTS

PARABOLE D'AUJOURD'HUI

Quand j'étais jeune psychanalyste tout de suite après la Deuxième Guerre mondiale, j'ai eu à connaître le cas d'un lycéen qu'on avait envoyé en psychothérapie : il n'était pas mauvais élève en classe mais ses professeurs déploraient qu'il soit très souvent dans la lune.

Je me rendais certains jours au lycée Claude Bernard qui avait ouvert une section psycho-pédagogique réservée aux élèves qui avaient bien marché dans le primaire et qui avaient de mauvaises notes en sixième-cinquième. Ils avaient presque tous un QI de 135.

Sur le chemin du métro, j'ai rencontré une voisine qui faisait de la lingerie fine pour dames et qui gagnait le matin son atelier à l'heure où je partais pour mes séances de psychothérapie scolaire. Au cours de la conversation, elle m'a demandé : « Docteur, que faites-vous en ce moment ?

— Je m'occupe d'enfants en difficulté scolaire mais qui sont intelligents et doués. Un choc, une émotion les ont perturbés et les empêchent de se concentrer.

— Ah, si vous saviez comme mon fils Christian me donne du souci ! Je ne sais plus quoi faire. Il n'a plus son père qui a été tué à la guerre... Il est passionné d'aviation mais...

— C'est intéressant.

— Oui, mais ses professeurs disent qu'on ne pourra pas le garder au lycée... »

C'est alors que sur mon conseil, elle a envoyé son fils au centre Claude Bernard et que j'ai été sollicitée de le prendre en traitement. Une psychothérapie de soutien qui ne reculait pas dans son histoire comme l'induit une psychanalyse allait suffire à le sortir de ce passage d'adolescence apparemment compromis.

Au cours de nos entretiens, il s'est révélé que, lorsqu'il était dans ses rêves, il était en fait en train de devenir un voyeur du cabinet d'essayage de sa mère qui s'occupait de lingerie pour dames. Il faisait ses devoirs dans la pièce où elle recevait ses clientes. Les visions furtives des dessous nourrissaient sa rêverie et l'empêchaient de travailler.

Quand il revenait du lycée, il s'installait dans la petite boutique où ces dames essayaient gaines et soutiens-gorge.

Il fuyait sa sexualité dans la rêverie.

Je lui ai dit que c'était tout à fait sain d'avoir des idées de femmes. Mais que pour ne pas être trop tenté et ne pas se mettre en érection, il devait demander à sa mère de rentrer directement à la maison maintenant qu'il était grand. Il n'a plus fait ses devoirs dans le cabinet d'essayage. Et il s'est montré moins distrait en classe. Nous avons continué nos entretiens hebdomadaires. A chaque séance, il me parlait sans cesse de l'avion qu'il construisait dans sa cave avec l'aide d'un camarade. Ils travaillaient à deux, le soir et le samedi-dimanche. Il était vraiment dissocié de tout le reste, au point d'avoir négligé un « détail » pratique : la seule issue de la cave était un soupirail étroit. L'avion, une fois monté, était voué à demeurer sur place, mais je ne le savais pas. Je suivais la progression de leur montage, il me montrait les plans, les dessins. A la fin, je lui ai demandé :

— Vous avez déjà mis les ailes à la carlingue ? Comment allez-vous le sortir ?

Il a réfléchi.

— Mais c'est vrai, nous n'avons pas pensé au jour où il pourrait voler.

Il n'en était pas affecté. C'est comme ça qu'il a réussi son passage adolescent, sa rupture avec l'enfance.

Étrange casse-cou, il vivait sur deux niveaux : un niveau de rêve qui le faisait beaucoup travailler à son avion sans avoir la possibilité de le sortir de la cave.

La réalité est qu'il s'était bien amusé pendant deux ans et n'avait rien à regretter puisqu'il avait fait des rêves avec cet avion en devenir dans la cave de sa mère.

Une parabole : un bel oiseau qui ne volera pas mais qui a volé en soi-même et qui lui a fait rêver et sublimer une amitié homosexuelle.

Tous les deux on fabrique un phallus formidable qui va aller dans les airs... C'est l'action sublimée d'un bel oiseau. Ensuite, on peut trouver un métier qui vous donnera des ailes pour de vrai.

Voilà un très bel exemple d'un substitut fécond

dans une société qui a supprimé les rites de passage pour l'adolescence. A la puberté il n'y a plus d'initiation ni d'apprentissage.

Au cours de cette psychothérapie, le transfert n'a pas été ambigu. Il a été en confiance, sans être amoureux.

Dix ans après, après avoir demandé mon adresse à l'ordre des médecins, il a voulu me revoir. Il était devenu pilote d'essai. Il désirait se marier. La fille qu'il aimait voulait qu'il plaque son métier pour pouvoir l'épouser. Il désirait en faire sa compagne mais n'avait aucune envie de quitter son métier à haut risque et qui était très bien rémunéré avec un salaire élevé et des primes.

— Je lui ai dit, à ma fiancée : « C'est très bien pour une femme. Si je me tue, ma veuve touchera une très grosse prime d'assurance. » Qu'est-ce qu'elle craint ?

Il ne comprenait pas que la jeune fille n'abondât pas dans son sens.

— Elle vous aime et supporterait mal de vous perdre.

— Si elle m'aime, elle aime le métier que je fais. C'est un bon métier puisque ça rapporte à l'épouse et ça rapporte à la veuve.

Il est venu cinq ou six fois me parler de son projet de mariage, en se demandant s'il devait lui sacrifier son métier. Il m'a envoyé un faire-part de mariage. Sa dernière lettre : « Maintenant je suis trop âgé pour continuer à être pilote d'essai, à part des vols exceptionnels, mais je forme des parachutistes. »

Je ne l'avais pas revu depuis que, lycéen, il me parlait de cet oiseau du ciel enfermé dans la cave de sa mère. Devenu un homme, et ayant trouvé de vraies ailes pour voler, il était venu me poser cette question : « Comment peut-on décider une femme à vous épouser lorsqu'on risque de mourir jeune ? » Il a dû être prudent puisqu'il a survécu.

Jusqu'à la fin de nos entretiens, quand il était lycéen, pas un instant je n'avais songé que la cave de Christian n'était pas comme un garage avec des portes ou un panneau coulissant. Si je lui avais dit plus tôt, en anticipant : « Mais comment vas-tu sortir l'avion ? », j'aurais stoppé sa fabrication. Je l'aurais empêché d'avancer. J'aurais tout gâché. C'est ce que font trop souvent les parents des adolescents.

Nous touchons là un point critique : il ne faut pas que l'adulte voie trop bien dans le cœur de l'enfant, ni ne cherche trop ce qui est rationnel ou non dans ses projets.

J'ai connu un instituteur dont la classe projetait d'aller passer une journée à la tour Eiffel. Toute la classe préparait le voyage dans les moindres détails : plans de métro, horaires et prix des trains.

Le maître savait que le projet ne se réaliserait pas, faute de moyens matériels.

Pendant trois mois, on avait appris à lire, écrire, calculer, en consultant les brochures SNCF et les plans de Paris, en traçant l'itinéraire, en établissant le programme horaire. C'était tellement amusant d'avoir fabulé, inventé un voyage. Les élèves étaient dans la phase de latence : huit-onze ans.

Le maître ne disait pas d'avance : « Ce n'est pas possible. Nous n'avons pas réuni la somme nécessaire. » Celui qui savait que le but n'était pas réalisable, ne le disait pas. Et je crois que c'est ça, l'éducation.

A la phase de latence, ce n'est plus le rêve du petit garçon du *Bel Oranger*, l'âge de la création poétique, magique. Les enfants veulent une concrétisation. Plus tard, les anciens élèves ont rencontré l'instituteur.

— Vous vous souvenez de notre voyage à la tour Eiffel ? C'était formidable !

— Le voyage... ? Mais on ne l'a jamais fait.

— Comment, on ne l'a pas fait ?

Ils avaient oublié que le projet ne s'était pas réalisé.

Dans la presse, les adultes inventent des journaux qui ne paraîtront pas. Les inventeurs font des maquettes de machines nouvelles qui ne seront jamais sur le marché.

L'homme a besoin de projets. Une vieille nation souffre d'un manque de grands desseins. L'utopie est la réalité de demain. Les hommes politiques font des promesses, ils n'ont pas de programme ambitieux. Une grande réforme naît dans un esprit novateur. Peut-être ne peut-on le faire aboutir mais on va essayer. Cela débouchera au moins sur une expérience instructive et contribuera à faire avancer une idée neuve, faire évoluer les mentalités.

La population adulte écrase chez les adolescents leur désir d'évasion en leur disant : « Impossible. »

MORT INITIATIQUE ET ÉVASION

Les rites d'initiation les plus anciens, de l'Australie à l'Afrique du Sud, de la Terre de Feu à l'Océa-

nie et jusqu'à Tahiti, ont pour dénominateur commun une dramaturgie de la mort initiatique.

Les novices, les néophytes doivent, pour le passage, mourir à l'enfance.

La séparation symbolique d'avec les mères est représentée d'une manière dramatisée. L'épreuve du feu chez les aborigènes est probablement la cérémonie la plus « archaïque » de l'initiation à l'âge d'homme. Le novice, tué symboliquement, est confronté à une puissance mythique, qui détient le secret du lien entre terre et ciel.

La circoncision est une opération accomplie par le Grand Esprit représenté par des opérateurs avec leurs outils rituels. Le sang est un élément essentiel de cet acte sacralisé.

Les cérémonies sont accompagnées de mugissements imités par l'homme : expression religieuse remontant aux premiers hommes et origine obscure du « tonnerre de Zeus ».

En Afrique occidentale, chez les Serères et les Wolofs, la circoncision intervient tardivement par rapport à la croissance : après quinze ans et jusqu'à vingt ans.

L'ethnologue Arnold Van Gennep explique les variations de l'âge de la circoncision : c'est un acte social, ce n'est pas un rite de puberté (au sens somatique), erreur commise communément.

Les sociétés ont toujours distingué puberté psychologique et puberté sociale.

Chez les garçons, la subincision marque l'étape de transformation rituelle du néophyte en femme.

Les rites d'initiation favorisaient probablement la sublimation de la castration symbolique. C'est, je présume, le rôle essentiel que nous devons aujourd'hui retenir de ces données de l'ethnologie.

Ces épreuves collectives aidaient les jeunes à se délivrer du sentiment de culpabilité transgressive qui s'empare d'eux, car le passage réalisé seul, sans soutien, est vécu comme une transgression. Mais il est nécessaire aussi qu'il s'opère sous le poids d'une certaine menace, par l'affrontement réel d'un danger. La transgression devient dès lors intronisation et la peur de violer et d'être violé (ou castré) s'abolit.

Les réalisations individualisées ne sont pas initiatiques à la vie sociale, à la vie de groupe, comme l'étaient les initiations des sociétés tribales.

Le *projet* ne peut pas remplacer le rite de passage. Mais peut-être permet-il de s'en passer.

Le rite de passage servait une communauté qui avait besoin de garder tous ses membres et trouvait ainsi le moyen d'attacher au clan tous les jeunes, en leur faisant affronter des risques à l'intérieur de la tribu : les risques de l'initiation. Epreuves terribles. On sera un type formidable si on en sort vivant. Ça implique que la société donne le modèle.

Aujourd'hui, alors qu'il n'y a plus de modèle familial ou social, que le fils succède de moins en moins au père, le rite de passage ne se justifie plus mais peut être le *projet* répondant à la tentation du danger avec une certaine prudence, peut aider à mourir à l'enfance pour atteindre à un autre niveau de maîtrise dans la vie collective.

La première étape est de pouvoir gagner un peu d'argent. C'est la pierre d'achoppement à l'heure actuelle pour les jeunes. Avoir un logement à soi, une fille, faire des enfants. Un idéal qui n'est pas d'époque mais éternel.

Dans le film Rendez-vous de juillet, *une petite bande de copains rêve d'aller en Afrique chez les Pygmées. Le « chef de l'expédition » va de porte en porte pour avoir les subventions nécessaires. L'affaire traîne en longueur. Il a de longues réunions avec ses coéquipiers. Le jour où, triomphant, il leur annonce : « C'est gagné, on part ! », certains semblent presque déçus, en deuil d'un rêve perdu.*

Ce qui caractérise l'adolescent c'est qu'il se fixe sur un projet lointain qu'il imagine dans un temps et un espace différents de ceux où il a vécu jusque-là.

Cela rejoint la fugue, mais une fugue qui n'est pas délinquante, si les parents ne la rendent pas « transgressive d'interdits » par leur angoisse.

C'est la vraie évasion. La fugue est l'échappatoire en négatif, un signe que l'enfant est arrivé à sa phase adolescence et qu'il ne voit pas d'issue à ses pulsions d'ouverture sur le monde. Il fuit en se refermant sur lui-même ou il s'enfuit du domicile familial. (Voir annexe 2.)

La bonne solution est de nourrir un rêve que l'on réalise au jour le jour.

Avez-vous observé et favorisé le « passage » de vos fils adolescents ?

Leur désir d'évasion n'a pas pu être étouffé car mes fils ont pu librement être dans des tensions de projets au loin. C'est ce qui explique que je n'ai pas pu remarquer chez eux, au moment de l'adolescence, les difficultés de passage à la vie adulte. Dès l'âge de seize ans ils ont voyagé vers des destinations lointaines. Ils y étaient préparés. J'ai respecté leur liberté. Très tôt ils ont passé leurs vacances à l'étranger, chaque été dans une famille différente. Jean, l'aîné (Carlos), m'envoyait des lettres. Il écrivait comme un reporter. Gricha (Grégoire) téléphonait. Il était laconique. Il répondait à mes questions par « Oui... non ». Je ne savais pas s'il était content du dépaysement ou déprimé.

— Tu as encore des choses à me dire ?
— Non !

Trois jours après il m'envoie une carte : « Quelle bonne conversation nous avons eue au téléphone ! » Il avait le souvenir d'avoir abordé des sujets intéressants.

Quand le courant est passé, avec un jeune, les questions-réponses ne comptent plus. « Qu'est-ce que tu as fait ? », ce n'est pas une question à poser à un enfant. Mieux vaut demander : « As-tu un copain qui sort avec des filles ? » Sous-entendu : « Quoi que tu me dises, je ne dirais rien à personne, ça restera entre nous. » Avant tout, établir la confiance. C'est la priorité des priorités.

Les comportements des adultes aggravent beaucoup les difficultés des adolescents.

Je dois dire que l'adolescence a été plutôt pour mes enfants une période d'expansion. Dès seize ans, ils ont fait de grands voyages tout seuls : en Yougoslavie, en Turquie. Mon fils Gricha a été au Pérou. A dix-sept ans, en Afrique du Sud, l'année suivante, à Cuba.

L'adolescence, cela se prépare par le dégagement des parents dans la phase de latence : d'une façon contrôlée. Ainsi, à douze, treize ans, ils peuvent mettre noir sur blanc un projet de voyage, le faire accepter par leurs parents et partir avec leurs économies et un moyen de liaison. Ils font une expérience étonnante, sans couper l'élastique qui les relie à leur famille (l'appel aux diverses étapes) qui n'est pas fâchée de les voir s'éloigner tout en donnant de leurs nouvelles. C'est un secret du bien-vécu de l'adolescence.

Les sorties de mes fils entretenaient une tension avec le père qui voulait contrôler.

« Tu es parti à telle heure. Qu'as-tu fait ? »

Cela n'a été dramatique qu'une fois ou deux. Mon mari avait donné la « permission de minuit » et mon fils Jean est revenu en retard. C'est ce qui l'a décidé à quitter la maison. Le second est resté mais il ne parlait plus à son père. Il avait d'autres recours, d'autres références.

Les jeunes qui, en 1988, restent à la maison, donnent valeur à la famille, la fidélité, l'amour, la santé. Ce sont les post-adolescents.

Le look des jeunes n'est pas qu'une mode. Leur comportement vestimentaire n'est-il pas une affirmation de groupe ou une autodéfense ?

L'une par l'autre. Le fait d'exiger d'être tous habillés de la même façon entre six et onze ans, et aussi dans le temps de l'adolescence, peut être le paradoxe de leur différence. C'est justement pour ne

104

pas être tous pareils à l'intérieur qu'ils adoptent un uniforme. Ils ont l'air de n'être occupés que de leur aspect physique et du jugement de leurs camarades, alors qu'ils sont uniquement dépendants de papa-maman.

Au stade de l'adolescence, on retrouve le même « déguisement » : on revêt les uniformes de tel clan, tel look : punk, rocker, baba cool, new wave... A l'intérieur, les jeunes cachent leurs vraies différences. Mon fils Jean n'avait aucun souci de ce qui le vêtait... sauf aux pieds : il voulait avoir des souliers pointus, ce qui était à la mode. Il portait des articles de mauvais goût, à mon avis. Et de mauvaise qualité de semelles. Ça s'usait très vite. Il montrait de la sorte le fétichisme des chaussures pointues. J'étais étonnée. Les garçons ont une période homo-sexuelle où il faut être très attentive à ce qu'ils portent.

Observations contradictoires. L'importance des chaussures pour une génération déchaussée... Les jeunes aiment marcher pieds nus, en toutes saisons.

Les garçons d'aujourd'hui donnent plus d'impor-tance que les filles aux chaussures. Ils s'arrachent les Santiagues et les Camarguaises. Mes enfants avaient un budget vêtements. Ils allaient se vêtir eux-mêmes dans les magasins. Un jour, Jean m'a demandé de l'accompagner « pour que la vendeuse ne l'influence pas ». « Toi, tu ne pèseras pas sur mon choix. Elle, elle veut me faire acheter ce que je ne veux pas. » Il disait toujours « oui » à ce qu'on lui présentait.

— Tu dis toujours oui.

— Je dis oui parce que j'attends que ce soit toi qui décides.

Gricha se souciait peu de l'état de ce qu'il portait. Il pouvait acheter un pull-over et revenir à la maison avec une manche déchirée, sans pouvoir dire où il l'avait accrochée.

— Ta manche est déchirée...

— Bof, pourvu que j'aie chaud !

L'adolescence est une période très riche si on laisse prendre au jeune très tôt ses responsabilités sans le contester.

Ne pas contester ne veut pas dire approuver. Dans une relation de confiance réciproque, le rejet global reste un droit réciproque. Pas le rejet global de la personne, bien sûr, mais le refus de la vie commune en convenant ensemble d'un désaccord parfait, portes ouvertes.

La difficulté des jeunes à s'évader du milieu familial, même à dix-huit, vingt ans passés, et l'abus de pouvoir des adultes tutélaires ont inspiré ce néologisme barbare de « parentectomie », comme si on devait procéder à une ablation.

Parentectomie ! L'image chirurgicale est dure mais elle exprime bien qu'il faut couper dans le vif pour que l'adolescent prolongé se libère enfin des attaches familiales.

Votre adolescence ? Quelle impression marquante en gardez-vous ?

La patience. Je savais que je devais attendre. Je n'avais aucune possibilité de sortir, n'ayant pas un sou, même pas de quoi prendre un ticket d'autobus. Je n'avais aucune liberté de manœuvre. Et je prenais mon mal en patience dans cette seule perspective : pouvoir me débrouiller seule dès que j'aurais atteint ma majorité.

Si l'adolescent a un projet, même à long terme, il est sauvé. Il fait des choses pour nourrir ce projet. C'est ce qui rend l'attente supportable dans le purgatoire de la jeunesse, dans cet état d'impuissance et de dépendance économique. Ma mère m'a aidée à savoir ce que je voulais à force de s'y opposer.

DEUXIÈME PARTIE

LE TEMPS DES ÉPREUVES

« Si les adolescents étaient encouragés par la société à s'exprimer, cela les soutiendrait dans leur évolution difficile. »

Françoise Dolto

CHAPITRE IX

TRUBLIONS DE LA PSYCHIATRIE ET PSYCHANALYSE SANS PAROLE

Les pédiatres des services médicaux spécialisés ouverts aux adolescents observent le décalage entre l'indifférence apparente et la forte demande informulée.

Le gynécologue David Elia anime l'association « 5 millions d'adolescents ». Il étudie le comportement des adolescents quels que soient les milieux socio-culturels dont ils sont issus. Il y a un profil commun entre les jeunes de tous les pays.

Les pédiatres interrogés remarquent la même chose : les ados (plus les garçons que les filles avant quinze ans) viennent pour des raisons somatiques (problèmes de croissance, acné, scoliose, asthénie). Ils ne disent rien, restent la tête baissée. Et ces jeunes se plaignent que les pédiatres ne se soient pas intéressés à eux en dehors du motif explicite de la consultation.

Ils sont repartis déçus qu'on n'ait pas abordé le problème de fond. Les pédiatres ne sont pas préparés, armés, pour sentir la demande qui n'est pas explicite et y répondre. Les jeunes sont demandeurs mais ne le manifestent pas. Le contact ne s'établit pas.

Les Américains ont créé des services spécialisés pour les teenagers. Comme il y a des services pour le premier âge, pour la gériatrie, etc. De son côté, le professeur Deschamps, de la faculté de Nancy, n'y voit pas le modèle à imiter. Il redoute qu'il ne se passe en France ce qui se passe aux États-Unis : on donne trop d'hypnogènes, trop de médicaments, trop de tranquillisants pour calmer l'angoisse. Plutôt que de parler avec les adolescents, le médecin a tendance à leur administrer des calmants.

Comme on le fait avec des enfants qui ne dorment pas : on leur donne des sirops, alors qu'il suffit de parler avec eux de ce qui se passe, de ce qui ne va pas. Si l'image des médecins est si négative chez les adolescents, c'est que le pédiatre n'a pas la discrétion attendue, il est un agent répressif ou il est complètement « à côté de la plaque », ne percevant pas que les jeunes qui viennent en consultation demandent implicitement autre chose qu'une simple prescription de médicaments sédatifs. Les adultes ne pensent pas plus à la relation du verbe avec les adolescents qu'ils ne le font avec les enfants du premier âge. Une vraie question à poser : « Les filles, ce sont elles qui te plaquent ou c'est toi qui les plaques ? » Ça c'est la bonne question. Ou : « Tu as des copains qui vont encore avec des garçons ou qui ont déjà été avec des filles ? » Il ne faut pas lui demander directement ce qu'il fait lui-même. L'homosexualité de l'adolescent est normale. Ils ont très peur qu'on parle de « pédés », c'est une injure depuis qu'ils sont à la maternelle. « Tu as des copains qui en sont encore à ne chercher que des copains garçons ou tu en as qui ont déjà des copains filles ? Une fille qu'ils aiment. » Alors ils commencent par vous parler des autres. Voilà une médiation, un biais qui permet d'établir le dialogue et de susciter la réponse. Le fait de parler des autres camarades les aide à parler d'eux-mêmes.

Prenons l'exemple d'un garçon qui sort avec une fille qui, sans être homosexuelle, croit qu'elle est attirée par les filles. Il y a une sorte de connivence affectueuse entre eux. Ils croisent deux filles dans la rue. Elle lui dit : « Tu prends celle de gauche, moi je prends celle de droite. » Elle fait de l'identification au garçon pour être plus près de lui. Le garçon en parle spontanément à ses parents alors qu'il se ferme dès qu'on aborde directement la question de sa propre sexualité.

Observer ou juger les autres adolescents qu'il fréquente aide le jeune à parler de lui-même indirectement. Encore faudrait-il que le garçon ou la fille soient assurés que le pédiatre n'en dira rien aux parents.

Quand ils vont consulter un généraliste, ils savent qu'ils y vont pour les « choses du corps » dont on parle aux parents. C'est aux parents de dire aux jeunes : « Maintenant, tu es grand, c'est à toi d'aller parler au médecin. » Et plutôt un médecin homme qu'une doctoresse. Quand ils sont petits, la mère aime bien consulter un médecin femme. Une fois adolescents, ils continuent à voir le même médecin. C'est bien pour les filles, très mauvais pour les garçons.

Les jeunes sont très méfiants envers les adultes qui les « violent ». L'image des médecins est un peu répressive. Ils prolongent la peur du gendarme et du croquemitaine. Les enfants ont entendu, depuis qu'ils sont petits : « Le docteur te fera une piqûre » ou encore : « Tu ne dors pas, il va te donner du sirop » (sous-entendu : pour t'abrutir). Le docteur, c'est le monsieur ou la dame qui met la camisole chimique.

Les médecins passent à côté des risques suicidaires car à partir du moment où ils en parlent, c'est fini. Plus on lui administre des drogues, plus le jeune va aller vers le suicide, le jour où il sera moins drogué. Le médecin ne répond pas par la médiation de la parole mais par le biais d'objets inhibiteurs des fantasmes, comme si les fantasmes étaient des actes. Ce qui semble très dangereux à l'enfant car cette ordonnance de pharmacopée dramatise la situation. Que ne lui dit-on : « Tu es à l'âge le plus mauvais de ta vie. Si tu n'avais pas des idées de suicide, tu ne serais pas un adolescent. » C'est vrai : aucun jeune ne peut passer le cap de l'adolescence sans avoir des idées de mort, puisqu'il faut qu'il meure à un mode de relations d'enfance : il le fantasme sous forme métaphorique de suicide. C'est alors qu'il a besoin de quelqu'un pour l'aider à hystériser ce fantasme en lui donnant des représentations qui sont dans le social. « Si tu ne pouvais pas avouer ça, tu ne passerais pas ce stade. » Il faut penser la mort du corps pour pouvoir accéder à un autre niveau, celui du sujet de son désir qui n'est pas que de corps, mais de cœur et d'esprit, mais l'adolescent l'ignore. Il a besoin d'en parler avec un adulte qui n'est pas inquiet d'aborder le sujet de la mort.

Donner un médicament qui empêchera le jeune d'avoir cette pensée, c'est dramatiser, comme si le prescripteur avait peur d'être le complice d'un suicide éventuel du jeune. La mort, dans toute sa dimension, fait vivre. Il faut des carnassiers dans un étang pour que les carpes et les ablettes soient vivaces. Combien d'hommes vivent de l'industrie de la mort ! Il est très important de parler de la mort.

Assister les adolescents, c'est les aider à accepter de mourir à leur adolescence, avec un certain risque d'en sortir mal. Les mal-partis, la psychanalyse peut les sauver.

L'adulte qui peut le mieux dialoguer avec un adolescent en difficulté, n'est-ce pas celui qui a l'âge d'être son grand-père ? Une personne plus âgée que ses professeurs et ses parents et qui sera plus naturelle avec le jeune. Moins anxieuse, plus désintéressée.

Beaucoup de jeunes qui s'en sortent disent après coup qu'ils ont été compris par une personne âgée. Combien sont bouleversés par la mort d'un grand-parent ! « C'est lui (ou elle) seul(e) qui me comprenait. Avec grand-mère tout était simple. » Ou simplement : « Grand-père était formidable. »

Le médicament a très mauvaise presse auprès des jeunes. « Des saletés. » « Ça ne sert à rien. »

Cette répulsion s'explique. Ils savent fort bien que ce n'est pas leur corps qui est malade. Il est en mutation, le sujet a à s'adapter à une médiation nouvelle. Les médicaments modifient les perceptions corporelles : en ajoutant un peu de fer, de magnésium, de lithium. Les jeunes sentent que ces actions chimiques ne résoudront rien, ne les aideront pas en profondeur.

Exemple d'un langage à tenir : la *mue* est un état de maladie normale. On ne peut pas être bien portant pendant une mue. La situation n'est pas stable et il est difficile d'en parler. Une mue ne peut se faire sans risque ni fragilité. On peut comprendre ainsi la réticence des adolescents à prendre les médicaments prescrits : s'ils ont la chance d'être un peu malades, c'est meilleur que de ne pas l'être. Ils sont contents d'être un peu malades dans leur corps car alors, ils se sentent à nouveau comme tout le monde. Dans leur mutation, ils se sentent étranges. L'expérience de l'autre ne leur sert à rien. La mort d'un autre ne peut vous apprendre à mourir, ni la naissance d'un autre vous aider à naître. Au fond, ils aspirent à s'assumer seuls sans être constamment assistés.

Leur état de mutation les remet au contraire dans une plus grande dépendance des autres. Il est vraiment dommage qu'il n'existe pas de possibilité pour tous les adolescents d'aller vivre ailleurs que dans leur famille.

Les Noirs comme les Masai l'ont bien compris, qui construisent hors du village un camp pour les adolescents, garçons (futurs guerriers) et filles mêlées.

Ce qui compromet le plus la prise d'autonomie de l'enfant à l'âge de la latence comme plus tard à la mue adolescente, c'est *l'anxiété* de l'adulte. Plus encore, celle qu'il sécrétait à cet âge sur lui-même car en étant persuadé que l'enfant, à son tour, revit la même chose, il lui transmet l'«incapacité», le «mal-être».

Les filles sont deux fois plus atteintes par l'acné que les garçons.

Les enfants expriment avec la *peau* le non-dit. Un eczéma peut avoir la signification d'un désir de changement. La peau qui desquame est le rejet de quelque chose, le vécu d'un manque. L'asthénie peut se manifester chez l'enfant abandonné qui ne respire pas avec l'odeur de la mère. L'acné juvénile a probablement égale valeur. J'ai connu le cas d'un garçon, Jean-Pierre, qui, à treize ans, était bloqué dans sa puberté comme s'il avait onze ans : sa voix ne muait pas, sa première pilosité n'apparaissait pas. Il me disait : «Je ne comprends pas pourquoi je suis blond et grand, alors que mon père est brun et petit, ma mère aussi.» A une séance de psychothérapie, il m'a déclaré : «... Quand j'étais petit, je n'étais pas un bébé. J'ai d'abord été un chien. — Comment ça, un chien? Un chien ne devient jamais un humain. Vous avez nécessairement été un petit homme, un enfant de l'espèce humaine.» Il se souvenait d'avoir été amené dans un panier. «J'étais un chien. La preuve? J'avais fait fondre le paquet de beurre dans le panier avec moi.» J'ai eu un entretien avec le père. A quatre ans, lui et sa femme avaient adopté Jean-Pierre. Ils habitaient Paris. L'été, pour qu'il respire le bon air, il était confié à des amis qui avaient une ferme. Transporté comme un caniche toiletté. Ses parents adoptifs ne s'étaient pas résolus à lui révéler le secret. Ils craignaient de «perdre la face ». Dès le moment où le secret de son origine ne lui a plus été caché par le père, la croissance a repris avec la poussée d'une acné très soudaine. Jean-Pierre m'a demandé s'il pouvait en parler à sa mère adoptive. « Elle doit le savoir. »

La réponse de cette femme a été : « Viens, je vais te montrer ma robe de grossesse, tes premiers souliers... »

Jean-Pierre m'a raconté la scène et il a conclu : « Elle continue à croire que je suis son enfant ! »

L'acné a disparu en quelques semaines. Il avait changé de peau, risqué de perdre la face comme ses parents. Un chien ne court pas ce risque.

Un adolescent sur deux a des insomnies.

Si l'on s'occupe quand on ne dort pas, si l'on a une activité nocturne, ce n'est plus de l'insomnie. Tellement peu de gens pensent à ça. Mais c'est normal de vouloir vivre à contre-rythme à cet âge-là. Ils veulent vivre la nuit. Il y a beaucoup de stations de radio qui émettent la nuit. Les adultes dramatisent au lieu d'en profiter. « Écoute de la musique avec un casque. » Des témoignages en direct peuvent aider le jeune qui est à l'écoute. Un garçon téléphone de sa chambre pour dire à l'antenne quel est son blocage... Ceux qui appellent sont plutôt des adolescents prolongés de vingt-vingt et un ans. Les post-adolescents qui restent chez eux semblent aux parents être des couleuvres, des apathiques.

Le jeune citadin avec ses écouteurs fait un autre voyage que le jeune qui, autrefois, partait sur les routes. Le corps ne bouge pas et il capte les expériences des autres. Mais ce n'est pas rien. Cela peut être à la rigueur profitable si son désir est actif. Pour recevoir, il faut désirer, sinon ce sont des années perdues. On peut espérer qu'il s'éveillera. Si le désir est passif, il n'y a pas de raisons pour que les parents qui ne veulent pas autour d'eux de gens passifs les gardent chez eux. Quand la famille est nombreuse, il n'est pas souhaitable de laisser végéter dans son foyer un jeune livré à une puberté pathogène, à tendance dépressive. Il faut prendre garde à la régression à papa-maman.

L'adolescence est une mue qui met en état de fragilité. La passivité verbale n'est pas la passivité du désir. Comment échapper à l'emprisonnement familial?

Les défenseurs des droits de la famille ne tiennent pas compte du droit de chaque individu de sortir de sa famille. Elle est plus souvent inhibitrice, aliénante.

On devrait insister sur le rôle de la famille au premier âge de l'enfant et l'inciter à ouvrir ses portes au moment de l'adolescence : moment où les parents sont les plus impuissants à aider l'adolescent à vivre ce passage.

Les adolescences pathologiques qui traînent arrivent dans les familles qui n'ont guère de relations sociales, qui vivent repliées sur elles-mêmes. Lorsque les adultes ont un réseau de camarades, d'amis, les adolescents ne restent pas dans une attitude passive ou agressive. L'impossibilité d'accoucher de sa famille fait du jeune un fœtus macéré : la famille éclate comme une mère déchirée par son enfant. Cela se passe dans les familles chauvines de l'esprit familial, qui n'ont pas la richesse d'un réseau social extérieur pour exercer des activités culturelles, sportives...

Les sectes sont des exutoires. On leur reproche d'enlever les filles anorexiques. Mais n'est-ce pas un kidnapping consenti ?

La dépendance d'un jeune mineur vis-à-vis d'une secte ressortit moins au phénomène de bande qu'à la tutelle abusive d'un adulte étranger qui se substitue aux parents. Il n'est pas de secte « dévoreuse » qui ne doive son pouvoir de sujétion à un « ogre », un Maître, qui joue les dominateurs. Quand les parents retrouvent la trace de leur enfant « enlevé » ils n'ont aucune prise pour le récupérer. L'enfant s'y cloître et repousse sa famille. Il est conditionné comme un fanatique.

Les jeunes lycéens disent ne pas se protéger contre le SIDA.

Il est vrai que les rapports érotiques sont souvent limités à des attouchements et qu'ils ne connaissent guère le coït partagé. Il est possible aussi qu'ils adoptent une conduite de risque.

L'attitude du corps médical confronté aux cas d'anorexie, de conduites suicidaires, d'usage de stupéfiants, reflète évidemment l'état des connaissances mais l'évolution de la société a dû infléchir le regard médical sur la pathologie de l'adolescent ou son inadaptation et la relation médecin-malade.

Il n'y a pas d'évolution au niveau des médecins

eux-mêmes. On trouve des assistants « psys » dans tous les services hospitaliers, des infirmières formées, mais pour le médecin, n'est prise en charge que l'assistance à personne en danger physique. Dans les cas de risques suicidaires, il ne s'agit que d'empêcher le malade de nuire à son intégrité physique. Le désir du sujet et les raisons historiques, inconscientes, qui le poussent à un geste mortifère expriment, à la façon qui est la sienne, qu'il doit mourir à son enfance. Cela est interprété comme une tentative de suicide, car il n'a pas d'autre moyen de dire : « Au secours, je veux naître. Puisque je veux naître, il faut que je meure. » C'est la vie, la mort, qui sont liées ensemble. « Je ne sais pas comment naître dans ce milieu où je vis. »

Dans le milieu hospitalier, les pédiatres n'ont pas évolué ?

Non, ce qu'ils font de plus, c'est de culpabiliser les parents. On croit bien faire d'intervenir dans le milieu familial de l'adolescent.

Ou bien on le retire à des parents maltraitants. On sépare un enfant de ses proches comme étant en péril. Ce qui est un contresens à l'âge où c'est aux adolescents de trouver un centre d'intérêt extérieur et de quitter d'eux-mêmes leur famille. Ils doivent partir en étant en mesure de s'assumer et non en raison d'une mesure administrative de protection. Ou bien, pour satisfaire les parents, on sépare d'eux leurs enfants en tant que malades pour les placer en milieu psychiatrique, alors qu'il faudrait les insérer dans la vie. Mais il n'y a pas de lieux de vie extra-familiale. On ne les a pas créés.

Les médecins reçoivent tous un enseignement, mais très rarement une formation. Ceux qui ont la chance d'avoir eu une formation sont ceux qui ont eu un patron d'une forte personnalité et qui avait à cœur de former des élèves par l'exemple de son comportement vis-à-vis des malades. A l'étudiant en médecine, on dispense une information déontologique (ne pas prendre le client de son confrère, ne jamais en dire du mal, même si le patient s'en plaint). Les praticiens ne la respectent guère. On dessert trop volontiers le médecin précédent pour se faire valoir. C'est nocif de dire du mal du premier médecin, comme de dire du mal des parents, sans savoir ce qui s'est passé. Les dynamiques qui ont provoqué l'agressivité des parents, les réactions en chaîne qui génèrent une complicité dramatique. Le père qui se met à boire parce que son enfant est impossible et qui boit pour ne pas le battre. Finalement, quand il est ivre, il le bat.

Les enfants qui ont été séparés des parents à la naissance sont terriblement provocateurs. Ils répètent l'agression qui a été le moment de séparation. Ils traversent un désert et recherchent le souvenir de cet amour « brisé ». La mère frustrée de son enfant, qui n'a pas développé au jour le jour une connaissance de son petit, est angoissée devant le moindre accroc et se sent jugée comme une mauvaise mère. La tension monte de plus en plus. Dans les cas de mauvais traitements, les médecins appellent la police.

Que dire aux mères et aux pères qui déclarent avoir peur de leur fils menaçant ? Une peur physique.

Une seule attitude. Dire la vérité : « Je ne suis plus à la hauteur. Tu me fais peur. Tu veux que je réagisse... Tu veux que le père soit plus violent que toi... C'est fini. Tu ne peux plus trouver de l'aide ici. »

Face à l'anorexie, le traitement prescrit n'a-t-il pas varié depuis des décennies ?

Les idées portées par la psychanalyse ont pénétré : on recherche le désir inconscient.

On sait que le refus de s'alimenter ne vise pas la mère, contrairement à ce que l'on croyait, ou le père. C'est plus profond. Il y a un lien avec la mère mais ce n'est pas forcément la mère réelle. La mère d'une époque de la vie de la jeune fille qui est introjectée en elle. J'ai connu le gavage d'une jeune fille anorexique. Surveillée, on était sûr qu'elle ne vomissait pas et pourtant elle ne prenait pas un gramme. Après six semaines d'échec, on l'a amenée à la consultation psychanalytique. Il est préférable que le jeune aille à une consultation qui n'est pas dans le service. Mais c'est très difficile de le faire comprendre à un patron. Ce qui se passe avec le psy ne doit pas être dit à ceux qui soignent le corps. Avec son désir d'autorité, le patron ne veut pas que quelque chose lui échappe. Le malade d'un service ne peut pas être soigné dans un autre service spécialiste d'autre chose.

Les psychopédiatres ont apporté une observation du comportement extérieur, les résultats de tests mais pas la connaissance du sujet se prenant en charge. La psychanalyse ne peut pas être mêlée à la psychiatrie ni à la psychologie. Celles-ci, dans leur travail avec un individu social, peuvent le préparer à aller voir quelqu'un qui ne va pas s'occuper de son comportement mais de sa souffrance et étudier avec lui à quand elle remonte, sans en parler à ceux qui soignent son corps ou son mental d'aujourd'hui.

Si le jeune déclare au psychanalyste : « Je vais rentrer et mettre le feu à la baraque », le psychanalyste digne de ce nom doit seulement dire : « Quand t'est-il arrivé de ne pas trouver d'autre solution que de mettre le feu partout pour t'en sortir ? » Mais il ne peut pas dire : « Attention, un tel veut mettre le feu ! » Ce serait sortir de son monde qui est le monde du désir, non celui de l'accomplissement.

Ainsi fait-on du bon travail.

Malheureusement, il semble que dans tous les pays du monde, des psychanalystes se laissent piéger par le côté tutélaire au lieu de se reposer pour ça sur les éducateurs, quoi qu'ils fassent. Il est regrettable qu'ils ne tiennent pas ce langage clair : « Moi, je reçois un tel deux fois par semaine s'il le veut. C'est tout. Et que vais-je tenter de faire ? Mettre au jour l'origine du désir d'aujourd'hui (ou du non-désir) qui anime mon jeune interlocuteur. »

L'indication, c'est la souffrance du jeune qui est d'accord pour aller parler à quelqu'un de ce mal-être. J'ai eu à traiter une petite fille de neuf ans qui était perverse : mettant ses crottes dans la boîte à gâteaux, pissant dans la soupe du vieux jardinier aveugle qui logeait dans un pavillon au fond du parc des grands-parents. Elle lui faisait des misères scatologiques.

En dessinant, elle avait des inversions de formes : une boule était un trait, un bâton un rond.

On aurait dit une petite vieille, une peau sèche, un

regard pointu. Elle proférait des obscénités et des méchancetés. Comme possédée ou plutôt dépossédée d'elle-même.

J'ai pu, avec elle, remonter le cours de son histoire. Elle avait dix-huit mois quand la bonne l'a sadisée. C'était sa première place. Violée par son père, cette fille relevait d'une analyse.

Être sadique, pour la petite, c'était s'identifier à la « mère » qu'elle avait introjectée. Cette jeune bonne terrorisait l'enfant : quand elle était seule avec elle, elle la poursuivait avec un tisonnier. Par transfert, la petite s'est mise à m'aimer. En une année elle a appris à lire, à écrire. Toutes les sublimations sont arrivées. Son visage rose avait complètement changé d'expression.

La psychanalyse n'a-t-elle pas de fréquentes contre-indications au moment de l'adolescence ?

Une fausse idée est venue des premiers psychanalystes, y compris Freud : on ne peut psychanalyser que ceux qui parlent. L'adolescence est au contraire une période merveilleuse pour vivre la répétition de sa naissance. Le jeune n'a pas les mots pour le dire. Mais on travaille très bien d'inconscient à inconscient, même si personne ne parle.

Quand j'étais jeune psychanalyste, on ne prenait pas encore des adolescents, mais ou des enfants ou des adultes.

Aujourd'hui, on a tendance à trop psychiatriser l'adolescence. Les jeunes viennent pour parler mais ils ne peuvent pas s'exprimer. Ils croient parler, bien qu'ils restent muets et s'en aillent très contents après les séances. Il faut que l'analyste supporte ce silence comme étant une bonne relation.

« Cette séance vous a-t-elle été agréable ? — Ah oui ! — Vous sentez que vous avez dit tout ce que vous aviez à dire ? — Oui. » Pourtant ils n'ont rien dit. Ils sont plus mutiques que les enfants qui eux parlent d'autre chose mais bavardent.

Les paroles n'ont plus de sens pour recouvrir les années qu'ils ont vécues. C'est l'époque de la vie où les musiciens inventent d'autres manières de composer de la musique, les poètes inventent la poésie, d'autres manières de se servir des mots et du langage ordinaire.

La relation à quelqu'un qui est stable, ponctuel et vous prend comme vous êtes sans vous juger, est propice.

Les séances avec des adolescents sont frustrantes pour le psychanalyste. Beaucoup pensent que le sujet n'est pas analysable puisqu'il ne dit rien.

Au moment de sa mue, l'adolescent devient muet dès qu'il doit parler de ce qu'il ressent, car les mots changent complètement de sens. L'enfant à l'âge œdipien fabule et conte avec la poésie des mots et la métaphore du dessin. Le langage conté est parlé et écrit dans un flux incessant. L'adolescent par son silence croit avoir dit beaucoup. Le psychanalyste qui n'a pas peur du silence, qui est exercé à le supporter, est pour lui l'interlocuteur privilégié. L'esprit psychiatrique semble, potentiellement, en cette fin de siècle, l'emporter sur l'approche de la psychanalyse, pourtant plus apte à servir la cause des enfants.

La psychothérapie pratiquée par un analyste a cependant plus de chance d'aider la mue adolescente quand le jeune surmonte mal une difficulté de parcours.

Un enfant abandonné sur deux est né de mère adolescente.

Les psychiatres y voient à tort un mal absolu, une catastrophe pour l'enfant. Et ils préfèrent voir la mère avorter et la culpabilisent si elle va à terme et abandonne le bébé. Si on lui dit la vérité sans attendre la latence ou la puberté, l'enfant peut parfaitement s'en tirer car c'est lui seul qui assume le désir à naître.

Les conditions réservées à une mère adolescente pour élever son bébé sont défavorables au développement de l'enfant : le placement dans une maison spécialisée exercera sur elle un effet débilitant. Elle est elle-même traitée en irresponsable. Elle ne peut pas travailler en confiant le bébé à une garde, mais en assumant cette charge.

Ne pourrait-on émanciper et insérer cette adolescente dans la vie active de manière qu'elle puisse décemment vivre avec son enfant au moins la première année ? Les échanges des dix-douze premiers mois sont tellement primordiaux.

Quand j'étais jeune médecin, l'hôpital psychiatrique était une prison pour les enfants qu'on y internait. Ils étaient tous enfermés dans des cellules... Il y avait un système de fermeture automatique qui actionnait vingt portes à la fois. Des portes à glissières qui se bloquaient en même temps comme les portes des wagons d'un convoi ferroviaire, de six heures du soir à six heures du matin. Jusqu'au lendemain matin, l'enfant était enfermé tout seul, dans une petite cage où il y avait juste un lit et une table de nuit.

La psychiatrie pratiquée était aussi répressive que celle qui était en usage pour les délinquants mineurs. Un expert était commis pour évaluer la responsabilité. Il disait à l'adolescent : « Quelle peine tu as faite à ta mère ! » Le garçon écoutait cet homme qui parlait comme un père moralisateur. S'il ne bronchait pas, le psychiatre écrivait sur le dossier de l'enfant : « Inintimidable. » Ce mot tombait comme un verdict. Cela signifiait : « Bon pour la maison de correction. »

L'enfant était jugé « inintimidable » parce qu'il n'avait pas pleuré. Il aurait pleuré, craqué, émis un petit sanglot, on aurait dit : « On va le garder huit jours dans le service... », ou « Il va suivre une psychothérapie et puis on le renverra dans son patelin avec prescription de soins intensifs dans le service spécialisé le plus proche. » Mais un tel ne pleurait pas, donc il fallait le saquer.

Le personnel n'était pas motivé ni formé pour l'accueil. Je me souviens d'une mère qui était venue visiter son fils interné dans un de ces « asiles » archaïques. Elle avait voyagé avec sa cafetière. Le café était tenu bien au chaud pour son fiston. Elle était partie la veille et avait passé la nuit dans le train. Elle attendait avec sa cafetière. Dans la salle de consultation, elle a voulu en verser une tasse à son enfant. J'ai entendu l'équipe médicale ricaner : « Non mais, tu vois la grosse débile », pour susurrer après coup au fils : « Ça ne te fait rien le gros chagrin que tu fais à ta maman ? »

Les temps ont changé. L'hôpital pédopsychia-trique s'est ouvert tout de même.

Oui, il a évolué, comme les hôpitaux psychia-triques pour adultes. Les pensionnaires n'y sont plus attachés. Évidemment, le service est fermé le soir. Mais dans la journée, la ventilation est ininterrom-pue. Il y a des éducateurs qui vont et qui viennent, il y a des psychologues qui, au moins une fois par semaine, ont un entretien personnel avec les patients et qui sont tenus par le secret professionnel. Il y a aussi des psychomotriciens et des orthophonistes, sans compter les psychothérapies éventuelles et l'orientation professionnelle. Et puis des bénévoles pour le rattrapage scolaire, ou des psychologues en stage, ce qui ne veut pas dire qu'ils soient toujours efficaces... Mais l'enfant est occupé toute la journée par des relations avec les gens. Ils ne sortent pas quand ils sont en hôpital psychiatrique. Mais avec toutes les activités de groupe, ils ne sont pas du tout enfermés à ne rien faire comme autrefois.

On s'est rendu compte que pour les dépressifs, la psychothérapie risquait de déstructurer la base fra-gile, et qu'elle pouvait être contre-indiquée.

Tout dépend du type de psychothérapie. Quand, par exemple, il s'agit de psychodrames où on les oblige à jouer les choses, ce n'est pas du tout dés-tructurant. C'est quand il se retrouve tout seul avec le psychiatre dans une attitude passive qu'il peut y avoir effectivement un risque.

Les psychiatres sont des névrosés comme tous autant que nous sommes. Ils se font psy parce que la société attend d'eux la répression des marginaux. Ils ont sans doute souffert dans leur enfance du couple marginal vivant sous leurs yeux. Ils « tâtent » de la psychanalyse par intérêt professionnel, hélas, et ne font pas leur analyse jusqu'au bout. Ils restent entre deux chaises avec deux casquettes.

Aujourd'hui, forme-t-on autrement les psychiatres ?

On ne peut pas les forcer à faire une analyse.

Regardez ces lieux de vie qui ont tous été des lieux de pédérastie, avec les meilleurs psychiatres pédophiles, pédérastes. En même temps ils ont des esclaves (je veux dire les éducateurs) qui leur permettent de comprendre ce monde d'enfants. Ils sont aussi fragiles car ce sont les enfants délinquants qui les manœuvrent. Une fois qu'un délinquant est à froid, en dehors de ses pulsions, il joue la comédie pour ne pas se faire prendre par le père que représentent les flics.

On laisse en liberté des jeunes qui ont violé parce qu'il n'y a pas crime de sang.

Trois garçons de treize-quatorze ans pratiquaient le viol répétitif sur une collégienne de treize ans : pendant des mois, deux fois par semaine, à la sortie de la classe, ils la contraignaient à se soumettre à leur violence dans une cave. Quel peut être l'avenir de ces garçons ? Quelle peut être la position du juge ? Comment interpréter psychanalytiquement leur attitude ?

Ce ne sont pas des « humains ». Ils n'ont pas eu

dans leurs pulsions préalables de limites : ils pouvaient agresser, voler, tuer. Quand arrive le désir génital, pourquoi sentiraient-ils une limite, un obstacle à ne pas franchir ? Ils n'ont pas appris que l'autre du même sexe ou celui de l'autre sexe était un semblable en dignité humaine. Ce sont des enfants qui n'ont pas le sens de leur propre dignité. Il n'y a pas de structures.

PEINE CAPITALE POUR LES MINEURS

D'après le rapport 87 d'Amnesty international sur les peines de détention infligées à des enfants dans le monde :

Aux États-Unis, 30 adolescents sont en attente dans le couloir de la mort. 3 sont passés sur la chaise électrique, dans les États où la peine de mort n'a pas été abolie. Des jeunes qui ont commis des crimes de sang.

Françoise Dolto : Quand je pense à ce qu'est la peine de détention à perpétuité pour un jeune, je me demande si ce n'est pas pire que la mort. Rien n'est plus sadique que de savoir qu'on mourra en prison. Aux États-Unis, il n'y a pas de réduction de peine.

Dans les pays du tiers-monde, des enfants sont incarcérés dans des départements de prisonniers politiques, accusés de complicité.

Françoise Dolto : C'est les pénaliser au nom d'un concept obscurantiste de « responsabilité collective » ou les prendre pour otages.

Ils n'ont pas reçu d'éducation morale : l'éducation laïque ne la dispense plus. Qui leur aurait enseigné la prohibition de l'acte sexuel quand l'autre n'est pas d'accord? Si les enfants étaient prévenus qu'ils n'ont pas à se laisser soumettre...

On a utilisé la répression au lieu de l'éducation qui est une aide à s'honorer soi-même et à honorer l'autre. On n'enseigne pas aux enfants que c'est bon de faire l'amour, que c'est de cet acte sensé qu'ils sont nés d'une étreinte féconde.

L'éducation, c'est l'éducation à l'amour, « au respect de l'autre, au respect de soi ». Le sens de la relation de deux sujets qui se rejoignent dans le désir.

On fait avaler aux enfants des connaissances sans faire les expériences qui ont permis à ce savoir de faire partie du patrimoine culturel.

Vous avez été témoin d'une certaine évolution des connaissances et des observations cliniques sur les troubles du comportement des adolescents. Si, après dix ans, les enfants n'ont pas pris leur autonomie, cette situation bloquée va entraîner ou favoriser les apparitions de certains troubles. Quels sont les signes de perturbation, à partir du moment où les enfants ne prennent pas leur autonomie?

Ils retombent au moment de la puberté, au niveau où ils étaient en entrant en phase de latence en n'ayant pas résolu l'œdipe, c'est-à-dire qu'ils redeviennent, avec la poussée pubertaire, fixés à la mère ou à la sœur, et en haine, en hostilité vis-à-vis du père et en recherche de dépendance homosexuelle sans le savoir, de dépendance à quelqu'un qui pourrait jouer le rôle de père. Ils font quelquefois ce rapport avec un enseignant. Au lieu de se développer autonomes, ils se fixent dans une attitude de disciple fervent qui est de tendance homosexuelle inavouée. A dix-neuf-vingt ans, s'ils sont d'accord avec le comportement des homosexuels qui s'affichent publiquement, ils basculent définitivement de leur côté. Mais s'ils ne sont pas d'accord avec leur sur-moi d'autrefois, par rapport à l'homosexualité, alors ils entrent dans une névrose de rejet de la société, de rejet même des résultats culturels qu'ils avaient à leur acquis.

Dans les familles à enfant unique, ou lorsque les enfants sont deux mais sont séparés par plusieurs années, ce qui donne deux enfants uniques, est-ce que les conflits avec le père et la mère n'entraînent pas en plus des perturbations du couple ?

C'est très souvent la dislocation du couple qui ne s'est pas brisé plus tôt. Si l'adolescent, en divisant ses parents, trouve en plus un conflit dans le couple, le trouble se répercute encore sur lui et aggrave encore ses propres névroses. C'est le cercle vicieux. Il apparaît que l'adolescent, surtout s'il est unique ou un peu protégé, un peu incrusté chez lui, va aviver les clivages. A ce moment-là tout va s'envenimer aux dépens à la fois des parents et de lui-même... Tout en étant un petit peu acteur, il en est aussi la victime.

C'est un déplacement de la crise œdipienne à ce moment où tous sont des adultes. Cet enfant qui n'avait pas intégré l'interdit de l'inceste, il est dans un amour incendiaire qu'il joue avec son père vis-à-vis de la mère et de la sœur. L'agressivité qu'il a contre le père se tasse sur une agressivité de coups et blessures et non pas une agressivité génitale, sexuelle, il essaie de faire de son père son objet complice ou d'être l'objet du père. Mais c'est une régression à l'animosité corps-à-corps contre le père ou contre les frères. Il devient le bourreau dans la famille. Il y a maintenant des groupes de parents qui sont les victimes des enfants bourreaux de parents...

PARENTS MALTRAITÉS

J'ai reçu des appels de parents qui ont peur de la violence de leurs enfants adolescents. Tableau de famille : la mère qui est injuriée sans arrêt, le père qui ne dit rien. Ou bien les fils qui tordent les bras de leur mère, le père qui regarde la télévision et qui s'en fout, la mère qui ne sait plus que leur dire.

Il y a des fils qui rançonnent leurs mères, des filles qui rançonnent leurs pères. C'est terrible ce qui se passe lorsque les parents se trouvent dans cet état de tension permanente avec des enfants qui ont passé la puberté. C'est tard pour réagir. Une jeune femme, qui vit seule avec son fils, m'a téléphoné, angoissée : « Je suis très inquiète du comportement de mon fils qui ne fait que manier des couteaux et qui arrive, avec le peu d'argent de poche qu'il a, parce que je ne suis pas riche, à s'acheter des couteaux très dangereux et j'ai très peur parce qu'il me menace, comme s'il n'en prenait pas conscience. Et même pour lui aussi, j'ai très peur, il a des paroles empruntées à des films de violence, comme si c'était vrai. Est-ce que vous croyez que certaines scènes d'un film puissent l'inciter un jour à m'agresser ou agresser une personne qui vient le voir ? » Je lui ai répondu : « Et qu'est-ce que vous faites ? — Je l'empêche et le supplie de m'écouter. » Je lui ai dit : « Ce n'est pas très malin ! — Il est hors de lui et je suis inquiète, j'ai peur même pour ma vie, parce qu'il a de drôles de regards pendant qu'il fait ça. » C'était un fantasme érotique d'enfant sans père. Certainement il avait des érections en même temps. Sa mère ne l'avait pas compris. Elle lui a dit ce que je lui avais conseillé de dire : « Si je t'embête à te dire de ne pas jouer au couteau, c'est parce que je suis inquiète de te voir avec des gestes que tu n'as pas l'air de contrôler et qui peuvent être nuisibles à ton corps ou au corps de quelqu'un d'autre. Le mien, par exemple ; l'autre jour tu m'as blessée (il l'avait blessée, en effet), et cela ne t'a même pas ennuyé parce que tu étais dans ton jeu. Heureusement ce n'était pas grave. Mais je m'inquiète de te voir pris dans un jeu et de faire des choses qui peuvent être nuisibles. Je suis sûre que tu m'aimes, mais tu serais bien avancé si tu m'avais vraiment fait du mal ou si tu te faisais du mal, à toi. » Elle m'a raconté : « Je lui ai dit cela et il a arrêté momentanément, il a fait autre chose. C'est absolument miraculeux, je ne lui ai plus retiré un couteau, je l'ai laissé seul dans la maison alors que je n'osais pas le laisser seul parce qu'à chaque fois que je revenais, il était en train de faire des choses dangereuses avec des couteaux. C'est totalement terminé et il est redevenu l'enfant que j'avais connu avant, qui était très gentil. »

Je crois qu'elle lui a donné la castration en lui disant : « Mais tu ne te rends pas compte. » Il devait bien savoir, lui, qu'il était en érection en faisant ça. C'était comme dans un rêve. Je crois qu'elle a su mettre une limite de cette façon, alors qu'elle l'inhibait de plus en plus en le culpabilisant, ce qui l'opposait de plus en plus à sa mère.

Le sport du lancer peut aider un adolescent qui a

ce fantasme du couteau. Citons l'exemple d'un garçon de quinze ans qui brandissait tout le temps, à l'intérieur de la maison, des armes blanches de sa fabrication. Sa mère lui a dit : « Écoute, fais attention à notre chien qui peut être blessé, moi-même je peux passer, ou des gens peuvent passer, alors fais attention, il faut que tu te donnes un endroit dans le jardin, comme un centre de tir, avec une cible. » Et à partir de ce moment-là, tout s'est décrispé et le jeune a commencé à faire du lancer. Son père lui rapportait de voyage des imitations de couteaux anciens, mais qui ne sont pas pour le lancer. Il a vu que le couteau peut être un objet en soi, qui enseigne des choses historiques ou sur l'artisanat d'autrefois. Donc d'un côté il y a le couteau que l'on regarde, qui se met dans une vitrine, dont on fait la collection, de l'autre le couteau de lancer qui est une arme sportive. On a réussi ainsi à dériver puis à sublimer ce fantasme.

Le terrorisme verbal est de mode. Des « ados branchés » empêchent leurs parents de parler : « Tais-toi », « Je ne t'écoute pas », « Tu n'as rien à dire, tu ne dis que des conneries ». C'est actuellement, entre les collégiens, une mode de parler à ses parents comme ça. Alors bien entendu, il en est qui le font d'une manière perverse, mais tous les autres ne le font quand ils rentrent chez eux que pour s'être monté la tête avec des copains. Ils provoquent sans véritable conflit. Quand on n'a pas énormément de moyens dialectiques de répondre à un adulte, qui lui en a, c'est la meilleure façon de lui clouer le bec, de l'empêcher de parler. On met la sono ou carrément on lui dit : « Tais-toi ou je t'assomme. »

Ce n'est peut-être qu'une mode, mais c'est quand même significatif parce que c'est une certaine réponse, dans une époque donnée. Ce n'est pas tellement étonnant à partir du moment où l'enfant a été beaucoup trop mis au centre de la famille nucléaire dès l'âge de quatre, cinq ans.

FORMER DES PSYCHANALYSTES D'ENFANTS

Ceux qui postulent de devenir psychanalystes d'enfants croient souvent que c'est plus facile que de s'occuper des adultes. C'est beaucoup plus difficile parce qu'on a tendance à entendre ce que l'on veut entendre et pas ce que les gens disent.

Je les invite à aller dans un square ou un jardin public, un jour de congé, et je leur dis sur place : « Je veux que vous remplissiez un cahier ; vous allez vous asseoir dans un coin, vous faites comme si vous lisiez un livre, et puis vous écoutez tout ce que se disent les enfants entre eux, ce que disent les mères aux enfants, ce qui se passe dans les groupes de femmes et d'enfants, sur les bancs, vous notez tout ça, que je voie si vous êtes capables d'observer, pas d'observer avec les yeux — ceux qui zieutent, interprètent ce qu'ils voient. Écoutez les paroles que disent les enfants, exactement, pas en corrigeant ce que vous voudriez avoir entendu. Les formes grammaticales les plus erronées, quelles qu'elles soient. Vous notez mot à mot ce que les enfants se disent entre eux quand ils jouent sur le banc à côté, les adultes quand ils voient leurs enfants s'amuser, et ce que disent les mères aux bébés.

En analyse il faut entendre ce que les gens vous disent mot à mot, si par exemple un enfant vous dit : « Moi maman faire telle chose », c'est « moi maman faire telle chose » qu'il faut entendre, et c'est pas « moi je vais faire telle chose pour maman », c'est : « moi qui suis moitié maman moitié moi. » Dans le *faire* à l'infinitif, il n'y a pas de « je ». Donc c'est hors temps, hors espace de chacun puisque c'est fusionnel, et c'est ça le langage qu'il faut avoir écouté pour comprendre où se trouve l'enfant dans ce cas, dans son désir. Je prends cet exemple-là, mais tout le temps il y a soi-disant faute de syntaxe, les gens l'écrivent autrement. Un mot, c'est toute une phrase pour un enfant mais nous ne savons pas laquelle, donc il faut la décoder à la fois d'après son comportement et les phrases qui suivent. Il faut écouter. Un psychanalyste doit écouter ce qui est dit. C'est pour ça qu'il entend les lapsus, il entend quelqu'un qui parle très bien le français et qui fait tout à coup une énorme faute de français qui n'est pas un lapsus, c'est quelque chose d'extraordinairement important parce qu'il a descendu de niveau dans son histoire vécue et il est en train d'aborder inconsciemment quelque chose de cette époque où il parlait comme ça. C'est différent du lapsus qui est un autre niveau de parole. C'est ce qu'on appelle un acte manqué et c'est un acte réussi pour l'inconscient.

Le lapsus freudien...

C'est un acte manqué verbal ou un acte manqué gestuel. L'adulte et même le psychanalyste n'en sont pas exempts. A un congrès de criminologie, le président de la Société de psychanalyse s'est installé à la tribune et a dit : « Je déclare que la séance est levée », alors qu'elle commençait, au lieu de dire : « Je déclare la séance ouverte. » Il a dit : « Ça ne m'étonne pas, parce que la criminologie, je me demande ce que ça vient faire dans un congrès où l'on parle non pas des actes mais des désirs qui ne passent pas à l'acte. » C'est vrai que c'était le premier congrès de psychanalystes sur le thème de la criminologie et c'était le début de l'époque où les psychanalystes se sont intéressés aux meurtres, aux comportements criminels ; avant on était confronté à la maladie, aux hystéries, mais pas à des meurtres et des actes criminels.

L'acte manqué n'est pas une régression par le langage ?

Non, c'est dire autre chose qui est plus vrai, qu'on cache... Le signifiant d'une vérité subjective. Ce premier congrès de criminologie a été le théâtre d'un crime passionnel. Un auditeur a voulu tuer son rival amoureux et l'a blessé grièvement, et j'ai eu cet homme en analyse vingt ans après. Comme l'autre n'était pas mort et que son agresseur était de bonne famille, on l'a traité de fou, il avait eu affaire à différents psychiatres et il ne s'en sortait pas après des années d'internement. J'ai terminé son analyse qui était très difficile parce qu'il avait joué sur sa fausse irresponsabilité. Son acte était tout à fait prémédité, mais on l'a fait passer pour un crime de fou, et c'est toujours très mauvais quand la société avalise quelque chose qui est pervers. Après tout, vouloir tuer son rival, c'est un acte dont il n'avait qu'à être res-

139

ponsable. Mais comme on l'a rendu irresponsable, comme on l'a dédouané, on a faussé tout le reste de sa vie. Cet homme avait vingt ans, il était étranger à Paris, il avait un passeport d'un pays de l'Est, et il était d'une famille huppée. Pour étouffer le scandale, on l'a fait passer pour irresponsable et il voyait donc des psychiatres et des psychanalystes. Avant de passer à l'acte, il avait eu déjà des coups de poing avec son rival qui était amoureux de la même femme que lui et il le persécutait en paroles et au téléphone, en faisant des scènes. Il se sentait tellement coupable de ce comportement qu'il a fallu qu'il commette un vrai crime pour se faire « mettre dedans ». Mais là encore, en le faisant passer pour « dingue », on l'a sauvé de cinq ans de prison, il n'en a fait que deux, et encore, avec les égards dus à son rang social. C'est très intéressant de voir comment l'intervention de la société peut pervertir quelqu'un qui jusque-là était un violent qui n'avait pas assez de freins pour ses impulsivités. Il savait très bien qu'il n'était pas du tout irresponsable. Il est devenu un pervers intérieur.

CHAPITRE X

LES SUICIDES D'ADOLESCENTS :
UNE ÉPIDÉMIE OCCULTÉE

LE DOSSIER NOIR : DE L'EUROPE AU JAPON

Comparaisons internationales

Le problème des statistiques

Les comparaisons internationales sont difficiles à faire de par les disparités d'équipement hospitalier et de modalité de recueil des statistiques sanitaires.

Une étude menée par le Bureau de la santé mentale de l'OMS[1] (8) rapporte à ce propos les innombrables différences méthodologiques dans l'établissement des statistiques officielles de 24 pays.

C'est pourquoi les statistiques sont à considérer avec réserve, d'autant que les taux internationaux sont donnés par tranches de dix ans (3).

Mais d'après l'OMS (7), on peut cependant s'y fier pour l'analyse des tendances car, malgré leurs erreurs, elles demeurent valables à cet effet.

On ne s'occupera que des chiffres concernant les

---

1. Les chiffres entre parenthèses renvoient à la bibliographie en annexe, p. 348.

suicides, car le taux réel des tentatives de suicide chez les adolescents reste sujet à beaucoup de controverses : les rapports que l'on peut établir entre le nombre de décès et le nombre de tentatives de suicide demeurent assez hasardeux (5).

Les chiffres

Quels que soient les pays, la proportion de suicides chez les garçons est toujours plus forte que chez les filles.

On trouve les taux les plus forts en Europe centrale ou continentale.

Ainsi d'après les statistiques les pays aux taux les plus élevés sont : la Suisse, l'Autriche, la RFA (Berlin-ouest ayant le taux le plus élevé du monde), la Hongrie, le Japon, la Tchécoslovaquie, le Danemark, la Finlande et la Suède.

Les pays aux taux les plus bas sont : l'Italie, les Pays-Bas, le Royaume-Uni, Israël, l'Espagne, la Norvège (on peut noter à ce sujet une proportion relativement faible de suicides en Norvège par rapport aux autres pays scandinaves).

Au-delà des disparités internationales, la plupart des nations déplorent unanimement la forte progression du suicide des sujets jeunes.

En regardant l'évolution de ces chiffres selon les pays, on peut noter une augmentation générale du suicide féminin ainsi qu'une augmentation générale et inégale du suicide masculin surtout marquée en Autriche et en Suisse, minimale au Royaume-Uni et aux Pays-Bas.

L'évolution ne recoupe pas l'évolution de la crise économique (cf. la Suisse ou la Grande-Bretagne).

Au total le nombre de pays où le suicide des

jeunes augmente est nettement plus élevé que celui des pays où il baisse ou reste stable.

Les préventions

L'idée d'un centre communautaire s'occupant de problèmes de suicide remonte à 1906, quand deux centres se sont ouverts dans le monde (l'un à New York et l'autre en Angleterre). Établis par l'Armée du Salut, leurs buts étaient davantage d'aider les personnes qui avaient fait une tentative de suicide que d'intervenir avant l'acte même. Le département « antisuicide » de l'Armée du Salut existe toujours, mais la plupart de ses actions ont été reprises par d'autres organisations.

Le premier centre de prévention du suicide fut créé à Vienne après la Seconde Guerre mondiale (1948). Le second, celui de Los Angeles, commença à fonctionner en 1959. Celui de Bruxelles fut créé ensuite en 1970.

Aujourd'hui les pays industrialisés tendent de plus en plus à avoir des organisations de lutte contre le suicide.

L'Association internationale pour la prévention du suicide et la Fédération internationale des services de secours par téléphone œuvrent dans ce sens.

Dans certains pays, la prévention est surtout faite au niveau de l'aide sociale et morale aux déprimés (exemple : Angleterre), dans d'autres une coordination étroite est établie entre les divers moyens de prévention (exemple : Autriche).

Certains pays, enfin, multiplient les centres de prévention (exemple : États-Unis) (6).

Étude de quelques pays

L'Angleterre

Selon la doctrine de l'Église anglicane, l'Angleterre fut longtemps hostile au suicide (en 1823, le corps d'un suicidé nommé Griffiths fut traîné dans les rues de Londres et enterré à un carrefour). Aujourd'hui celui-ci n'y est plus considéré comme un crime.

A la lumière des comparaisons internationales des taux de suicide des jeunes, on est frappé de voir que l'Angleterre fait partie des pays où ce taux est le plus bas et que l'évolution de ce taux (même s'il augmente) ne prend pas des proportions alarmantes comme dans d'autres pays.

Pour le Dr Baert et le Dr Sainsbury (7), la différence entre le pourcentage de suicides en Angleterre et dans la plupart des autres pays européens pourrait s'expliquer par :

— la difficulté relative de se procurer des poisons mortels,

— l'amélioration des prestations sanitaires et sociales,

— l'évolution socio-économique.

Il est à noter aussi que le développement des services d'entraide téléphonique des Samaritains a coïncidé avec la diminution de la proportion de suicides dans ce pays (9, 11), même si l'on ne peut pas prouver scientifiquement leur action sur ces taux (10).

En effet, créée par le révérend Chad Varah à Londres en 1953 autour de l'idée d'une relation amicale avec les personnes en danger, l'organisation des

144

Samaritains est l'une des principales organisations pour la prévention du suicide ; très active, elle a ouvert des centres dans de nombreux pays.

Le Japon

De 1965 à 1975, le nombre de suicides de moins de quatorze ans a doublé au Japon (de 46 par an à 95).

Pour les mineurs de moins de vingt ans, le chiffre de suicides a longtemps fluctué autour de 700 cas annuels, mais à partir de 1977 il a commencé à augmenter d'une façon alarmante (919 cas en 1979). A partir de 1980, la tendance a été à nouveau un peu plus maîtrisée (678 cas en 1980).

Comment expliquer ce taux si important de suicides d'adolescents au Japon ? (deux fois celui des États-Unis).

La cause la plus importante est sans doute l'angoisse de ces adolescents devant les échéances scolaires. En effet, la société japonaise est fortement tendue par la compétition. La dépendance émotionnelle qui attache le sujet japonais à son milieu familial, et surtout à sa mère, le rend très vulnérable à cette demande : il pourra ne pas se pardonner de l'avoir déçue, l'échec est alors ressenti comme une faute irrémédiable.

Ces suicides peuvent aussi s'expliquer par rapport à la tradition du pays : l'ancienne glorification de la mort avec honneur peut être en partie responsable de ce taux excessif. On retrouve ici des vertus traditionnelles (sauver la face mais assumer la faute) que les pratiques éducatives rendent toujours actuelles.

L'agressivité des jeunes Japonais, de par leur éducation, trouve peu d'ouverture au-dehors, elle doit donc se retenir et peut se retourner contre le sujet en sentiment d'anxiété et de responsabilité (16).

En 1978, un symposium international consacré à la prévention du suicide a donné naissance à une Association japonaise pour la prévention du suicide (JASP). Le but de cette association est en particulier d'éveiller le public à la perception des signes de détresse et de promouvoir la communication avec les sujets suicidaires en vue d'améliorer l'idée qu'ils se font d'eux-mêmes.

Truk

Un accroissement alarmant du nombre de suicides d'adolescents parmi les jeunes garçons de quinze à vingt-quatre ans : 25/1 000 en 1984, a été noté dans ce groupe d'îles micronésiennes (quatre fois le taux des États-Unis).

D'après les anthropologistes qui ont étudié ce cas, l'une des raisons serait l'occidentalisation de la culture nationale entraînant des changements dans la structure de la famille et les valeurs traditionnelles.

Plusieurs similitudes culturelles avec le Japon expliqueraient aussi ce fait : d'une part le suicide y est traditionnellement considéré comme acceptable, voire honorable, d'autre part les adolescents ne sont pas habitués à exprimer leur agressivité vis-à-vis de leur famille et cela pourrait être pour eux un moyen radical de clarifier leurs relations.

AUX ÉTATS-UNIS

L'attitude américaine envers le suicide

Selon la loi américaine, le suicide n'a jamais été un crime aux États-Unis.

Les tentatives de suicide sont considérées comme des délits dans seulement neuf États (Alabama, Kentucky, New Jersey, North et South Carolina, North et South Dakota, Oklahoma, Washington), mais ceux qui les commettent n'ont jamais été poursuivis.

De même, les États poursuivent rarement les personnes qui aident les autres à se suicider, bien qu'il existe des lois qui considèrent cela comme un acte criminel (13[1]).

Cependant, le poids des attitudes morales et religieuses (25) vis-à-vis du suicide fait que celui-ci reste encore un sujet tabou pour beaucoup d'Américains.

Chiffres et statistiques

Deuxième cause de mort chez les adolescents (après les accidents), le suicide de jeunes aux États-Unis représente un phénomène assez récent qui n'a pas cessé de prendre de l'ampleur au cours des vingt dernières années.

D'après les statistiques, le nombre de suicides chez les jeunes de quinze à vingt-quatre ans a doublé depuis vingt ans.

En 1985, plus de 6 000 adolescents se sont suicidés aux États-Unis, ce qui correspond à environ 17 suicides chaque jour, si l'on ne considère que les suicides aboutis et enregistrés comme tels.

Selon les experts, il y aurait pour chaque suicide déclaré 2 à 3 suicides rapportés comme accidents

1. Les chiffres entre parenthèses renvoient à la bibliographie en annexe, p. 350.

par les familles ; et pour chaque suicide réussi environ 100 tentatives de suicide, ce qui voudrait dire que chaque jour plus de 1 000 jeunes font une tentative de suicide dans ce pays.

D'après Robert Presley, sénateur de Californie, 1 adolescent sur 10 a fait une tentative de suicide et 1 sur 2 a déjà envisagé l'éventualité de se suicider au cours de sa scolarité.

En regardant de plus près ces chiffres alarmants, on se rend compte que, bien qu'il y ait trois fois plus de tentatives de suicide chez les filles, les garçons réussissent quatre fois plus ; c'est ainsi que les suicides de jeunes garçons de race blanche représentent deux tiers des suicides d'adolescents aux États-Unis.

Le milieu socioculturel ne semble pas être un critère significatif et comme le dit Alfred DelBello, coprésident du National Committee on Youth Suicide Prevention, il est difficile de dégager des données significatives correspondant aux différents cas analysés.

Il semblerait cependant que les régions ayant un développement démographique rapide soient les plus touchées par ce problème. Ainsi, le Nevada arrive en première position, suivi du New Mexico.

Les causes

Les raisons de suicides chez les jeunes Américains sont difficiles à déterminer et sont variées selon les cas.

D'après les études qui ont été faites (cf. les ouvrages de la bibliographie), il en ressort que les adolescents américains d'aujourd'hui souffrent souvent d'un manque de sécurité et d'identité dû à des changements dans la qualité de la vie de la famille : nombre croissant de divorces (72 % de ces suicides viennent d'enfants dont les parents sont divorcés ou séparés) et mobilité fréquente des familles (plus de 75 % des cas correspondent à des jeunes qui ont été déracinés) ; à des phénomènes de société : utilisation de drogues et d'alcool (un tiers des victimes sont intoxiquées), pression du succès scolaire (la plupart des cas ont rencontré des déceptions ou des échecs par rapport aux résultats scolaires), angoisse devant l'avenir : peur d'une guerre nucléaire (31).

D'autres facteurs peuvent rentrer en jeu : la mort ou le suicide d'un parent ou d'un ami, l'exploitation du suicide par les médias (28), la « romantisation » de cet acte par les adolescents (6), un traumatisme lors de la naissance (22, 29)...

D'après les études du psychologue et thanatologue Edwin Shneidman, fondateur de l'American Association of Suicidology, 80 % des personnes suicidaires font connaître à leur entourage par différents biais leur intention de se tuer (18).

Exemples de cas

Depuis quelques années la presse et la littérature américaines se sont occupées de ce problème croissant des suicides d'adolescents.

Les exemples de cas ne manquent malheureusement pas, nous n'en citerons que quelques-uns parmi les plus significatifs.

— Vivienne Loomis. Sans vraies causes apparentes, cette adolescente s'est pendue à quatorze ans en 1973.

Elle a laissé après sa mort un journal, des poèmes, des lettres mettant en lumière ses angoisses et ses difficultés par rapport à la vie.

Un psychiatre qui a lu ses écrits a été frappé de voir comme ils reflétaient bien les problèmes des adolescents et, à partir de ceux-ci, avec l'aide de ses parents et l'un de ses professeurs, a écrit un livre éclairant le sujet (15).

— Craig Badioli et Joan Fox. Ces deux adolescents se sont suicidés en 1969 pour protester contre la guerre du Viêt-nam (2).

— Danny Holley. Un garçon de treize ans se pend pour décharger ses parents, qui ont des problèmes financiers, « d'une bouche de plus à nourrir » (36).

— Irving Lee Pulling. Un adolescent de seize ans se suicide après une malédiction placée sur lui lors d'un jeu de simulation « Dungeons & Dragons ».

Sa mère mène une enquête et fonde une association cherchant à prouver que 51 suicides d'adolescents ont été liés à ce jeu (30).

— Un exemple d'influence littéraire ou cinématographique.

Un livre romantique relatant une histoire d'amour se terminant par un suicide : *An Officer and a Gentleman* de Steven Smith, d'après lequel un film a été fait, pousse un couple d'adolescents qui a vu le film plusieurs fois à se suicider.

Un autre adolescent se suicide peu après avoir vu ce film (6).

— Les suicides « par contagion ».

Plusieurs cas illustrent ce problème fréquent aux États-Unis :

● Plano : cette communauté du Texas a été touchée par 8 suicides d'adolescents en seize mois.

● Omaha : en moins de deux semaines, 5 adolescents dans la même école de Omaha ont fait des tentatives de suicide, 3 d'entre eux ont réussi (23).

● Derniers en date « les pactes de la mort » : 4 adolescents du New Jersey se suicident ensemble dans un garage, expérience qui entraîne 2 autres suicides analogues dans une ville au sud de Chicago.

Ces « épidémies » de suicides chez les jeunes soulèvent la question : le suicide est-il contagieux chez les adolescents ? Tout laisse à penser que oui (24, 35).

Les mesures de prévention

Confrontées à ce problème croissant de suicides d'adolescents, les autorités gouvernementales ont été amenées à réagir. Plusieurs voies ont été suivies :

— La création de centres de prévention :

Plus de 200 centres se sont créés aux États-Unis ; ceux-ci portent différents noms : National Save-A Life League, Suicide Prevention Center, Suicide and Crisis Center, Helpline..., mais leurs objectifs sont les mêmes : offrir une aide ponctuelle mais immédiate aux personnes en danger (appels téléphoniques nuit et jour).

Ces centres sont sous la coordination de l'American Association of Suicidology.

— La création de centres de recherche sur le suicide :

The Centers for Disease Control analysent les différents cas et essaient de trouver des moyens pour prévenir ces catastrophes.

De même le National Institute of Mental Health a créé un département de recherche sur le suicide.

— La création de programmes scolaires de prévention :

Destinés à la fois aux parents d'élèves, aux professeurs et aux étudiants, ces programmes fournissent des conseils et des informations sur ce problème : comment reconnaître une personne à tendance suicidaire, comment l'aider, quelles sont les institutions auxquelles on peut s'adresser dans ces cas...

LA PRÉVENTION : NOMMER LA MORT

Le nombre d'enfants dépressifs qui veulent mourir est plus considérable qu'on ne pense car ils n'ont jamais l'occasion de le dire. Ils ne peuvent le manifester que par le refus de s'estimer : le sujet se méprise et il méprise la personne qui s'occupe de lui puisqu'il est lui-même méprisable. « Je suis une merde, je suis un étron, pourquoi vous occupez-vous de moi ? » Les adultes le disent : « Je suis la dernière des dernières », « Je suis coupable », « Qu'est-ce que j'ai fait ! Mon pauvre mari, mes pauvres enfants, je les ai détruits ». La mère croit qu'elle détruit les siens. Mais quand on voit les enfants qui sont superbes, on constate qu'il n'en est rien. Elle a cette vision négative à travers une mélancolie, un sentiment d'infériorité et d'autodestruction, d'autoaccusation de soi-même. On comprend alors qu'elle a besoin de se mépriser pour une cause qui remonte à sa propre enfance : quand elle est née, sa mère ne voulait pas d'elle. Devenue mère à son tour, il ne faut pas qu'elle veuille d'elle. C'est sa manière de sauver ses enfants, sans qu'elle le sache. Quant au petit enfant, c'est sa manière de sauver sa mère que de se mépriser : puisqu'elle ne voulait pas de lui, il ne faut pas qu'il survive. S'il survit, il est un salaud qui fait du mal à maman. Mais la mère n'y comprend rien et se plaint de lui : « Ah, cet enfant, qui fait ci, qui fait ça ! » Or l'enfant, c'est la mère d'autrefois qu'il essaie de sauver, la mère de maintenant, il ne la connaît même pas. C'est ce langage intérieur qu'il faut entendre, mais tout dépend du psychothérapeute, et de sa manière d'aborder l'enfant. Et quand on fait dire à un enfant tout petit son désir de mourir, ça change tout. Le contact peut ainsi s'établir après quelques séances : « Voilà deux ou trois fois que je te vois, et je me demande si tu ne me dis pas, sans savoir le mot pour le dire, que tu voudrais mourir. » Immédiatement il vous regarde au fond des yeux, et puis ses lèvres remuent. Je poursuis dans ce sens : « Si tu veux continuer à venir me voir, moi je ne t'empêcherai pas de mourir, mais tu es dans une maison où ce n'est pas possible, il y a des barreaux aux fenêtres, tu ne peux pas te lancer. » Du coup il regarde la fenêtre. « Tu as essayé, tu as eu un accident dans l'escalier, et personne n'a su que c'était parce que tu voulais mourir. Eh bien maintenant, je comprends que tu voulais te jeter... » On voit un petit sourire s'esquisser. Enfin, il est compris. « Eh bien, c'est pas mal de vouloir mourir, tout le monde meurt, mais puisque tu es vivant et que tu ne peux pas y arriver, il vaudrait mieux que tu grandisses, pour pouvoir sortir de la pouponnière, alors là, tu pourras te tuer, puisque tu seras libre... » Grâce à cette compréhension de l'autre, ces enfants ne sont plus tout seuls, ils ne sont plus méprisés.

Combien de couples se brisent parce qu'il y a un enfant ! Les enfants en souffrent terriblement, ils se sentent coupables. Les enfants voudraient toujours sauver leur mère, et leur père aussi, si bien qu'ils se sont laissé prendre au piège de la vie, et ils s'aperçoivent après qu'ils ont eu tort, ils se sentent coupables, tombent en dépression, et les déprimés sont violents extérieurement ou autoviolents sur eux. Si on adopte une psychothérapie de silence et d'écoute, on ne rompt pas l'isolement, on est de plus en plus avec un moribond. Il n'est pas vrai que l'enfant ait toujours besoin d'être aidé dans ce qu'il ressent. Mais quand c'est dit avec des mots, même des mots de médecin, au lieu d'être signifié avec des comportements, ça devient humain. Autrement, c'est intolérable, parce que inhumain.

Pour un enfant qui somatise et qui verbalise peu, le psychodrame peut être intéressant, parce que dans ce cas l'enfant joue avec son corps, il joue un rôle, il sort de lui-même...

C'est d'ailleurs ce que font les psychothérapeutes avec le modelage : « Tu prends un bout de modelage, voilà ton papa, voilà ta maman, voilà toi, voilà moi. » L'enfant est fasciné, il fait vivre des choses entre lui et les autres. Si je vois par exemple qu'il jette par terre le morceau de pâte qui le représente, je lui dis : « Tu voudrais te jeter pour ne plus exister.

Alors il y aurait plus de papa-maman, et puis il y aurait moi. Tu m'as mise à la place où toi tu étais, et c'est moi qui suis méchante, et c'est moi qu'il faudrait tuer... » Ils ont des petits sourires à ce moment-là. « Non, ça dépend... » C'est tout un art la psychothérapie d'enfants. Je ne crois pas du tout qu'on les aide en endormant et en ne voulant pas nommer ce dont ils souffrent, en les laissant vivre avec ce non-dit. Jamais ! Ça ressortira un jour d'une façon dramatique. C'est toujours, au contraire, en mettant des mots sur ce qu'on refoule.

Si le non-dit est arrivé jusqu'au stade adolescent, ça doit être assez difficile de l'extirper.

C'est pour ça qu'il y a tellement d'adolescents qui ont normalement et sainement des idées de suicide, et d'autres qui peuvent les avoir d'une manière morbide. Les idées de suicide, c'est imaginaire, et le désir d'aboutir vraiment au suicide, c'est morbide. La frontière est très délicate entre les deux.

Il serait peut-être souhaitable de parler plus franchement de la mort et de son approche aux adolescents qui ont des problèmes.

C'est la mort de tout ce qu'on a été avant... Les adultes qui, comme on dit, « évacuent » la mort des autres ne la montrent pas, et ils en parlent encore moins... Ils la déguisent, masquent la vérité. Quand il est arrivé un drame, que visiblement le jeune cherchait à se bousiller, les parents veulent absolument croire que c'est un accident. En réalité, même si le geste n'était pas clairement prémédité, il faisait partie du vœu inconscient de suicide avec l'essai que l'extérieur soit conforme au rêve.

Nos grands-parents parlaient souvent d'enfants casse-cou. Le terme n'a plus cours.

Même si ce n'étaient pas de vrais aventuriers, les enfants, dans leurs jeux, prenaient des risques. Les parents avaient cette préoccupation : l'un de leurs enfants était un peu casse-cou. Ces jeux « interdits » correspondaient à une époque qui n'est plus. Maintenant, les adolescents sont plutôt confrontés à une prostration, c'est-à-dire que ces jeunes sont mutiques, même ceux qui ne sont pas drogués ou ne font pas de délinquance. Ils traînent leur vie, ils arrivent à faire juste leur scolarité, mais juste, ils n'ont pas d'idées précises sur leur présence sur terre. Ils ne sont motivés par rien.

Les parents se plaignent : « Notre enfant est prostré, il (ou elle) ne parle pas. » Tout glisse sur eux et ils sont complètement désemparés, ils ne savent pas que faire, que dire. Leur indifférence, c'est le contraire de l'amour. La haine qu'il pouvait y avoir autrefois, et les scènes que font certains adolescents encore à leurs parents, c'est de l'amour retourné, mais c'est une fixation encore aux parents, tandis que l'attitude que nous observons n'est plus fixée à rien du tout : les parents n'ont pas de valeur, et leur propre vie n'a plus de valeur. C'est la perte du désir.

LE VOL

Il y a des mères qui enseignent le vol à leurs enfants, en leur apprenant que les magasins à grande surface inscrivent, pour la perte entraînée

par les vols à l'étalage, 5 à 10 % du CA à la rubrique des profits et pertes. Des jeunes chapardent tout en ayant de l'argent sur eux. Contents de pouvoir dire à leurs parents : « Tu vois, je ne gaspille pas mon argent de poche, j'en ai encore. »

La délinquance est une conduite suicidaire qui combine un refus de la réalité à la recherche de la facilité et de la provocation. Les petits vols planés du samedi soir se commettent sans pulsion criminelle. Mais on le paie cher. L'émotion, la tension érotique font oublier quelques instants l'ennui ou la peur de vivre. Rien qui rappelle le fade calmant prescrit par le pédiatre au cours de la petite enfance.

Martine, dix-huit ans : « Adolescente, je considérais que la fauche était une sorte d'exploration dans l'inconnu, un moyen de dépasser certaines choses, de sortir de sa peau, de s'affirmer. »

Il n'y a plus de structures.

Le manque de structures est le propre de l'adolescence, il est sain. Il n'y a pas de structures chez le fœtus du premier jour, il faut l'assister, sans ça il mourrait. Il faut donc lui donner de la chaleur, le couvrir et l'assister. Ce bébé, laissé sur une table une fois né, mourrait. De même l'adolescent est vraiment laissé-pour-compte par la société, il n'est plus rien par rapport à ce qu'il était avant. La maman qui a accouché ne peut plus rien faire pour son bébé, elle est trop fatiguée, elle doit dormir, la sage-femme, l'infirmière prennent le relais. C'est la même chose pour les parents d'adolescents, ils ne peuvent rien faire de plus, ils sont en situation de mat comme disent les joueurs d'échecs. Sans issue.

Mais c'est la société qui les entoure qui peut agir. Les parrains, marraines, oncles, tantes. Ça marche très bien avec ces adolescents quand d'autres personnes que les parents interviennent.

A ceux qui n'expriment pas de désir, ne faudrait-il pas, d'une manière directe ou indirecte, aborder la question de la vie et de la mort ? Ils se sentiraient peut-être mieux compris.

Naturellement. Certains jeunes arrivent à l'exprimer si le psychologue leur demande : « As-tu déjà pensé à mourir ? » Il dit : « Mais je pense qu'à ça ! — Et qu'est-ce qui t'en empêche ? » C'est cette question-là qui va tout ouvrir : « Qu'est-ce qui t'en empêche ? — C'est parce que j'ai peur. — Raconte-moi ta peur, tu as peur de quoi ? — Eh bien j'ai peur de ce qu'il y a après la mort. — Et qu'est-ce que tu imagines qu'il pourrait y avoir ? » On le fait parler de ses fantasmes, qui sont des fantasmes de cinéma, des fantasmes de bondieuseries, de diableries.

De la même façon que les mères ont très peur de dire qu'elles n'ont pas voulu cet enfant, elles ont très peur de parler du désir de mort, elles disent : « Surtout n'en parle pas ! » si quelqu'un veut aborder la question. Elles ont peur que même le simple fait de prononcer le mot « suicide » soit une sorte d'incitation. Si la mère en parle, il y a une chance sur deux pour que ce soit une incitation. Mais pas du tout si c'est une autre personne qui s'intéresse à l'enfant, à l'extérieur, et dont l'enfant sait qu'il n'ira pas le raconter aux parents. Il est très important qu'il sache que la tante, la marraine observent une discrétion absolue. Ou la grand-mère. Ils ont besoin d'une grand-mère qui ne raconte pas. Ils ont besoin d'une oreille silencieuse qui ne leur rentre pas leurs paroles dans la gorge, et dont ils sentent qu'on les aime et qu'on comprend qu'ils souffrent, parce que c'est un âge de souffrance à cause de la mutation. C'est comme le papillon qui sort de la chrysalide. Cette comparaison tient dans la mesure où le nouveau-né est mort à quelque chose pour renaître à autre chose, l'adolescent aussi est mort à l'enfance. Il est en chrysalide, il n'a rien à dire à personne, il est dans son bain. Si on ouvre une chrysalide, on n'y trouve que de l'eau. L'adolescent est au niveau zéro et les mots n'ont plus le sens qu'ils avaient avant. Aimer, ça ne veut rien dire. « Aimer, c'est m'emmerder, les parents y m'aiment, y m'emmerdent, ils me surveillent, ils me persécutent. » Aimer, c'est désirer physiquement : « C'est cochon parce que c'est le cul de la fille... Et ce type qui veut m'enculer... » L'adolescent fixe de telles images. « Je suis pédé... Je suis plus bon à rien... » Combien d'adolescents se croient des pédés, surtout s'ils ont une petite sensibilité érectile dans la foule, quand ils sont serrés les uns contre les autres et qu'il y a un garçon de leur âge ou plus jeune à leur côté. Ils ne font pas du tout la différence entre l'érection de la verge et puis le désir qui est une excitation amoureuse. Malheureusement, personne n'est là pour les rassurer, pour aborder ces questions et les déculpabiliser.

LE DEVENIR
DE L'ADOLESCENT SUICIDAIRE

Une enquête rétrospective a été effectuée à partir de 265 observations d'adolescents âgés de douze à vingt-deux ans, hospitalisés pour tentative de suicide dans le service de psychiatrie de l'enfant et de l'adolescent de la Salpêtrière entre 1971 et 1980. Ce recensement explique la gravité des problématiques familiales et personnelles en cause, mise en évidence par l'analyse des caractéristiques de cette population. L'étude du devenir a porté sur le suivi de la prise en charge proposée, les récidives, l'insertion socio-professionnelle, les relations familiales et l'état psychologique actuel. 48 % des patients ont pu être retrouvés avec un recul moyen de onze ans et demi. Les résultats sont préoccupants : seulement 1 patient sur 5 est normalisé, 31 % sont psychiatriquement malades, la plupart restent prisonniers d'une problématique adolescente non résolue qui handicape leur vie dans tous les domaines. Les prises en charge ambulatoires ont été rarement suivies. Il existe une corrélation statistique entre un devenir réel plus mauvais que ne le prévoyait le pronostic posé à l'adolescence, et l'abandon de la prise en charge proposée à la sortie. Ces résultats, qui sont discutés et comparés à la littérature, incitent à étudier tous les moyens de garder un lien thérapeutique avec l'adolescent après sa sortie de l'hôpital.

(Résumé de la thèse pour le doctorat en médecine de Virginie Grandoulan, interne des hôpitaux de Paris, faculté de médecine Lariboisière Saint-Louis, 1987.)

FUGUE ET CONDUITE DE RISQUE

Selon un médecin américain, la tentation de suicide de l'adolescent s'apparente à la fugue[1].

1. Voir, en annexe 2, « Les fugues d'adolescents ».

C'est une fugue à l'intérieur de soi. Une fugue hors des limites du comportement habituel. Le fantasme du suicide est inévitable chez l'adolescent. Il est imaginaire, donc naturel. C'est le désir d'aboutir qui est morbide.

Au moment où le fantasme va se réaliser, c'est comme si tout d'un coup le suicidaire devenait un asexué, avec l'a privatif d'aucun désir. Il revit quelque chose du non-désir qu'il a supposé que ses parents avaient de lui quand il est né. Ça n'arrive pas à tous les « suicidaires » de réaliser ce fantasme. Ceux qui ont été jusqu'au bout étaient convaincus qu'ils étaient de trop dans leur famille. Ils se sentent presque coupables d'être nés. Ils ne le découvrent qu'au moment de ce fantasme de suicide où ils se mesurent avec la réalisation. Celle-ci ferait plaisir (en eux) à la mère qu'ils ont eue et qui au début n'était pas heureuse de les voir naître. Je crois qu'il faut la collusion de ces deux éléments pour qu'il y ait accomplissement de l'acte autodestructeur.

L'acte serait déclenché par un sentiment de vacuité?

Oui. Cela remonte à la naissance. Il n'y a pas eu au moment de l'accouchement une personne présente qui a eu un regard de joie en le voyant naître, mais cela ne lui a pas été dit. C'est inscrit dans l'ombilic de son âme.

Il n'est pas désiré au moment du suicide. C'est dans une absence de toute possibilité d'espérance, de joie, d'amour de lui, que cela se produit. Alors quand il fantasme le suicide, il éprouve une espèce de plaisir de puissance sur lui-même. Il va jouer avec sa vie. A quinze-seize ans, on a une tout autre appréhension de la mort qu'à sept ou huit ans. L'enfant est familier de la mort, il la trouve mais il ne la cherche pas. L'adolescent se gargarise de l'idée de la mort et de l'émotion des autres à qui il manquerait. Chez l'enfant, c'est une conduite de risque liée à l'aventure. Chez l'adolescent, c'est vécu comme un deuil de son enfance, de sa manière d'être.

C'est en même temps une nostalgie de ce qu'il va quitter. S'il en vient à croire que personne ne serait affecté par sa disparition et si dans sa petite enfance il n'y a vraiment pas eu une personne qui a marqué le sens de sa vie par l'amour qu'elle a eu de lui, alors il peut passer à l'acte au bout d'un certain temps de fantasme de suicide qui ne lui rapporte même pas le plaisir de la nostalgie de l'être qui le regretterait.

Un enfant né d'un accident de contraception sera-t-il prédisposé au fantasme suicidaire?

Les mères n'osent pas le révéler. Elles croient que c'est mal d'avoir pensé ça. Ça n'est ni bien ni mal. Et si c'est dit à l'enfant, non seulement ça ne lui fait pas de mal, mais ça lui donne un ressort extra-ordinaire. « Tu as bien fait de naître, tu as été plus fort que mes vœux de mort. » Formidable le courage que cela donne à un enfant. « J'ai été plus fort que maman, je savais ce que je voulais. Je savais que maman ne voulait pas ma mort en croyant qu'elle ne me voulait pas. Donc je veux vivre contrairement à ce que je disais. »

C'est ça le travail d'une psychothérapie sur des

enfants rejetés : « Puisque tu n'en es pas mort — d'autres le seraient —, c'est que tu es beaucoup plus fort que les autres. Tu as dépassé le désarroi de ta mère, et tu donnes une descendance à ton père qui ne savait pas qu'il la voulait. »

Quand on responsabilise un jeune qui a déjoué les manœuvres qui avaient essayé de l'empêcher de vivre, il est bâti à feu et à sang.

Secondairement, la vie l'aime même si ses parents l'ont abandonné. Il y a souvent une jeune fille ou une femme qui s'occupe de lui et qui l'aime. Il m'est arrivé de dire à un bébé placé dans une pouponnière : « Tu vois, Lisa (l'infirmière) est très malheureuse quand tu es malade. C'est pour ça que la pouponnière a demandé que je te soigne. On t'aime ici parce que tu t'appelles de ton nom et non parce que tu es un enfant de la pouponnière. » « Ta maman avait des raisons de croire qu'elle n'avait pas le droit d'aimer un enfant. Et tu savais qu'elle avait besoin de mettre un enfant au monde. »

Ceux à qui on ne parle pas des manœuvres abortives qui ont précédé sans succès leur naissance deviennent des enfants dépressifs ou très instables parce que trop angoissés.

Je citerai le cas d'une mère qui s'était fait administrer des piqûres pour avorter. En vain. La grossesse a été à son terme. Au cours de sa croissance, l'enfant a présenté des moments limites où il ne réagissait pas aux maladies, à huit, neuf mois, dans les moments décisionnaires de la grossesse.

Melanie Klein a parlé de la dépression anaclitique du huitième mois, qui n'est pas vraie dans tous les cas. A huit mois tout nourrisson revit le huitième mois de sa vie fœtale, avec les émotions avec lesquelles la mère le portait. Si une mère a été très angoissée à la fin de sa grossesse, le bébé est en difficulté au huitième mois : crise aiguë de rhinopharyngite par exemple. Si on parle avec la mère de ses difficultés au huitième mois et qu'on l'explique au bébé, sa dépression disparaît tout de suite.

Les enfants des mères qui ont eu une bonne fin de grossesse, qui n'ont pas craint l'accouchement et dont l'enfant a été désiré et attendu, ne font pas du tout de dépression anaclitique. L'angoisse antepartum et postpartum de la mère n'est jamais coupable ; elle est très fréquente dans notre société où les mères sont souvent sans interlocuteur.

Faut-il rechercher cette angoisse prénatale chez l'adolescent qui souffre d'un non-désir, même pour ce qu'il sait faire avec talent, pour ce qui le valorise ?

C'est une répétition de ce qu'il a éprouvé à un moment de son histoire. Dans le film américain *Les Gens comme les autres*, deux garçons font du bateau. Un naufrage survient. L'aîné se noie. Le petit est sauvé. Tout le travail de psychothérapie de récupération est parti du fait que le petit ne voulait plus vivre. Il n'avait plus le droit de vivre. Son frère était mort et pas lui. Et ce frère lui semblait plus apprécié que lui.

Dans beaucoup d'accidents il y a une conduite de risque, de trompe-la-mort. Ce n'est pas l'accident dû à la maladresse, à l'ignorance. Très souvent, le geste est de bravade, de provocation.

Le mode de vie qui est le leur ne leur convenant pas, les jeunes ne voient pas pourquoi se préserver.

L'incitation à pulvériser des records, à faire homologuer des performances est excessivement médiatisée.

La société en Occident n'offre plus comme autrefois de s'enrôler au profit du pays, d'être payé pour exercer un métier périlleux et valorisant. Toute conduite héroïque ne peut plus être menée qu'à titre individuel. En revanche, actuellement, dans certains pays musulmans, c'est la propagande pour le suicide des jeunes.

Le sponsoring permet de trouver un mode de rémunération pour le risque que l'on court. Mais l'expédition n'est plus un billet aller simple, plein d'inconnus, aux moyens de fortune. Le retour est garanti avec toute une couverture assurant la sécurité, prévoyant les secours en cas d'échec, l'évacuation sanitaire d'urgence, les fusées de détresse lancées...

Le raid n'est plus une évasion d'adolescent mais une entreprise de jeune adulte. En puissance, cela requiert pour l'organisation un niveau de directeur de PME. L'expédition sponsorisée ne répond pas au besoin de conduite de risque chez l'adolescent. Il est dès lors enclin à inventer des risques extrêmes, à défier la mort autrement.

Tout coûte trop cher... C'est trop sophistiqué. C'est trop lié à l'argent pour les adolescents. Ce n'est plus vraiment l'aventure à deux ou trois camarades, qui gardait un parfum d'imprévu.

ACROBATIES

L'école du cirque a sorti d'affaire des adolescents, en leur faisant assumer des risques et découvrir leurs limites. Il n'y a pas eu d'accidents.

Ils s'entraînent en dehors de la famille, mais dans un groupe pseudo-familial, à accepter les caractères des autres, engagés dans une même galère mais où ce que l'on fait intéresse tout le monde.

Ça stimule le dépassement de ses résistances, l'éveil de l'intelligence à sentir le danger, la tolérance aux autres. Il y a un intérêt focalisé sur un but commun. C'est aussi un style de vie un peu esthétique, quasi tribale, parafamiliale, d'où le sexe n'est pas exclu.

L'APPROCHE DE LA MORT

« Que voudrais-tu faire plus tard ? » Les adolescents qui répondent « médecin » seraient-ils au départ des gens qui ont peur de la mort ?

Ils l'identifient aussi à un bourreau. Ils ont peur de la mort mais ils ont aussi une tendance sadique. Ils combattent l'envie première de donner la mort en sauvant les gens. C'est assez dialectique.

Quelquefois c'est qu'ils sont généreux mais dans d'autres cas c'est une fausse générosité pour contrer le sentiment d'agressivité qui est sous-jacent.

Peut-il y avoir un altruisme à quinze, seize ans ?

Je ne vois pas ce qu'est l'altruisme. Je crois que c'est une manière de projeter dans les autres en qui on se reconnaît soi-même. Un autre existe pour quelqu'un parce qu'il a fait tout un travail pour se projeter en lui. Pour qu'un autre naisse dans notre conscience, il faut bien s'être d'abord posé la question de sa mort. Le fait de dire à quinze, seize ans : « Je veux être médecin », exprimerait le désir de mieux dialoguer avec la mort et de se défendre contre une pulsion sadique.

CHAPITRE XI

À CHACUN SA DROGUE :
FAUX PARADIS ET PSEUDO-GROUPES

LA DROGUE ET LES ADOLESCENTS

Dans le monde

Depuis la dernière décennie, l'usage des drogues par les jeunes est devenu un problème majeur dans la plupart des pays industrialisés.

Ce phénomène ayant commencé aux États-Unis dans les années 60 a vite gagné les autres pays occidentaux.

En effet, à partir de 1970, la consommation de drogues par les jeunes a considérablement augmenté. Parmi les pays les plus touchés on trouve : la Suède, le Danemark, l'Australie, l'Allemagne, la Suisse, l'Italie, le Royaume-Uni et la France ; et récemment l'Espagne et le Portugal.

Il est très difficile (quasiment impossible) de trouver des chiffres représentatifs de l'utilisation des drogues par les adolescents ; en effet les seules statistiques auxquelles on peut se référer sont celles des autorités policières (saisies de drogue et interpellations) ou celles des morts par overdose (qui sont elles-mêmes sujettes à caution) (2-7[1]).

D'une part les différents pays sont peu enclins à communiquer ce genre de chiffres et d'autre part la complexité du problème de la drogue ne permet pas de connaître le nombre réel de toxicomanes chez les adolescents. En effet, plusieurs stades sont à prendre en considération : l'usage sporadique des drogues, l'abus et la dépendance, et, à chacun de ces stades, il est pratiquement impossible de quantifier le nombre de jeunes concernés. Il faut aussi pouvoir distinguer les différentes drogues utilisées : drogues dites « douces » et drogues dites « dures »...

L'épidémiologie de l'abus des drogues est une science encore à ses débuts et par conséquent seulement quelques tendances peuvent être dégagées quant à l'utilisation de celles-ci dans les différents pays (8).

La nature internationale du problème a incité les gouvernements des pays intéressés, ainsi que de nombreuses organisations et institutions, à réagir devant ce fléau (6, 10).

Les mesures prises cherchent autant à prévenir qu'à minimiser les effets négatifs de l'usage des drogues. Tout d'abord en informant les jeunes objectivement sur les dangers des drogues en introduisant dans les programmes scolaires des cours spécifiques sur l'abus et les caractéristiques des différentes drogues, ensuite en luttant contre la disponibilité de la drogue, et enfin en essayant d'améliorer les conditions de vie des jeunes (participation à des activités saines en marge de la drogue).

1. Voir bibliographie en annexe, p. 359.

L'efficacité de ces mesures et notamment de l'éducation préventive a fait l'objet de grandes polémiques. En effet, certains pays tendent à penser que celle-ci ne fait qu'accroître le problème en disant trop et en incitant par là même les jeunes à l'expérimentation, d'autres pays au contraire sont favorables à une éducation contre l'abus des drogues.

Toujours est-il que l'efficacité ou le danger de ces méthodes est particulièrement délicat à estimer, aucune évaluation des programmes n'ayant vraiment été faite.

Parallèlement à ces mesures de prévention, se sont développés dans tous les pays des organismes pour soigner les jeunes toxicomanes ; la philosophie de ces centres diffère selon les pays et les centres, certains prônant la non-directivité, d'autres édictant des règles très strictes dans une perspective de thérapie communautaire.

Aux États-Unis

Les faits et les chiffres

Un accroissement dramatique de l'utilisation de toutes les drogues chez les jeunes Américains a été constaté durant la dernière décennie (17^1).

Comme le souligne Lloyd Johnston — directeur de l'Institute for Social Research —, il n'y a pas de pays industrialisé qui ait une proportion comparable de jeunes utilisant les drogues (34).

En regardant les sondages et les statistiques, on s'aperçoit que parmi les drogues utilisées (licites ou

1. Voir bibliographie en annexe, p. 355.

illicites) par les adolescents, l'alcool arrive en première position, suivi de près par la marijuana, puis les stimulants (amphétamines), la cocaïne et enfin les autres drogues.

On remarque aussi un accroissement général des pourcentages d'utilisation des différentes drogues de 1975 à 1980 ; à partir de 1980, la tendance semble se stabiliser et même diminuer pour certaines drogues.

Aujourd'hui la proportion est à la baisse (notamment pour l'usage de la marijuana), mais une nouvelle forme d'utilisation de la cocaïne appelée « crack » inquiète les autorités (22, 25).

Les causes et les répercussions des drogues chez les adolescents

L'adolescence offre un terrain particulièrement exposé : l'anxiété et l'inconfort physique qui caractérisent cet âge, le côté rituel et magique de l'utilisation des drogues, la pression sociale des groupes d'adolescents, la recherche d'une identité... autant de facteurs qui contribuent à inciter l'adolescent à expérimenter la drogue.

Il faut cependant distinguer les adolescents qui se droguent par « curiosité » et dont la pratique n'est qu'épisodique, et ceux qui utilisent les drogues d'une manière quotidienne sans pouvoir s'en passer. Pour ceux-ci l'utilisation des drogues peut les amener — pour des raisons financières la plupart du temps — à la violence, l'abandon scolaire, la prostitution et la vente de drogues (33).

Les traitements et les préventions

La société américaine se sent très concernée par ce problème de drogues chez les adolescents.

Malheureusement d'après les auteurs du *Consumer Report* (5) la politique nationale envers la drogue depuis 1960 n'aurait fait que contribuer à empirer la situation.

Des organisations de recherche se sont créées pour lutter contre ce fléau : Addiction Research Foundation (1949), American Council on Drug Education (1977)...

A partir des années 60, des centres se sont développés dans les grandes villes comme dans les petites villes pour aider les jeunes ayant des problèmes avec les drogues. Ces centres sont aujourd'hui très nombreux et très variés selon la forme d'aide qu'ils proposent.

D'autre part des programmes d'éducation ont été mis en œuvre dans les écoles (les États-Unis sont le seul pays où ces cours commencent dès l'école primaire) ; mais l'efficacité de ces cours sur la drogue chez les adolescents est loin d'être prouvée, certains même tendent à dire qu'ils ne font qu'aggraver le problème (4).

En 1985, certaines écoles ont essayé d'adopter un test de dépistage d'utilisation des drogues et de l'alcool par les élèves. Après une grande polémique ces tests ont été abandonnés (27).

Toujours est-il que les autorités nationales, fédérales et communautaires se battent contre ce problème et que le jeune adolescent qui se drogue aux États-Unis n'est plus considéré comme un délinquant mais comme une personne malade ayant besoin d'aide et de soins.

LA DROGUE QUI ADOUCIT LES MŒURS

D'après une étude d'une unité de l'INSERM[1] sur la santé des adolescents (en France), publiée en 1988, l'usage non seulement des produits psychotropes mais de la drogue douce et de l'alcool souvent associés — cocktail d'une synergie redoutable — se banalise d'une manière très considérable. Citons les chiffres : près d'1 garçon sur 2 et 1 fille sur 3 ou 4 fument au moins dix cigarettes par jour et font consommation régulière d'alcool, 52 % des garçons adolescents et 21 % des filles.

Il a été observé que leur usage aussi bien du tabac, de l'alcool que de la drogue douce est toxicomaniaque, c'est-à-dire qu'ils ont tendance à prendre des doses fortes. Comme les adultes disent : « Je vais me saouler », ou « Je me suis beurré », ils disent : « Je me pète », ou « Je suis rentré pété ». Mais là il s'agit de « H ». Plus chez les adolescentes que chez les adolescents, la notion de fatigue apparaît. Ils se plaignent que leur sommeil n'est pas assez réparateur. Ils souffrent d'asthénie, d'apathie.

Je crois que c'est psychosomatique. On se bat les flancs, on s'ennuie. Et l'ennui sécrète l'angoisse. Réduit à soi, à ses conflits internes, on se sent vidé, à bout de forces. Le ressort, la combativité ne s'exercent que sur des obstacles extérieurs, des projets, des enjeux sociaux. Dans l'ensemble, les filles sont moins dépressives que les garçons.

Les chercheurs de l'INSERM ont observé que

1. Institut national de la santé et de la recherche médicale.

l'usage des psychotropes, de l'alcool ou de la drogue est chez les garçons beaucoup plus agressif, tourné vers une sorte de contre-image de la virilité. Le rapport conclut : « Garçons et filles se conforment à l'image sociale de leur sexe, les garçons s'orientent vers l'image sociale de la virilité à travers des comportements bruyants et agressifs, les filles vers celle d'une féminité passive concentrée sur le corps à travers des plaintes somatiques. » Ils ont observé des actes plus délictueux chez les jeunes garçons, et chez les filles beaucoup moins de violences physiques mais plus de troubles fonctionnels et plus de consommation de médicaments psychotropes, c'est-à-dire de sédatifs, de tranquillisants, que les garçons. D'où ils concluent, à tort ou à raison, que le comportement bruyant et agressif est plus le fait des garçons, et que les filles sont plus passives.

Les garçons expriment leur angoisse par l'agressivité extériorisée, et les filles expriment leur angoisse par l'annulation de leur fonctionnement physiologique. C'est parce qu'ils ne peuvent pas jouer la carte de la véritable maturité, la maturité sexuelle. C'est un comportement de gens encore en phase de latence.

Une minorité de filles ont ce comportement en tant que consommatrices de psychotropes, mais les autres dans leurs études, leurs occupations, semblent plus dynamiques que les garçons. Elles sont plus motivées, plus tournées vers une action que les garçons.

Oui, mais vers une action socialement utile. Les garçons sont hystériques et extériorisés, et les filles sont hystériques passivistes, mais c'est justement parce qu'elles n'ont pas d'issue à leur nouveau besoin de s'autonomiser, de gagner leur vie, d'avoir un logement séparé de leurs parents, de vivre ensemble garçons et filles. En revanche, quand les filles dépassent toutes ces angoisses, elles sont plus actives que les garçons, dans le groupe de ceux qui ne consomment pas. Je pense que c'est parce qu'elles sont en avance sur la maturité sociale des garçons. En général, elles sont plus en avance et elles peuvent travailler avec les autres filles dans un esprit de solidarité. On pourrait résumer en disant que les filles qui consomment des psychotropes, des drogues, le font sans nuire à l'autre, et toutes les autres, majoritaires, qui n'ont pas ce problème, sont plus actives que les garçons qui eux vont bien mais ont tendance à être plus apathiques. Ils ne sont pas au service de la société, tandis que ces filles-là ont un idéal. Même des garçons qui ne sont pas suicidaires ou toxicomaniaques sont moins dynamiques que les filles qui, elles aussi, vont bien. A tel point qu'on se demande si, dans les années qui viennent, une certaine dominante féminine ne va pas s'imposer dans la population des gens d'entreprise, des combatifs.

Les statistiques disent aussi qu'il y a plus de gar-
çons parmi les drogués homosexuels que de filles.

Ce n'est pas significatif car l'homosexualité masculine se voit plus. Les filles peuvent être homo sans que cela se sache. Deux adolescentes qui sortent ensemble, c'est un couple neutre, sans sexualité déterminée.

En ce qui concerne l'usage du haschich et de la marijuana, il y a maintenant un nouveau discours permissif : « Pénaliser l'utilisation des drogues douces est une hypocrisie sociale considérable, puisque l'État, en percevant des taxes, protège le tabac et l'alcool et encourage la médicomanie. Il légalise ces drogues alors qu'il pénalise les drogues douces à la différence des pays voisins qui les laissent en usage libre. »

Le tabac et l'alcool peuvent faire plus de mal que la marijuana aussi bien sur le plan du système nerveux central de l'individu, qui est plus ou moins alcoolo-sensible, ou tabaco-sensible, que sur le plan des accidents. Mais je crois qu'il revient aux jeunes de prendre position sur l'usage des drogues douces, pas aux éducateurs. Il s'agit moins d'interdire que de s'intéresser à ce qui entraîne chez les jeunes le besoin de prendre de la drogue. Si on ne donne pas aux enfants autre chose que l'imaginaire, s'il n'y a aucune réalité où ils peuvent s'affirmer, ils vont continuer l'imaginaire.

La frontière de la drogue douce à la dure n'est pas nette. On sait d'expérience qu'il y a un passage. Mais les jeunes se targuent de ne pas le franchir, de pouvoir s'arrêter à volonté. Les adultes ont l'alcoolisme mondain, ils boivent pour le plaisir. Les jeunes ne consomment pas seulement de l'herbe dans les moments de déception et d'échec mais pour « faire la fête », se détendre après le boulot, comme les adultes stressés. D'une manière quasi rituelle, les lycéens se passent le joint même lorsque « tout baigne » comme ils disent entre eux, ils sont contents de partager ensemble comme un pique-nique, un déjeuner sur l'herbe. C'est une manière de vivre en groupe, en pseudo-groupe. Conversation entre un père et un fils : « Éric, tu as encore fumé ce soir! — Toi, le père, tu bois ton picrate, je ne te prends pas la tête. Alors laisse béton. » Les amateurs de joints rétorquent aux parents qui s'inquiètent : « Et vous? dans vos libations de copains, d'amis, vos anniversaires, vos baptêmes... »

Ils ont l'intuition que l'alcool intoxique plus encore l'organisme. Ils ont sans doute raison sur ce point mais ils se cachent les autres conséquences sociales. Les adolescents qui se tournent vers la douce sont tentés de fuir dans l'imaginaire et dans la copinerie de paroles au lieu d'agir. Il faut leur dire que la drogue les rend beaucoup plus passifs face aux obstacles, qu'elle nourrit l'apathie, l'indifférence. Si l'alcool rend violent, le hasch rend quelquefois violent ou quelquefois passif, en tout cas, il ne donne pas de courage, alors que l'alcool en donne. La preuve c'est qu'on en donne pour pouvoir accepter d'être guillotiné, et qu'on en donne aux soldats avant l'assaut, ce qui prouve que le coup de fouet facilite l'action.

Mais les jeunes répliquent : « La société vous fait boire pour vous envoyer au casse-pipe. Nous ne voulons plus mourir au tambour. »

La tabagie et la consommation d'alcool n'empêchent pas la création pour de vrai, la création du sculpteur, du musicien, du peintre. La drogue détruit... Le tabac, l'alcool soutiennent l'action tandis que la drogue décourage. Le peu de désir qui reste, le désir occulté, le désir enfoui est encore plus muet... La drogue vous fait régresser au « nourrisson gavé ». Elle effémine les garçons et déféminise les filles.

La découverte des endomorphines — hormones du cerveau — donne à penser aux neurologues que la drogue correspondrait à un déficit. Cette explication qui est du domaine de la biochimie consiste à dire qu'il y a des individus qui, dans leur singularité physiologique, métabolique, ont tendance à moins sécréter de morphines de base, de morphines naturelles. Comme ils sont de ce fait enclins à angoisser plus que d'autres, ils ont besoin d'un apport.

C'est l'explication matérialiste, biochimique. Elle ne satisfait pas l'esprit. Il est vrai qu'il y a des sensibilités individuelles. Certains individus pourront avoir, à la prise d'une drogue douce, des réactions beaucoup plus immédiates et fortes que d'autres. De même qu'il y a des gens alcoolo-sensibles avec un dé à coudre d'alcool tandis que d'autres pourront absorber et diffuser beaucoup plus rapidement que d'autres. On voit des gens qui, à des doses assez importantes, absorbées de manière assez raide, arrivent jusqu'à un certain point à garder leur vigilance, à garder leur self-control, et ils n'ont pas d'accident...

Généralement, l'hypersensibilisation à l'alcool se

produit chez des êtres issus de parents alcooliques, qui ont déjà fragilisé le foie *in utero.*

Le mot de Nathalie Clifford Barney qui avait noté : « L'alcool, notre ancêtre à tous » s'applique aux habitants des pays occidentaux.

Partout. Il n'y a pas de civilisation sans alcool.

Oui, mais de manière plus sporadique... Avant la Seconde Guerre mondiale, les boissons fermentées ont toujours été rationnées et réservées à certaines fêtes de l'année, dans les îles du Pacifique. Par exemple, en Mélanésie, ou en Micronésie. Les boissons étant fabriquées à partir de la fermentation du jus de noix de coco, les habitants des atolls en avaient de très petites quantités, les beuveries étaient ritualisées. Même chose en Afrique. Avant que les Noirs ne connaissent l'alcool de grain des Blancs, ils n'avaient que l'alcool de fruits, qui étaient en production locale, beaucoup plus limitée. Il y avait donc une sorte de rationnement dans cette économie en circuit fermé et ils en avaient réglementé l'usage. En Scandinavie, c'est tous les samedis soir. En Afrique c'était six fois par an, c'était quand même un autre rythme.

Aujourd'hui, on est en état d'ébriété tous les samedis soir. Il faudrait comprendre de quoi est symbolique l'avidité de boisson, l'envie de drogue. Tous les moyens artificiels de jouissance sont venus du fait que la satisfaction matérielle des besoins s'est trouvée facilitée par la civilisation et la technologie. Les gens ne savent plus quoi faire de leur désir, alors ils le transforment en besoin de quelque chose de répétitif qui les occupe à ne rien faire, qui les occupe avec des représentations mentales. Les jeunes banalisent le joint pour ne pas prendre de l'alcool, et pour ne pas être avec les vieux. Pour avoir quelque chose à eux. C'est une jouissance de classe d'âge. Jouissance passive. Mais que leur impose-t-on dans leurs loisirs ? La même finalité que dans leurs études : la compétition. Les sports, les jeux sont trop institutionnalisés. Il n'est pas question de s'amuser, il faut gagner. La maîtrise de soi, l'exploit individuel, l'art ludique sont vite récupérés et exploités par le commerce pour devenir des shows grand public. On ne concourt plus pour son propre plaisir, il faut donner un spectacle aux autres. Le public demande des performances. Les jeunes voient bien que le sport amateur disparaît au profit des records professionnels. Les jeux Olympiques deviennent une énorme machine promotionnelle pour les grandes marques, les athlètes se dopent, la sportivité se perd. Réaction des jeunes : on ne rentre pas dans cet engrenage, on ne demande rien à personne. Nous vous laissons vos rites bachiques et votre doping. Nous, on peut avoir nos fumeries.

Le langage à tenir n'est pas d'approbation, pas plus que de répression pénale ou de condamnation morale. Mais celui du choix lucide, en connaissance de cause : « Nous vous avons écoutés. La société donne le mauvais exemple ou propose d'autres dérivatifs ou défonces. C'est votre droit de préférer les plaisirs passifs. Mais sachez que vous arriverez à l'âge adulte en n'ayant pas fait vos expériences. Vous le paierez en risquant de clochardiser. »

En prenant du haschisch, les jeunes interrompent même les relations sexuelles pourtant bien engagées. Des garçons peuvent rester un ou deux ans sans se donner la peine de chercher une partenaire, sans vouloir vaincre leur timidité, en se repliant dans l'onanisme.

La drogue douce neutralise le chemin de la libido vers la créativité et vers la procréativité. Nous ne sommes pas là pour les empêcher mais pour leur dire le résultat qui les attend. C'est un choix d'évolution plus que probable. Très peu arrivent à s'en sortir en ayant été drogués, même en drogues douces, parce qu'ils ont perdu pied avec la compétition nécessaire pour se faire une situation. Ils n'ont pas d'expériences qui leur permettent de se défendre le jour où ils rencontrent des obstacles dans la vie. Un pays rempli de gens qui ne sont pas capables de se défendre et de défendre le lieu où ils vivent si agréablement est destiné à être envahi par des combatifs venus d'ailleurs et à devenir un satellite, une colonie.

Il est certain que cet affaiblissement devant la vie, devant l'obstacle, devant l'effort, rend très vulnérable à toute invasion. C'est ainsi que des civilisations s'abolissent.

Nous n'avons pas à faire de morale mais nous devons dire aux jeunes : « Êtes-vous parmi ceux qui veulent sombrer ou parmi ceux qui disent : bien que ça soit difficile, je tiens le coup. »

Les jeunes ne se sentent pas concernés par le

*SIDA. Ils font comme si de rien n'était. C'est extrê-
mement difficile de leur faire admettre que le risque
peut les atteindre et qu'il y a aussi une question de
solidarité, c'est-à-dire qu'ils ne doivent pas non
plus transmettre.*

Supprimer tous les risques est débilitant. Les adolescents retrouvent le risque que la contraception a
supprimé. Chacun est confronté individuellement
aux grands problèmes de société. A chacun à son
niveau de se dire : « De quelle société est-ce que je
veux faire partie ? » Il faudrait presque que chacun
découvre sa part de marginalité et qu'il rencontre les
autres marginaux.

On ne peut plus dissocier les jeunes actifs des
jeunes passifs, les gagneurs et les perdants, les
conquérants et les rêveurs, tant l'usage de la drogue
douce est banalisé. Les jeunes qui font du sport ou
qui, à l'armée, sont dans des armes de choc, même
des parachutistes, prennent de la douce le soir, après
l'épreuve, après l'exercice, pour planer. Comme
avant ils buvaient, ou ils usaient du tabac.

*Les fumeurs de douce qui sont appelés sous les
drapeaux vont-ils avoir une coupure, rompre avec
cette habitude en n'étant plus entraînés ? Pas du
tout. Ils rencontrent des gradés, très virils, anciens
de commandos, qui, le soir, fument du H.*

En prison, on fume encore plus. L'usage, la contagion sociale, dévalorisent la loi.

Même les jeunes militants lepénistes fument de

*l'herbe, ils y ont recours d'une manière aussi cou-
rante.*

Peut-être, ceux qui militent dans les mouvements de jeunesse chrétienne en sont exempts, car ils ont la drogue du charismatisme.

Un idéal social est une certaine manière d'extra-vertir ses pulsions, et aussi son énergie.

Pour se désintoxiquer, le soutien des autres est nécessaire.

Comme il y a les Alcooliques anonymes, il faudrait qu'il y ait les « Jointeurs anonymes ».

Peut-on suggérer de dépénaliser la prise de drogues douces ? Les Américains songent à dépénaliser la marijuana. Les Espagnols aussi. En France, les jeunes se mettent hors la loi en fumant un joint même s'ils ne vendent pas de l'herbe. Si un jeune est pris avec quelques grammes sur lui, théoriquement un juge peut l'inculper et le faire condamner à une peine portée sur le casier judiciaire.

C'est donc un petit consommateur, ce n'est pas le dealer. Pour avoir l'adresse de son fournisseur, il arrive que l'on fasse pression sur le jeune qui a été trouvé porteur de 2 ou 3 grammes. On le menace « d'ouvrir un casier » s'il ne donne pas le nom du dealer. Celui-ci peut-être vend aussi de la cocaïne... C'est pour court-circuiter le réseau des trafiquants et ne pas mettre les jeunes au contact des porteurs de drogues dures qu'aux États-Unis, certains médecins voulaient que les droguistes puissent tous, en liberté, vendre de la marijuana, comme on vend du tabac, qui est peut-être beaucoup plus dangereux.

Cette position diffère de celle, en France, de Léon Schwartzenberg, qui suggère de distribuer de la drogue ou des substituts en milieu médical. Mais je ne pense pas que ce soit la solution. L'usage de drogues douces n'est pas du ressort des législateurs. La dépénaliser n'oblige pas à la mettre en vente libre et la promouvoir. Ce qui s'est passé pour l'avortement devrait servir de leçon : du jour au lendemain il est devenu légal, alors qu'avant, il était passible du pénal ; au lieu de le dépénaliser, on l'a légalisé.

Les « ados » ne croient pas à la prohibition et trouvent la législation absurde.

C'est vrai qu'elle est absurde. (Non pas l'interdiction d'en vendre, mais celle d'en consommer.) On n'interdit pas de se prostituer. C'est le racolage qui est interdit. Beaucoup de magistrats ne vont pas charger un mineur à casier vierge parce qu'il a été pris avec quelques grammes. Ils se contentent de lui faire une injonction thérapeutique. Mais la loi prévoit une peine de prison.

Je conçois un autre dialogue possible :

Le jeune : « Votre société ne m'intéresse pas. Elle ne m'accueille pas. »

L'adulte : « C'est vous qui la changerez. Ce n'est pas en dormant ou en planant que vous obtiendrez moins d'injustice dans le monde. »

Les jeunes ne croient plus que la société peut changer par les voies démocratiques. Ils ne se servent plus de leur carte d'électeur.

Mais ils n'ont pas pour autant de projet social. Les valeurs auxquelles les jeunes s'accrochent — l'amitié et l'amour — ne sont pas contradictoires avec la pratique du H. Il n'en va pas de même pour la sexualité. La douce ne facilite pas l'échange sexuel, elle permet de s'en passer. Cela entraîne une manière d'être négative (ne pas supporter la douleur, la gêne).

Scénario optimiste :
Ce n'est qu'un passage, la fumée se dissipe au bout du tunnel. Peu deviennent des « camés ». La vie leur apporte plus.

Il est vrai heureusement qu'un jeune qui prend régulièrement de la douce ne va pas tout de suite clochardiser. Mais dès qu'il est pris dans l'engrenage, il ne fréquente plus que des toxicomanes et, coupé des « jeunes qui vont bien », il a du mal à s'échapper. Et pour rattraper le temps perdu... Il existe sûrement des groupes d'adolescents qui s'entraident pour ne pas tomber dans la dépendance d'une drogue. Ils font de la musique, de la planche, de l'escalade, du tir à l'arc. Ils ont des projets, des voyages... Comme ce n'est pas dangereux, on n'en parle pas. Ceux qui font des arts martiaux ne se droguent pas.

DOUCE MAIS PAS INNOCENTE

Dans le *Concours médical* (numéro de février 1987), deux psychiatres du centre hospitalier d'Argenteuil, le Dr Morin, chef de service, et J. Gailledreau, interne des hôpitaux, ont publié un article dans lequel ils démontraient l'existence de

---

schizophrénies liées à une consommation importante et régulière de H. Une thèse qui va à l'encontre des idées reçues sur l'innocuité des drogues douces.

Selon les deux médecins, sur les quatorze cas qu'ils ont observés durant ces quatre dernières années, « aucun n'avait dans son enfance ou son adolescence d'antécédents psychiatriques personnels ou familiaux, pouvant ainsi être considérés à priori comme susceptibles de développer une pathologie d'ordre schizophrène ». Or, le seul point commun entre tous ces sujets, relevé par les deux auteurs, résidait dans une très forte consommation de haschich. Tous en fumaient depuis au moins sept ans à raison de deux fois par jour. « Le haschich, c'est bien connu, isole le fumeur, entraîne des délires », affirme le Dr Morin. S'appuyant sur les thèses du tout premier psychiatre à avoir étudié ces phénomènes, les deux auteurs parlent d'une ivresse cannabique. Ivresse qui, poussée à l'extrême par une consommation régulière, entraîne de graves altérations de « l'automatisme mental » qui régule notre psychisme. Pour le Dr Morin, les conséquences ne se font pas attendre : déformations de la perception du monde, de l'espace, des autres et de soi. Les fumeurs présentent alors des troubles graves du cours de la pensée. Reste que cette thèse (« qui dérange », avoue lui-même un des médecins) ne fait pas l'unanimité dans le corps médical. Dans une lettre de protestation envoyée aux deux auteurs, un psychiatre strasbourgeois avance, lui, une hypothèse différente : « Si les cas étudiés consommaient à l'excès du haschich, c'est qu'ils étaient mal à l'aise ; et par conséquent le développement de la psychose ne serait pas lié à la consommation de haschich, mais à la fragilité psychologique de l'individu », avance le spécialiste.

Ce n'est pas parce qu'ils fument des joints que les lycéens sont des drogués. Ils ont répondu à la mode du groupe. A la première occasion, s'ils sont amoureux d'une fille, ils quittent la bande; ce n'est pas la même chose que l'usage des drogues dures qui correspond à une angoisse existentielle. Les joints sont comme la cigarette. Une cigarette d'un autre genre et qui n'atteint pas les cellules du corps.

Une petite consommation alcoolique n'a rien à voir avec le grand éthylisme qui demande une désintoxication de six à sept semaines. L'alcool ressemble à une drogue dure au bout d'un certain temps. La sujétion à la drogue dure est peut-être à comparer à l'alcoolo-dépendance qui ressortit tôt ou tard à une cure de désintoxication radicale et éprouvante.

Le discours adulte : « Fais attention, la frontière entre douce et dure est ouverte, il y a des dérapages... Les fournisseurs vous mettront dans l'engrenage... » n'est pas sensible aux jeunes. Ce propos est, comme disent les lycéens, moralisateur et « tout faux ».

Je préfère un autre plus concret : « C'est vrai que tu t'en passerais sans cure de désintoxication. Mais tu ne peux pas dire que ça n'inhibe pas ton vouloir-vivre et que ça ne te dissuade pas d'agir, de faire face à tes responsabilités. Pendant que tu fumes, tu ne fais pas autre chose. Et après, tu n'as plus envie de faire autre chose. » Cette attitude de totale indifférence, la cigarette banale ne l'induit pas.

La tabagie n'a jamais empêché les gens d'avoir une vie sociale, bien qu'elle gêne un peu les voisins non fumeurs et qu'elle prédispose au cancer des poumons.

Le recours à la fumerie en bande est une retombée de la paralysie des échanges familiaux, elle-même provoquée par l'éducation trop protectrice du type de celle de l'enfant unique. De plus en plus de jeunes s'attardent à la maison, écœurés, sans initiative ni élan, et ne tiennent que le discours du « A quoi bon ? », « Où va le monde ? », « Tout est pourri ». Avec leur indigence de vocabulaire, ils tombent dans un psittacisme sommaire.

Le vocabulaire de ceux qui vivent dans un imaginaire non verbalisant s'appauvrit de plus en plus. La boulimie de l'audiovisuel entretient un état d'hypnose non dynamique. Ainsi supporte-t-on la « chienne de vie ». Au début l'enfant a recours à la télévision comme une extension de son imaginaire. C'est une dérivation qui conduit à la déresponsabilisation.

« C'est inoffensif », proteste le télémaniaque. « La tisane TV est moins nocive que tous vos médicaments, que votre alcoolisme mondain. » Les adolescents banalisent la douce. Ils s'en servent comme d'une affirmation de leur liberté. « Puisque votre société le défend... Je peux m'en passer. Ça vaut bien vos drogues. »

Dans les propos recueillis auprès de lycéens qui prennent régulièrement du H, deux témoignages significatifs sur « le mal vécu » des adolescents de notre société, la difficulté d'être accepté : « Sans joint, je deviendrais trop violent » et : « Je supporte mieux les examens et la peur du chômage. »

Dès le premier âge, les enfants sont fragilisés par une protection et une assistance excessives : le bébé ne doit pas pleurer, on lui administre des calmants pour faire dormir, l'homme n'est pas préparé à supporter la moindre fièvre ou indisposition. On occulte la mort, la maladie, la vieillesse. L'angoisse se soigne avec des médicaments au lieu d'être traitée par la parole, l'échange social. Le seuil de sensibilité est très variable selon les individus mais on observe que ce sont les enfants les plus protégés qui se sentent le plus inadaptés à la tragédie quotidienne du monde. Il se peut que le joint rappelle inconsciemment à l'adolescent le sédatif prescrit par le pédiatre lors de sa petite enfance.

Vous avez pu être reçu dans des lycées et répondre aux questions d'élèves de classes terminales. Vous ont-ils interpellée sur la drogue ?

L'un d'eux a révélé son trouble face à la sollicitation de la drogue, trouble partagé par une certaine partie de la classe : « On est tenté par la drogue et en même temps on sait très bien que c'est dangereux. On ne pense qu'à ça et on ne sait que faire. »

Je leur ai dit : « Vous pourriez en parler avec un psychanalyste... parce que si vous en parlez à vos parents, ils vont s'angoisser...

— Mais ça coûte cher les psychanalystes.

— Dans tous les dispensaires, il y a des psychanalystes. Ceux qui veulent aller parler à quelqu'un n'ont qu'à me téléphoner. Moi je ne consulte plus mais je vous donnerai des adresses de gens dans les dispensaires que vous pourrez voir. Vous n'avez pas besoin de faire une cure très longue, mais de parler à quelqu'un de vos contradictions, à quelqu'un dont c'est le métier de ne pas s'angoisser quand vous exprimez votre angoisse. »

CHAPITRE XII

ÉCHEC À L'ÉCHEC SCOLAIRE

LE CONSTAT :
COMPARAISONS INTERNATIONALES

Depuis quelques années, à mesure que les taux de scolarisation augmentent, la définition de l'échec scolaire s'est manifestement élargie, pouvant s'appliquer aux adolescents qui ne poursuivent ni études ni formation au-delà du premier cycle de l'enseignement secondaire, ou à ceux qui ne parviennent pas à obtenir de qualification au niveau de l'enseignement secondaire du deuxième cycle, ou encore à ceux qui se trouvent dans l'obligation de se rabattre sur une filière peu prestigieuse...

D'une manière générale on observe une évolution dans les taux de scolarisation des différents pays industrialisés depuis ces vingt dernières années.

Cependant on n'en constate pas moins qu'il existe dans ces pays près de 10 % de jeunes qui échouent ou se trouvent marginalisés avant d'avoir terminé leur scolarité obligatoire. En effet, un pourcentage notable d'adolescents ne poursuivent pas d'études au-delà de la scolarité obligatoire ou quittent le système un ou deux ans plus tard sans la moindre qualification (6[1]).

Les adolescents les plus touchés par ce problème sont ceux des classes sociales les plus défavorisées ou des minorités ethniques (5). D'autre part, malgré une évolution importante, les filles continuent encore de souffrir de certains handicaps importants (2).

Dans la plupart des pays industrialisés plus des deux tiers des adolescents âgés de dix-sept ans suivent un enseignement ou un autre, par contre à dix-neuf ans la proportion n'est, en général, que de 30 à 50 %.

Pour bien interpréter ces chiffres il faut faire des distinctions dans les types d'enseignement proposés après l'école obligatoire : on trouve trois types de structure :

— *le modèle scolaire :* il s'agit ici de favoriser une scolarisation à plein temps pour la plupart des adolescents.

Ainsi, aux États-Unis et au Canada, la proportion d'adolescents âgés de dix-sept ans scolarisés s'élève maintenant respectivement à 87 % et 72 %.

Aujourd'hui l'exemple type de ce modèle est le Japon où 94 % de ce groupe d'âge poursuit des études secondaires.

Dans bon nombre des pays de l'Europe, le secteur scolaire occupe une place prépondérante : Belgique, Suède, Pays-Bas, Finlande, Danemark, et à moindre degré France.

Dans tous ces pays, plus des deux tiers des adolescents de dix-sept ans sont actuellement scolarisés, mais beaucoup de ces élèves suivent des enseigne-

1. Voir bibliographie en annexe, p. 362.

ments techniques ou professionnels qui remplissent des fonctions très différentes de celles des systèmes d'enseignement d'Amérique du Nord ou du Japon dont l'enseignement est analogue à celui des écoles secondaires du deuxième cycle européen.

— *le modèle dual :* il se distingue par l'importance du secteur de l'apprentissage.

Ainsi, l'Allemagne, l'Autriche et la Suisse combinent la formation en entreprise avec les études à temps partiel ; la proportion d'adolescents qui suivent un apprentissage y est supérieure à celle de ceux qui poursuivent des études à temps complet.

— *le modèle composé :* il réserve une place plus grande aux formations professionnelles dispensées en dehors de l'école et nettement séparées des enseignements scolaires.

Ainsi, le Royaume-Uni offre des possibilités de formation aux 40 % d'adolescents qui ne fréquentent pas le système scolaire.

Les causes des échecs scolaires

Depuis ces vingt dernières années, l'échec scolaire a fait couler beaucoup d'encre... trop empreinte d'idéologie.

D'une manière générale, les auteurs s'accordent aujourd'hui pour dire que les causes en sont de trois ordres (même si certains mettent davantage l'accent sur l'un ou l'autre de ces aspects) : sociologique, psychologique, pédagogique.

Bien souvent ces facteurs se conjuguent et, si l'on veut comprendre les causes des échecs scolaires, il faut à la fois étudier leur interaction et leurs effets indépendants.

192

Causes sociologiques

Différentes analyses statistiques ont clairement démontré que les enfants issus de classes sociales inférieures sont plus susceptibles de subir un échec (8, 9).

En effet, les contraintes imposées par les conditions géographiques, sociales, économiques et culturelles sont autant de facteurs pouvant influer sur la réussite scolaire des adolescents : pauvreté entraînant de mauvaises conditions de vie, désavantages des classes moins favorisées pour développer les aptitudes intellectuelles et le langage, différence entre les valeurs de la famille et de l'entourage et celles de l'école, problèmes se posant pour les minorités ethniques, langue d'enseignement différente de la langue maternelle, niveau de la classe sociale prédominant dans la région où se trouve l'école...

Les résultats scolaires sont donc infléchis en grande mesure par l'origine et le milieu social.

D'autre part l'attitude des parents à l'égard de l'école et l'intérêt qu'ils portent à l'éducation tiennent aussi une place fondamentale dans les motifs qui poussent les enfants à bien travailler en classe.

Causes psychologiques

Les facteurs psychologiques qui ne sont pas nécessairement en rapport avec les conditions socioéconomiques ont aussi une très grande importance.

En effet, le sentiment de sécurité de l'enfant, le degré de stabilité de son foyer, ses déficiences physiques et mentales, son propre rythme, ses motivations, les succès et les échecs qu'il a déjà connus (il est montré qu'une grande majorité des adolescents qui échouent à l'école ont au moins redoublé une classe ; un article du *Monde* du 18 juin 1987 indique que la quasi-totalité des enfants qui redoublent le cours préparatoire n'entreront jamais au lycée)... tels sont certains des facteurs qu'il faut souvent prendre en considération pour rechercher les causes des mauvais résultats scolaires.

Ainsi, très souvent les troubles scolaires sont le signe d'un profond malaise de la personnalité de l'adolescent en difficulté lié aux données de sa relation avec ses parents (16).

La sécurité affective que trouve l'enfant dans sa famille est sans doute l'une des meilleures garanties contre les risques d'échec scolaire (18).

Causes pédagogiques

Une troisième explication prend pour point de départ l'analyse du fonctionnement de l'appareil éducatif.

Le nombre et la qualification du personnel enseignant, l'organisation des études et des programmes, les bâtiments et le matériel scolaires, les procédures d'examen, les relations entre les professeurs et les élèves et celles entre la famille et l'école... peuvent aussi influer sur les risques d'échec scolaire.

La lutte contre l'échec scolaire

Les rapports sur les remèdes à l'échec scolaire sont moins nombreux que les études critiques.

Cependant, dans leur grande majorité les pays s'inquiètent de constater qu'un fort pourcentage d'adolescents sortent de l'école sans qualifications suffisantes et que trop d'entre eux quittent la scolarité obligatoire avec l'impression de n'avoir guère ou pas du tout réussi.

Pour lutter contre ces risques d'échec scolaire plusieurs mesures sont mises en œuvre, essayant de pallier les différents facteurs cités ci-dessus comme causes de ces échecs.

Mesures sociales

Il s'agit d'aider les élèves qui, par suite de leur origine sociale, de leur milieu, de leur sexe ou de leur race, ont du mal à trouver leur place à l'école.

Parmi ces mesures figurent l'école unique, les classes hétérogènes, les nouvelles modalités d'examen et les programmes spéciaux de soutien pour les enfants défavorisés, tels que le *headstart* aux États-Unis et les « secteurs d'éducation prioritaire » au Royaume-Uni.

C'est sans doute aux États-Unis qu'ont été mis en œuvre les programmes les plus ambitieux et les plus perfectionnés en vue d'atténuer le handicap que subissent les adolescents issus des groupes les plus défavorisés (23). Ces programmes proposent des enseignements individualisés par petits groupes, des classes bilingues, et des possibilités de travail à l'extérieur de l'école (par ex. confier à un adolescent le soin d'aider dans son travail scolaire un enfant plus jeune) afin de leur redonner confiance.

Mesures psychologiques

Ayant constaté que la déperdition scolaire diminue dès que l'élève est encadré solidement par des adultes qui s'occupent de lui et établissent avec lui un lien personnel et affectif, on a aussi développé des structures pouvant aider les enfants ayant des troubles psychologiques.

Ainsi, on trouve dans les écoles des psychologues scolaires, des orthophonistes, et des conseillers d'orientation (20).

En effet, beaucoup pensent que l'orientation de ces adolescents en difficulté est une des solutions à ce problème (22).

On essaie aussi bien sûr d'impliquer davantage la famille dans la scolarité des enfants.

Des centres médico-psycho-pédagogiques se sont aussi créés pour aider les adolescents en difficulté.

Mesures pédagogiques

La réforme des méthodes, la transformation des programmes et des procédures d'évaluation sont également préconisées : il importe d'adapter l'école aux enfants.

On essaie de substituer à une pédagogie de l'échec une pédagogie de la réussite : en valorisant les bonnes réponses plutôt qu'en pénalisant les mauvaises, en attachant de l'importance au rendement d'un groupe d'élèves plutôt qu'en soulignant les performances individuelles, en inventant des motivations pouvant remplacer efficacement la menace de non-promotion, en essayant d'éviter les redoublements...

Des écoles parallèles destinées à répondre aux besoins particuliers des enfants en difficulté dans l'enseignement ordinaire se sont aussi développées en marge du système scolaire établi afin de lutter contre ce problème de l'échec scolaire (Danemark, États-Unis).

Si l'on s'efforce de trouver des solutions pour

prévenir l'échec scolaire, on paraît en revanche moins attaché à étudier les problèmes ou à satisfaire les besoins des adolescents qui ont définitivement quitté l'école.

Le cas du Japon

Le système éducatif japonais a l'incontestable mérite d'avoir abouti à un niveau d'éducation dont peu de pays peuvent s'enorgueillir : en effet la pédagogie recherche avant tout l'assimilation des connaissances par l'ensemble des élèves et bannit par principe l'échec en autorisant de manière presque systématique le passage dans la classe supérieure sans redoublement.

Les élèves qui ont des difficultés à suivre bénéficient d'une aide spéciale sous forme de devoirs supplémentaires ou de leçons particulières données bénévolement (26).

L'efficacité du système d'éducation japonais s'explique aussi par la structure familiale japonaise toute tournée vers la promotion des enfants ; le rôle des mères dans la réussite scolaire est très important.

Le taux de scolarisation des quinze-dix-neuf ans au Japon est plus élevé que dans tous les autres pays de l'OCDE : 94 % de jeunes terminent leurs études secondaires, 40 % entrent à l'université.

Cependant ce succès est obtenu au prix de contraintes qui pèsent lourdement sur les jeunes et finissent par faire dévier le système de ses objectifs premiers.

Aux six heures quotidiennes de présence en classe s'ajoutent au moins deux heures supplémentaires dans une école du soir, et la compétition y est terrible : pour entrer dans une bonne compagnie, il faut avoir un diplôme d'une bonne université ; pour passer le concours d'une bonne université, il faut venir d'un bon lycée ; pour être admis dans un bon lycée, il faut sortir d'une bonne école primaire ; en somme la compétition commence au jardin d'enfants (27).

NOUVELLES APPROCHES

Un groupe pédagogique animé par Arnaud Burtin expérimente une nouvelle méthode de prévention des échecs scolaires répétés. Comme à la Maison Verte l'on observe chez les très jeunes enfants avant la mise en pouponnière les comportements visuels et auditifs — en particulier les gauchers de l'œil —, ce groupe s'attache à distinguer chez les jeunes de dix, onze ans, douze ans, qui sont en déperdition au niveau de la sixième ou de la cinquième, ceux qui ont une mémoire visuelle et ceux qui ont une mémoire auditive. En tenant compte de leur mémorisation, les méthodes de l'équipe seraient arrivées à les relancer dans leur scolarité. Les élèves ont de mauvais résultats, parce que, selon Arnaud Burtin, ils ne savent pas quelle méthode adopter pour retenir les données. On remarque qu'un tel est visuel et on l'aide en lui montrant comment retenir les repères visuels dans ses manuels.

Aux auditifs, on montre comment utiliser aussi le rythme du corps comme on le fait chez les Arabes et dans les yeshibas juives... Les talmudistes retiennent toute la Bible par cœur en se balançant, en se modulant, en psalmodiant...

C'est peut-être une voie. Du reste, à la Maison Verte, nous sommes extrêmement attentifs au comportement visuel ou auditif des tout-petits. Nous disons : celui-là, il écoute des disques, donc c'est vraiment un auditif, ou celui-là, c'est un peintre. Ou celui-là, un bébé de six, neuf mois, il veut toucher un joujou rouge alors qu'il est à un mètre de lui. Il croit, parce qu'il le voit, que c'est tout près, pourtant il ne peut l'attraper. Vous devez lui expliquer qu'il n'est pas impuissant. « Tu es loin mais je vais te le rapprocher, et ça va toucher ta main, mais tu vois je l'éloigne, tu le vois encore, tu crois que ça touche ta main parce que ta main, tu la vois avec. » Quand on l'explique à l'enfant de neuf mois, les mots l'illuminent de cette assurance qu'il n'est pas impuissant. Sinon, il se découragera.

Il est donc possible, bien que ce soit du rattrapage, à l'âge de latence et même au début de l'adolescence de dire à des élèves : « Tu vois, tu ne retiens pas, tu ne comprends pas, tu ne suis pas le cours du professeur, parce que tu ne sais pas que tu as une manière à toi de retenir, de te donner tes repères, d'entraîner les mécanismes de mémorisation, de comprendre, d'enclencher un processus. »

Les groupes de Burtin ont interrogé des sujets brillants à grande rapidité mentale, par exemple de jeunes polytechniciens, et ils ont essayé d'appliquer leurs méthodes de travail aux « cancres ». On leur explique comment ils peuvent arriver à résoudre des problèmes très ardus, en les divisant, en les réduisant à des termes simples, ou à des circuits qu'ils connaissent déjà, en se disant : « Comment vais-je arriver à celui-là », en décomposant, et en se don-

nant des points connus, pour arriver à aller au-delà,
dans une partie qui est encore, pour eux, inconnue.

Le fait de dire à des jeunes qu'ils peuvent très bien entrer dans la course en travaillant à leur rythme selon leur comportement individuel est déjà une manière de retourner l'échec, de créer un climat de confiance. Autrefois, on n'envoyait pas à l'école des enfants de moins de six ans, avant que l'œdipe ne fût terminé. Il y avait tout un travail en famille, un travail de la sensorialité éduquée du langage, tout ce qu'un enfant fait dans une famille où tout le monde fait tout... Mais maintenant, ils vont à l'école à trois ans, alors qu'ils n'ont rien appris d'autre à la maison qu'ouvrir un robinet ou appuyer sur un bouton. Leur développement tactile est quasi nul.

Il ne faut pas trop théoriser la distinction mémoire auditive-mémoire visuelle. C'est une manière d'analyser mais ce n'est pas la panacée. Il est d'autres approches, par exemple, en éveillant, en mobilisant les enfants au niveau du tactile comme le fait l'école de Neuville dont je suis l'évolution depuis vingt-cinq ans[1]. Une des rares écoles en France où l'on peut faire de la psychanalyse d'enfants. Je crois que l'école de Neuville qui ne fait pas l'analyse du groupe de Burtin arrive à cette juste vision : l'école fait partie de la vie, la scolarisation, c'est important mais ce n'est pas plus important que de faire la cuisine, que de faire le ménage, que de faire du sport, que de se réunir pour échanger les doléances, contester le règlement et proposer des réformes.

---

1. Fabienne Lemaître et Michel Amram, château de Tachy, 77650-Chalmaison.

Quand un individu souffre d'un règlement, eh bien, c'est que c'est un mauvais règlement, parce qu'un bon règlement doit être accepté par tous. Pour que personne ne soit lésé par rapport à un règlement, qu'il n'y ait pas le côté esclave et le côté profiteur. Dans cette école, il n'y a pas de personnel domestique. La maison est en charge de tout le monde. Ce sont les professeurs et les élèves qui, à tour de rôle, font la cuisine, le ménage, nettoient les carreaux, font le cours de gymnastique. La classe n'est pas plus importante que la maintenance de la maison. Et puis il y a un lieu de parole, deux fois par semaine, et une séance où tout le monde peut dire ce qu'il a sur le cœur. Sur un cahier de doléances, on écrit tous les jours tout ce qui ne va pas. Les enfants qui sont entrés à cette école sortent tous, trois ans après, en réussissant. Il n'y a aucun retard scolaire. Quelques-uns entrent directement dans un métier de l'imprimerie ou de l'informatique. Ils ne sont pas intéressés aux études secondaires mais bien entraînés à la lecture et l'écriture pour apprendre tout ce qui est nécessaire dans un métier qui les intéresse. Maintenant, l'imprimerie est devenue très sophistiquée mais ils sont au niveau. Ils lisent des classiques mais ils ne perdent pas de temps dans des études théoriques. Ils vont directement à la technologie. Cette école fait un excellent travail de sauvetage.

L'expérience montre que c'est d'une manière globale qu'il faut penser le rapport entre l'enseignant et l'enseigné. L'échec scolaire n'a de sens que si l'enfant est dans un échec de relations sociales, mais si l'échec scolaire dans telle manière s'accompagne d'une réussite musicale ou d'une réussite technique, manuelle, ce n'est pas un échec humain. Si un mathématicien est en échec scolaire d'autre chose, qu'est-ce que ça peut faire ? S'il est dans le social, qu'il a trouvé sa voie et qu'il n'est pas pour le programme mesuré que tout le monde lui a fait. Imposer la réussite dans toutes les disciplines en même temps est aberrant.

Pour faire échec à l'échec scolaire, on en vient à mettre en cause l'enseignement obligatoire jusqu'à seize ans. Faut-il simplement abaisser cet âge ou bien carrément supprimer le caractère obligatoire ?

On ne peut pas supprimer, à mon avis, le caractère obligatoire d'apprendre à lire, à écrire et à compter. C'est la seule chose qui devrait être obligatoire et exigée ; on ne pourrait pas quitter l'école avant de savoir lire, écrire et compter, même si on ne la quitte qu'à vingt ans, on peut mettre le temps. Mais c'est la seule chose obligatoire à retenir. L'obligation de suivre des cours gratuits par l'État jusqu'à seize ans serait à remplacer par l'autorisation ou la possibilité d'instruction toute sa vie avec des cours... pas tous gratuits, mais des cours, même pour les adultes. Mais je crois qu'il ne faut pas lâcher l'obligation de lire, écrire, compter et d'avoir des cours de droit civique.

Pendant la campagne présidentielle de 1988, les candidats ont proposé d'augmenter considérablement le nombre des apprentis. La question se pose : faut-il les augmenter dans la même ségrégation qu'autrefois, c'est-à-dire les manuels d'un côté, les cols blancs de l'autre ?

Il faudrait envisager, dans une saine remise en

cause du système, de rendre manuels tous les enfants, de mêler toutes les disciplines intellectuelles, de faire un tronc commun, sans mettre d'un côté plus d'apprentis et d'un côté moins de cols blancs, mais c'est difficile, actuellement, du fait du perfectionnement technologique dans toutes les branches et de leur démultiplication. Mon mari, Boris Dolto, avait connu le système de scolarisation russe d'avant la révolution de 1917. Le manuel n'était pas coupé du col blanc. Ce qui était obligatoire pour ceux qui faisaient des études au lycée, c'était d'avoir un métier, l'équivalent d'un CAP, de bois ou de fer, pour passer son examen de bac. Le bac s'accompagnait d'une réussite manuelle qui correspondait à un CAP, ou de bois, ou de fer, à partir de la sixième ; les enfants faisaient une année bois, une année fer, une année bois, une année fer, et les deux dernières années ou fer ou bois, et ils passaient avec leur bachot un examen manuel qui était l'équivalent d'un CAP de serrurier, chaudronnier, forgeron et, pour le bois, de charpentier ; et pour ceux qui étaient très adroits, on allait jusqu'à leur apprendre l'ébénisterie, l'incrustation. Ils avaient tous les jours une heure et demie de travail manuel. A 13 heures, il y avait une pause d'une demi-heure pour manger des sandwiches, comme aujourd'hui au Canada où les élèves n'ont qu'une demi-heure pour manger, et après, à 13 h 30, il y avait une demi-heure de récréation, et jusqu'à 15 h 30 une heure et demie de travail manuel. Tel était le programme depuis la classe de onze ans jusqu'à seize, dix-sept ans, année où l'on passait l'examen. Ceux qui avaient ainsi fait des études devaient initier les illettrés qui n'avaient pas fait d'apprentissage. Mon mari me disait que les patrons, même les petits propriétaires terriens, qui avaient des employés, étaient absolument obligés de leur enseigner certains travaux manuels et de leur montrer le bricolage qu'ils faisaient en sixième et cinquième. Cela était possible dans un pays qui n'avait pas la technologie qu'on a actuellement, ni le même niveau de base qui correspond à l'éducation familiale de maintenant. Mais on peut concevoir un nouveau système adapté à la technologie actuelle et au niveau de savoir général.

L'apprentissage de la lecture, l'écriture et le calcul de base seraient le fondement commun. Les enfants s'inscriraient d'eux-mêmes dans des niveaux scolaires correspondant à la discipline qui les intéresse. Il est évident que c'est à huit ans, neuf ans, au plus tard onze ans, qu'il faut s'orienter vers ce qui vous intéresse et peut-être toucher un peu à des choses différentes jusqu'à treize, quatorze ans, jusqu'à la puberté acquise. Quand un enfant a eu le droit d'être créatif dans plusieurs domaines, spontanément, quand il est devenu gonadiquement mûr, il choisit ce qui lui convient et c'est à cet âge-là seulement qu'il devrait opter soit pour des études théoriques soit pour du travail manuel, avec une reconversion toujours possible. S'il a fait du manuel, il pourrait recevoir une formation intellectuelle, le jour où il le voudrait. Si au contraire, il a d'abord opté pour les disciplines intellectuelles, il pourrait, le jour où il le voudrait, suivre un apprentissage manuel. Ceci, par l'État ; et toute la vie. Voilà ce que devrait être l'école de l'avenir.

S'il y avait des activités manuelles ou technologiques adaptées à la vie d'aujourd'hui, il serait envisageable, pour les entreprises, d'employer dans des stages, même courts, une fois qu'ils ont une base technologique, des moins de seize ans. On fait des classes de neige, des classes vertes, des classes de mer, etc., alors pourquoi pas des classes « d'argent », où l'on aurait un stage payé dans une branche où l'on désire exercer plus tard.

L'entreprise essaierait d'utiliser et de rémunérer des adolescents dès l'âge de treize ans : mais ceci n'est possible que si on institue le principe d'hôtellerie d'enfants sans parents. En effet, s'ils veulent suivre un enseignement qui est dispensé à quelque distance du domicile familial, il faut qu'ils logent sur place et qu'ils rentrent chez leurs parents le vendredi ; il faudrait ouvrir des pensionnats qui fassent partie des bourses scolaires.

Ce ne serait pas une réforme (de plus) de l'Éducation nationale.

Ce serait une révolution sociale.

CHAPITRE XIII

LA FAMILLE ÉCLATÉE

En décembre 1987, les manifestations de lycéens contre le projet de loi Devaquet ont surpris par la spontanéité du mouvement et la puissance de mobilisation autour du maître mot d'égalité des chances comparable à celle que la solidarité antiraciste focalise. Égalité, fraternité : jusqu'où va-t-on ? Au-delà du discours ? Dans quelle mesure la met-on en actes, cette solidarité ? Il y a tout à construire dans ce domaine-là, même en France, berceau de la devise. Edgar Faure, président du Comité du bicentenaire de la révolution, disait un an avant sa mort que cette commémoration, indépendamment du folklore de la reconstitution, pouvait être aussi une façon pour les Français, non pas de refaire la Révolution mais de prendre d'autres bastilles comme l'intolérance, le racisme, « Liberté, Égalité ». Donc il incitait les Français à réfléchir en 1989, deux siècles après la prise de la Bastille, sur le contenu et la mise en œuvre de la fraternité. Et c'est vrai que ça peut être mobilisateur pour les jeunes. Récupérables ou non, les jeunes effectivement semblent se rassembler autour de cette idée de fraternité plus encore qu'autour de celle d'égalité. Mais dans quelle mesure vont-ils au-delà des mots ?

Je pense que les plus actifs sont directement concernés comme les Israélites, comme les Noirs, comme les jeunes Maghrébins, surtout les jeunes femmes maghrébines qui semblent prendre maintenant beaucoup d'ascendant — on trouve des femmes beurs très jeunes qui sont vraiment en train de monter au créneau et de s'exprimer —, je crois que cet élan des Maghrébins, des Africains est inscrit dans un mouvement planétaire suivant lequel les femmes prennent de plus en plus d'importance par rapport aux stéréotypes de la virilité. Le masculin dans un corps féminin est plus dynamique que le masculin dans un corps d'homme. Cela vient probablement de ce qu'il y a eu tellement d'enfants qu'on a moins besoin de ventres qu'autrefois. Maintenant, on réduit la fonction maternelle de la femme ; du coup, sa fonction de femme dans la société, de femme citoyenne peut prendre plus d'importance qu'à l'époque de la matrone, de la mamma qui était tout à fait consacrée aux enfants qu'elle mettait au monde. Les risques de la mortalité, les moyens de garde, l'absence de structure d'accueil, bref la technologie de l'entretien de la vie, exigeaient la présence constante de la mère au foyer. Dans le couple « moderne », la mère prend au père le pouvoir de décision, d'impulsion en ce qui concerne les enfants.

A l'hôpital Necker, au cours de journées sur le thème du changement de l'image du père et de la mère, il a été rapporté par des psychiatres qu'avec les mères porteuses, avec la fréquence des sépara-

tions et des divorces, le rôle traditionnel du père tendait à changer considérablement au profit de la mère qui aurait plus d'influence sur son enfant que le père. Est-ce de la part des psychiatres une analyse trop extérieure du comportement social ?

Je pense qu'autrefois prévalait cette idée que sans l'homme la femme ne pouvait pas assumer sa famille, elle ne pouvait pas, à elle seule, faire face à toutes les besognes matérielles et en même temps gagner sa vie à l'extérieur. Mais maintenant, les enfants voient bien qu'une femme peut avoir du travail pendant huit heures par jour et que cependant, avec les aides familiales, les aides de la société, elle peut élever ses enfants même quand le mari est parti, cela grâce au métier qu'elle peut avoir. D'ailleurs les enfants ne sont en insécurité que si les parents perdent leur travail. Si on leur demande : quel est votre souci, quelle est la chose qui vous inquiète le plus ? Ils répondent : que les parents perdent leur travail. Les parents, ce n'est pas seulement le père. Autrefois on n'aurait jamais dit ça parce que la mère avait assez de travail à la maison, on ne l'appelait pas travail, et pourtant c'en était ! Aujourd'hui, la mère a au-dehors un travail rémunéré et le souci des enfants c'est que les parents n'aient plus d'argent — « Qu'est-ce que je deviendrais ? » —, mais la crainte, ce n'est pas « que papa s'en aille », c'est « que maman n'ait plus d'argent ». Le travail de la femme est fournisseur d'argent. Je crois que les femmes peuvent désormais assumer d'être célibataires secondaires, par divorce, sans pour cela être des femmes diminuées du point de vue de leurs enfants. Ce qui n'était pas le cas autrefois : elles étaient diminuées aux yeux de la société, elles n'avaient plus de valeur sociale, de statut social si le mari était parti, et du coup l'enfant de divorcés était méprisé. En plus de la souffrance personnelle suscitée par la séparation de ses parents, il souffrait aussi du fait que sa mère était mal vue des autres. Maintenant, une mère qui est seule pour élever ses enfants est plutôt estimée.

Il a quand même été constaté, au cours de ces Journées de Necker, que les enfants de parents divorcés sont tout de même plus perturbés que les enfants de parents unis.

Il faut dire qu'on ne les aide pas beaucoup à comprendre ce qui s'est passé... Et pourtant il y a une idée que j'ai exprimée il y a longtemps et qui a mis le temps à faire son chemin, a fini par pénétrer les esprits : mieux vaut un bon divorce qu'un couple déchiré.

Une autre constatation a été faite au cours de ces Journées : quand la famille éclate, avec ces remariages, ces changements de partenaires, les enfants sont amenés à avoir plus qu'avant des demi-frères, des demi-sœurs, ce qui change les transferts d'agressivité. D'autres rapports qui peuvent se développer donnent à chaque enfant une chance nouvelle de diluer leur agressivité, les conflits avec les demi-frères ou les demi-sœurs n'ayant pas le caractère intime des frères et sœurs, à la manière des Atrides. Ne pourrait-on pas poser cette hypothèse que la famille éclatée supprime les Atrides ?

Oui, les côtés négatifs du chauvinisme familial qui faisaient chercher le partenaire sexuel parmi les frères et sœurs ne se reproduisent plus.

La tentation incestueuse ne va-t-elle pas être plus grande avec un demi-frère ou une demi-sœur qu'avec un frère et une sœur ?

La tentation incestueuse est plus forte vis-à-vis des enfants du conjoint de la mère, qui ne sont pas les enfants de la même mère ; ce ne sont pas des demi-frères ou des demi-sœurs, mais des faux demi-frères ou demi-sœurs. Ils vivent sous le même toit, sans avoir de liens de sang puisqu'ils sont des enfants du premier couple de chacun des parents. Ils ne sont pas barrés par l'interdit de l'inceste, ce sont des compagnons de vie, qui n'ont pas d'interdits sexuels puisqu'ils n'ont pas la même mère. Quand ils ont la même mère, ils ont une différence d'âge qui les invite plutôt à s'identifier au petit frère ou à la petite sœur pour rivaliser vis-à-vis du conjoint de la mère. Il y a plus un risque de réédition de l'œdipe à l'image d'un puîné ou benjamin avec qui on se trouve en rivalité vis-à-vis de l'homme au foyer ou de la femme au foyer.

Dans ces couples éclatés, les enfants ont maintenant plus recours aux grands-parents.

Oui, mais ils l'avaient déjà autrefois. Le papy et la mamy étaient à demeure, tandis que maintenant, il faut aller voir les grands-parents. Tant mieux pour ces générations parce que ces visites rompent l'isolement des grands-parents. Il y a vingt ans ou trente ans, au contraire, ç'aurait été pour l'adolescent une punition : « Quel ennui ! » Maintenant il semble qu'il y ait une demande d'aller chez le grand-père ou la grand-mère passer de petites vacances. Et ils se confient à eux. C'est certainement un bénéfice de se confier à des gens âgés qui sont hors de la compétition sexuelle pour les enfants. Qui n'ont pas les soucis de l'insécurité par l'argent et qui sont en même temps plus désintéressés. Et puis aussi plus aimants sans la complication du désir et de la méfiance du désir parce qu'ils y pensent beaucoup moins aussi. Ils projettent moins le désir. L'intérêt qu'ils portent à ces jeunes n'est pas fixé sur leur propre émotion sexuelle, donc ils ne la projettent pas. C'est pour ça que les jeunes ont besoin de parents âgés, ou d'amis âgés. Les grands-parents permettent aux jeunes de découvrir les constantes de la vie. A plusieurs générations de distance, leurs petits-enfants qui les visitent peuvent constater que finalement, pour les questions fondamentales, il n'y a pas de mutants. Cela peut leur donner, à l'âge de l'adolescence, davantage de racines, de points d'ancrage, de rencontrer des personnes qui ont un lien affectif avec eux et qui sont d'une certaine manière rassurantes parce qu'elles représentent ce qu'il y a de permanent dans l'humain.

Les enfants de parents remariés ont la chance d'avoir de faux demi-frères ou sœurs. Mais un nombre croissant d'enfants de parents unis mais travaillant tous deux au-dehors, quand ils rentrent de l'école, trouvent une maison vide et un réfrigérateur plein. La mère qui travaille leur a dit : « Tu as telle chose à manger, ne m'attends pas. » De plus en plus

tôt, garçons et filles savent s'habiller seuls, se nour-
rir et voyager... Devant la précocité de leur progéni-
ture, les parents laissent faire et s'abstiennent
d'éduquer les petits.

S'il n'y a plus d'enfants, il n'y a pas plus
d'adultes.

Ils s'automaternent et peu à peu ils peuvent
s'autopaterner dans la société. Je crois que c'est à ce
passage de leur développement où ils manquent de
sécurité qu'une éducation de morale sociale civique
leur fait gravement défaut. Voyant que leurs enfants
se prennent très facilement en charge dans une maison bien équipée de presse-boutons, les parents qui
vivent de plus en plus au-dehors ont trop tendance à
se dire : « Laissons-les pousser tout seuls, ils n'ont
pas besoin de nous. » Et à s'abstenir d'intervenir au
niveau du langage pour les conseiller ou échanger
des points de vue sur les diverses conduites possibles dans la société telle qu'elle est.

Les adolescents manquent de règles d'autopater-
nage. Comment sauraient-ils se conduire dans une
société s'ils ne reçoivent aucun enseignement par
l'exemple ou des conversations avec leurs parents ?
La télévision devient l'unique source de référence
des enfants isolés dans des appartements vides
d'adultes.

Ils se servent de la télévision comme d'un fond
visuel, comme d'un défilement chatoyant et titillant.
Les clips leur conviennent. Les plus forts sont
capables de se donner ce fond sans en être esclaves
et hypnotisés. Parfois ils coupent le son et voient
passer ces images muettes avec le son d'une radio

libre. Ils gardent ainsi le contact avec la société. Mais il y en a très peu qui dans cette ambiance arrivent à travailler en se concentrant convenablement.

Cela les coupe du langage. Quand les parents refont apparition, l'échange de paroles ne se produit pas. Leurs enfants ne sont pas prêts à converser. Les parents sont là. Les enfants sortent à leur tour et passent la soirée en groupes de copains, ils se créent ensemble une atmosphère douillette, ils sont conviviaux mais ils ne se disent pas un mot.

L'usage que les jeunes adolescents font de la télévision est solitaire, les parents ne sont pas là ou ils s'enferment dans la cuisine ou dans leur chambre, s'ils ne veulent pas subir cette télé continue ; le poste est souvent dans la salle de séjour que les parents, si les enfants sont là, sont obligés de déserter. Même si les parents reçoivent des gens, les enfants allument la télé.

Depuis qu'ils ont été interviewés au cours de leur classe de sixième, quelques élèves d'un lycée parisien sont suivis dans leur évolution par les caméras de télévision pour faire le point périodiquement. Six ans de leur adolescence se sont écoulés. A seize, dix-sept ans, ils vont bien mais la tendance dominante est le repli sur soi. Un des jeunes garçons, qui à douze ans semblait avoir la vocation du dessin, ne tient plus du tout le crayon. A dix-sept ans il est complètement mobilisé par son micro-ordinateur et passe tous ses loisirs enfermé dans sa chambre. Si on lui demande : « Tu vois des amis ? », il répond : « Non, je n'en ai pas vraiment envie. »

La sortie en bande ne rompt pas la solitude de l'adolescent coupé du monde adulte. Ceux qui font du sport d'équipe vont beaucoup mieux que ceux qui peuvent trouver une défonce dans un sport comme le tennis, qui est un sport très égoïste, le jogging qui est une pratique solitaire surtout si l'on court sur le pavé des villes, les écouteurs d'un walkman collés sur les oreilles. La navigation solitaire est plus une rencontre saine avec soi-même. Ce n'est pas du tout un apprentissage social comme une activité d'équipe. Beaucoup de jeunes ont recours au sport comme à une défonce. Il est au moins une alternative à la drogue et à la petite délinquance.

Des enfants élevés comme des enfants uniques ont aussi des adolescences plus difficiles que ceux des familles nombreuses. Ils vont prolonger leur séjour au foyer, engager une post-adolescence ou ils quittent la maison pour nouer des relations de dépendance avec d'autres adultes (bandes, sectes, protecteurs).

Fragilisés, ils ont besoin de partir mais ils tombent dans le piège d'autres adultes.

La famille n'a pas provoqué le départ. Ils vont rechercher une famille de substitution, une pseudo-famille. Après voyages et randonnées, ils rentrent au port d'une façon pusillanime. Le chômage n'arrange pas les choses. « Je partirais bien si j'avais les moyens. »

Non seulement jusqu'à dix-huit ans ils ne peuvent avoir un emploi mais ils craignent qu'ayant l'âge requis, ils ne soient au chômage.

De plus en plus nombreux des post-adolescents s'incrustent dans la maison de leurs parents et vivent comme des couleuvres. Chaque fois que ceux-ci les pressent de ne pas rester inactifs, improductifs, inertes, désintéressés de ce qui se passe autour d'eux, aussi indifférents à la marche de la maison qu'à la recherche d'un emploi, d'une formation, d'une occupation sociale, ils répondent : « Ce n'est pas votre affaire. »

Il manque à ces jeunes d'être mis devant de vraies responsabilités.

Passer l'aspirateur, faire marcher la machine à laver ou aller dans une famille à l'étranger. « Tu partages la vie de la maison. Tu es pour quelque chose dans son bon fonctionnement, garde les pieds sur terre avec les autres adultes. Ne tue pas le temps, ne glandouille pas. »

Leur argument : « Je ne fais pas de mal, à moi de disposer de mon temps comme il me plaît. »

Aux parents de répliquer : « Je ne veux pas le savoir. Je veux savoir ce que tu fais pour nous ici. Fais quelque chose, sinon tu t'en iras. Tu te mets les pieds sous la table et le reste du temps, tu le perds en risquant ta santé. Non ! Au moins, use ta santé à faire aussi du travail pour la communauté. »

Malheureusement beaucoup de parents ont déjà perdu le contact. Et les jeunes les provoquent. Ils souffrent d'une absence de désir. Raison de plus de les ouvrir à des activités nouvelles qui les obligent à faire face.

Combien a-t-on vu, pendant la guerre, de gens qui n'avaient pas le désir de vivre, qui étaient déprimés. Ils sortaient des hôpitaux psychiatriques. Du jour où, pour avoir du pain, il fallait faire la queue, dès 4 heures du matin, ils se levaient et prenaient leur place dans la file. « Persécutés » par leur désir de pain frais, ils n'étaient plus déprimés mais revendicatifs.

Il est de l'intérêt des enfants que les parents existent davantage en tant que couple au sein de la famille au lieu de jouer les sacrifiés. C'est la meilleure façon de rééquilibrer les forces et de répartir les tensions : un couple qui existe et se manifeste comme tel devant ses enfants, même s'il en vient à se désunir. Il doit garder sa liberté comme l'enfant a sa liberté. Les parents restent économiquement ensemble, mais s'éloignent momentanément et se retrouvent à d'autres moments. Si on explique à l'enfant que le père ou la mère refont leur vie précisément parce qu'ils veulent en tant qu'individus ne pas être réduits au seul rôle parental, il l'admet parfaitement ; mieux, il respecte et admire la jeunesse d'esprit de son père et de sa mère.

La réduction du nombre d'enfants par famille n'entraîne pas inexorablement l'hyperprotection d'une éducation d'enfant unique si on a la volonté de s'ouvrir à de nouvelles formes de vie communautaire, multifamiliale, socialisée.

L'expérience chinoise de l'obligation de l'enfant unique n'a que des impératifs économiques — limiter le taux de croissance démographique — mais elle recrée à grande échelle une situation dont en Occident on connaît les retombées pathologiques.

J'ai fait la connaissance d'un Chinois qui a obtenu une bourse d'études pour vivre quatre années à Paris. Les parents villageois sont illettrés. Il a réussi à l'école et c'est tout le village qui l'a promotionné.

216

Il a passé un concours très difficile. Dans toute la Chine, ils étaient 400 à être reçus. Ce garçon a épousé une fille très intelligente elle aussi. Les jeunes mariés ont dû promettre qu'ils auraient un seul enfant mais seulement dans cinq ans ou dans six ans. Et s'ils ne l'ont pas dans l'année qui est fixée, ils n'ont pas le droit de l'avoir l'année suivante, sauf autorisation. Ce garçon m'a confié son inquiétude.

Dans la Chine traditionnelle, l'enfant était roi et surtout les garçons qui faisaient l'objet d'attention et de soins. C'était l'époque des familles pyramidales avec les arrière-grands-parents, les grands-parents, les parents sous le même toit. Maintenant la famille est de type nucléaire, il y a une hyper-protection qui s'instaure et on sait quels sont les dégâts qu'entraîne une telle protection dans la famille occidentale. Nous le vivons dans nos pays, on pensait que la Chine les aurait évités. Ils sont en train de déclencher ce processus. Quand on pense que c'est à l'échelon d'un continent, instituer cette famille nucléaire à enfant unique ne peut entraîner qu'un nombre de névroses parentales considérable. Au moment où les citoyens émergent d'un régime d'assistance étatique complète, que la tutelle du parti est moins écrasante et laisse quelque peu s'exprimer l'individualisme profond du Chinois qui n'a jamais pu être déraciné, on va rendre problématique la prise d'autonomie de ces millions d'enfants uniques.

Actuellement en Chine, ceux qui en sont au stade adolescent sont de familles dispersées dans le pays au gré des affectations décrétées par les autorités. Ils ont dès la petite enfance été intégrés dans une collectivité, une communauté villageoise. Il n'y a pas encore le recul pour connaître le vécu des adolescents de la nouvelle famille nucléaire chinoise. Il faudra attendre une génération.

Le proverbial conflit de générations n'a-t-il pas perdu de son contenu? En 1988, le fossé s'est comblé entre les « quarante ans » qui avaient vingt ans en 1968 et leurs enfants, avec la nostalgie commune des sixties et le besoin chez les jeunes d'avoir des références et de se raccrocher à celles de leurs parents.

Dans les années 70, 80, les « ados » sont devenus des étrangers pour leurs parents parce qu'ils ne parlaient pas la même langue : maths nouvelles, informatique, rock, look. Aujourd'hui, c'est leur attitude vis-à-vis de la drogue qui fait la cassure. Ceux qui ne « fument » pas n'ont pas de conflits avec les adultes.

Le conflit de générations n'est plus ce qu'il était. Les jeunes fuient les adultes mais ne les affrontent pas.

On rejette, on critique les adultes en bloc et on trouve très bien ses parents ou on les plaint comme des pauvres gens. L'hostilité ouverte disparaît des lieux familiaux.

Quand les adolescents disent « mes vieux » en parlant de leurs parents même encore jeunes, ce n'est pas innocent.

Ils expriment une ambivalence. Les vieux sont un peu comme les grands-parents qu'ils voudraient avoir près d'eux alors qu'ils sont au loin ou sont morts. Mais c'est aussi les vieux parce que peut-être aussi les parents sont dans un monde vieux par rapport aux jeunes qui attendent un changement de société, attendent d'autres motivations, d'autres objectifs, dans un milieu où tout semble clos, stagnant. Peut-être ont-ils des raisons d'appeler leurs parents, jeunes, des vieux. Être vieux avant l'âge est la chose du monde la mieux partagée. Il y a entre eux une espèce d'émulation à parler de leurs parents, de leurs vieux, d'une manière assez négative. Même s'ils les aiment bien. Comme s'ils préféraient voir en eux des victimes, pas des ennemis. Ils jouent à les plaindre de ce qu'ils font, par exemple pour l'entreprise, pour le patron : les vieux, disent-ils, s'abrutissent au travail, ils sont exploités. Ils ne prennent pas la vie comme il faudrait la prendre, ils ne sont pas décontractés, « cool ».

Ils ne disent plus : « Les parents m'empêchent de vivre, ils m'empêchent de sortir. » Ce n'est plus comme à l'époque où on leur imposait de respecter un horaire. Même si ce n'était pas vrai, ils jouaient à ceux qui étaient empêchés d'être libres par leurs parents, cela faisait partie du discours de l'adolescent de se dire prisonnier de ses parents. La majorité se soumettait. Une minorité ruait dans les brancards, ça cassait et ils s'en allaient. Ceux d'aujourd'hui restent et ils observent d'une manière très passive ce qu'ils croient être un fiasco ou un échec. Il n'y a plus de conflit, qui peut être dynamique, il manque l'agressivité qui consiste à dire : « Je m'oppose à toi parce que tu m'empêches, je ne veux pas être comme toi. Tu es ce que tu es mais je ne veux pas être comme toi », ou bien : « Je ne veux pas faire ce que tu fais, je ferai autre chose. » Tandis qu'on voit maintenant des observateurs à la limite neutres, qui eux n'ont pas à faire quelque chose. Ils sont là à observer la décrépitude de leurs aînés. Ils ne peuvent pas s'identifier car ils n'ont pas d'idéal. Ils sont là pour critiquer leurs aînés.

Ils sont là pour observer leur déclin, leur inefficacité, leur laxisme, leur échec.

Cette attitude est le fait des jeunes Européens. On ne la rencontre pas chez les Américains ni les Japonais qui vivent dans des sociétés de compétition, où ce sont les parents qui poussent les enfants, et qui veulent les compter parmi les gagnants.

Les rôles ne sont pas encore inversés, alors qu'ils se sont inversés en Europe. Les adolescents comptent plutôt les points perdants de leurs parents, n'agissent pas, s'incrustent et observent d'une manière négative leurs parents, jugent leur vie, leur couple : « Tu ne fais pas ce qu'il faudrait pour faire plaisir à ta femme », ou bien à la mère : « Tu ne comprends pas du tout mon père », « Vous menez une vie de cons », « Vous n'aimez pas vos métiers », « Vous avez tort de vous faire exploiter par vos patrons ».

Ils disent ce que les parents leur ont fait comprendre tout le long de leur enfance. « Travaille pour avoir un bon métier. — Et toi est-ce que tu aimes ton métier ? — Non. » Je connais des pères qui attendent leur retraite depuis l'âge de trente ans et le répètent devant leurs fils. Le plus déconcertant c'est que s'ils ont affaire à des parents qui ont des vocations, qui ont des métiers exposés, qui sont très

actifs, ils disent : « Vous vous laissez exploiter. »
« Vous êtes des bourreaux de travail, il y a autre
chose dans la vie, dans la nature, regardez la forêt,
regardez le désert. » A la limite, ils aspirent à une
vie bucolique, plus près de la nature. En même
temps, ils profitent volontiers de tous les progrès.
Mais je ne crois pas que les enfants de sportifs,
d'artistes, de scientifiques ne soient pas eux-mêmes
entreprenants. Les enfants de Marie Curie n'avaient
pas ces états d'âme.

*Les parents sont encore, aux États-Unis et au
Japon, les entraîneurs de leurs enfants. Il faut que
ce soient des champions... Ce système donne, du
reste, une somme impressionnante d'accidents de
parcours, de déchets, de laissés-pour-compte. Mais
aux États-Unis et depuis peu au Japon, s'est déjà
amorcé un retournement, avec remise en cause. Les
teenagers ne manifestent plus dans la rue mais chez
leurs parents, les interpellant ainsi : « De toute
façon, nous, nous ne savons absolument pas ce que
nous allons faire, mais faut-il vraiment savoir ce que
l'on va faire », « Vous parlez toujours de but,
d'objectif, de développement, d'épanouissement,
qu'est-ce que cela veut dire ? ».*

Il y a en France encore beaucoup de compétition
avec les examens et les matches, des parents continuent à entraîner leurs enfants, mais jusqu'à
commettre des excès, dans la compétition scolaire
ou dans la compétition sportive. Il y a eu dans les
années 80, au tennis par exemple, des parents qui
étaient derrière leurs enfants pendant tous leurs loisirs, pour qu'ils soient bien classés. Par ailleurs, il y

a toute une population parmi les classes moins privi-
légiées qui garde l'ambition d'une promotion
sociale. On pousse les enfants s'ils sont doués et on
les encourage, jusqu'aux limites. Si on exagère cet
esprit de compétition, il est certain que cela a des
conséquences qui sont négatives. Mais il est vrai
aussi que si l'on n'est pas du tout un exemple stimu-
lant pour ses enfants, c'est un autre extrême qui
amène une déliquescence des rapports sociaux,
l'absence d'opposition agressive entre les adultes et
les adolescents.

C'est surtout le manque d'argent qui empêche les
adolescents de prendre leur autonomie. Les parents
ne peuvent plus entretenir les enfants, juste leurs
besoins, mais rien de leurs désirs. Alors c'est là
qu'ils deviennent violents. Ils essaient de trouver
une solution de délinquance ou de drogue, en dehors
de la loi. La violence existe, les ruptures existent,
mais sans changement de domicile, les jeunes
s'incrustent ; le phénomène se répand dans la
moyenne bourgeoisie à l'heure actuelle, et je crois
que c'est vrai maintenant pour l'ensemble du monde
nanti ; là où il n'y a plus d'éthique ni d'idéal, il n'y a
plus de valeurs morales vivantes. Le problème, c'est
plutôt la neutralisation des rapports. Le non-
échange. Et on cohabite, on se parle mais on ne se
comprend pas ou on pense qu'on ne peut pas se
comprendre et qu'on ne peut rien les uns pour les
autres. Il n'y a plus le désir de communiquer. Je
crois que cette neutralité passive est peut-être plus
grave que les violences conflictuelles entre générations. Le contraire de l'amour, ce n'est pas la haine.
La haine, c'est la même chose que l'amour — mais
c'est l'indifférence. La neutralisation des rapports, le

silence contre lequel on ne réagit pas, considérant que c'est dans l'ordre des choses de ce monde en déclin. Ce n'est qu'une tendance actuelle mais elle semble se propager même dans les milieux responsables, des décideurs et des animateurs sociaux. L'élan social qu'était le militantisme faiblit de plus en plus.

Nous avons suivi une expérience d'habitat coopératif dont on a beaucoup parlé : la Cité des Jardies à Meudon. C'est l'histoire d'une bande de camarades qui étaient tous, dans les années 70, socialistes militants. C'étaient des cadres, ils avaient de quoi acheter un appartement. L'un d'eux était architecte. Ils ont voulu construire avec lui un petit microcosme avec des salles communes, des salles de bains qui communiquent pour que les enfants puissent se baigner ensemble et un studio réservé à une femme âgée étrangère à la résidence et volontaire pour garder les enfants, « le studio de la grand-mère ». Ça a tenu assez longtemps mais il y a eu le désenchantement socialiste. Les militants ne sont plus ce qu'ils étaient.

L'euphorie a duré six, huit ans. Les enfants y étaient en phase de latence. Ils semblent avoir vraiment été très heureux de cette vie communautaire, de ces jeux en commun, de ces pièces communes. Mais une fois qu'ils sont devenus adolescents, ils n'ont eu qu'une idée, c'est de prendre une chambre en ville, plus tôt que les jeunes des résidences voisines ordinaires. On aurait pu croire qu'ils allaient s'attarder dans ce cadre familial ouvert. C'est le contraire qui s'est produit.

C'est ce qui me paraît le plus positif dans cette expérience : les jeunes de ce phalanstère ont pris tôt la décision de ne plus vivre avec leurs parents dans le cadre imposé par eux dont ils avaient profité. Dans les foyers où les adultes sont les plus structurés et les plus engagés, le phénomène de post-adolescence se produit moins car le modèle est contraignant et suscite des réactions de rejet, le désir de voir d'autres expériences, de trouver un chemin personnel.

CHAPITRE XIV

LE NOUVEAU COMPORTEMENT
AMOUREUX

En 1983, avant la grande peur du sida, une thèse très révélatrice portant sur deux groupes de garçons et filles a pris pour thème l'information concernant les moyens anticonceptionnels et le recours à l'IVG. La thèse[1] a été conduite par un obstétricien de Montpellier. Un des deux groupes avait reçu une information sur la contraception et l'avortement thérapeutique, un second groupe témoin comportait le même nombre d'enfants mais n'ayant reçu aucune information. On a comparé le nombre d'IVG dans les deux groupes et on a interrogé les jeunes qui en faisaient partie, trois, quatre ans après. Les filles « informées » n'avaient pas les idées très claires, mais suffisantes pour qu'elles aient compris comment elles s'étaient fait « prendre ». Tandis que dans le groupe témoin, c'était toujours arrivé tout à fait par hasard. Les filles n'avaient pas supposé que ce qu'elles avaient eu comme contact sexuel suffisait pour être enceinte, ni que l'IVG, ce n'était pas aussi bien que la pilule. Dans le groupe qui avait été

1. Gemma Chaix-Durand, « La contraception à l'adolescence. L'impact de l'information », Thèse de médecine, 1987.

informé, il y a eu 4 IVG sur 150 alors que pour le groupe non informé, sur le même nombre, il y avait 11 IVG. En tout cas 96 % avaient eu des rapports sexuels à quinze ans, les garçons à quatorze ans, les filles à quinze ans. La majorité était originaire d'une petite ville du Midi. 4 % avaient attendu seize ans pour le premier contact sexuel. Le recours à la pilule est donc plus fréquent chez les adolescents informés. Dans le premier groupe, les garçons sentent qu'un contact minime peut rendre la fille enceinte, même la première fois, alors que dans l'autre groupe, la première fois, ça ne peut arriver. Autre témoignage intéressant, dans le groupe informé, les 4 IVG ont répondu que c'était parce qu'elles ne pouvaient pas s'empêcher d'avoir des rapports sexuels par désir d'enfant. Et qu'une fois l'enfant là, elles s'étaient affolées des conséquences. Et c'est pour cela qu'elles avaient dû recourir à l'IVG, désolées parce qu'elles voulaient l'enfant, mais elles ne pouvaient pas l'assumer. On relevait chez elles tout de même une réflexion plus grande sur l'IVG. Parce que les autres du groupe témoin, les non-informées, y recourent in extremis comme un moyen anticonceptionnel. « L'IVG s'est faite comment ? — C'est maman. » Au départ, quand on les informait, ces jeunes tombaient des nues que ce ne soit pas la meilleure des contraceptions. Et pour ceux qui n'ont pas été instruits, il a fallu vaincre une résistance terrible des parents du premier groupe à laisser leurs enfants assister à des séances d'information. La première fois, sur 150 attendus qui avaient été convoqués, avec soi-disant l'accord des parents qui avaient été avertis, 3 garçons seulement se sont présentés. Le patron de la thèse, un médecin très connu qui a dirigé l'obstétrique à la maternité de Montpellier, avait un très bon contact avec les enfants. Il a réussi à faire le plein à la séance suivante. Les adolescents avaient été choisis dans les écoles de la région.

Il semble que, même dépucelés précocement, les jeunes Occidentaux, jusqu'à dix-huit, vingt ans, aient ensuite peu de véritables rapports physiques.

C'est l'intimité platonique. Ils se passent leur chewing-gum avec extase, partagent au goulot un Coca-Cola, échangent le joint-calumet et se font tous la bise. La mixité généralisée n'est pas sans effet. Il n'y a pas l'imaginaire qu'avaient les garçons et qu'avaient les filles lorsque c'étaient des classes séparées et qu'ils ne se rencontraient que dans les loisirs.

J'ai eu l'occasion d'interroger de jeunes Algériens sur les rapports entre l'homme et la femme : l'intimité est le lieu du non-dit.

Citons le cas d'une femme algérienne divorcée ayant à sa charge deux enfants de douze et treize ans. Elle a dû retourner chez papa-maman qui ne la séquestrent pas, mais qui la cloîtrent, et c'est considéré comme une chose tellement évidente qu'elle ne peut même pas soulever la question. Passé 10 heures du soir, il n'est pas question qu'elle sorte, cette femme-mère qui a trente ans, il serait incongru qu'elle aborde la question auprès de son père. Alors, dans une telle culture, et un non-dit aussi intense, il y a chez les jeunes une plus grande tension de désir de vivre quelque chose de fort et de

surmonter des obstacles. Ils sont complètement coin-
cés et l'amour qu'ils ont pour une fille qui leur est
interdite pour des raisons purement sociales, fami-
liales, s'exacerbe, et ils sont capables de se sauver,
de partir en se faisant rejeter complètement du clan,
considérés comme des traîtres. On peut se demander
si, en France, il n'y a pas une dilution du désir et
des pulsions par une trop grande facilité, garçons et
filles allant et venant, se mêlant, tout le monde
s'embrassant à bouche-que-veux-tu.

J'ai connu une femme à qui son mari ne roulait
plus de patins ; il l'avait eue parce qu'il lui avait
roulé un patin, et depuis elle cherchait des « rouleurs
de patins ». Mais jamais il ne lui disait le plaisir
dans le baiser. Elle était comme une adolescente.

Autrefois, les Anglais s'embrassaient sur la
bouche, les Russes aussi. Mon mari me disait :
« Mais ce n'est pas du tout embrasser sur la
bouche. » Tout le monde savait que ça n'était pas
sensuel. A l'Église orthodoxe, on embrasse sur la
bouche le pope, qui embrasse sur la bouche tout le
monde, mais c'est chaste... Les jeunes d'aujourd'hui, quand ils s'embrassent sur la bouche en
public, c'est simplement un geste qui montre aux
autres qu'ils sont ensemble. En Amérique du Sud,
on voyait autrefois, sous toutes les portes cochères,
la fille contre le mur et le garçon contre elle, debout.
C'était presque des substituts de coït.

Dans les rues de Rome, sur les petits murs des
fontaines, dans les squares publics, les filles se
mettent à cheval sur les garçons dans la posture de
l'accouplement. Ce n'est pas seulement une banali-

sation... Une désensibilisation en quelque sorte, dans la mesure où un échange, même physiologiquement intense, est sans importance.

Le sens se perd et les sens ne sont plus aiguisés comme ils l'étaient.

C'est peut-être plus que l'égoïsme à deux, une sorte de fantasme androgyne.

Ils sont comme frère et sœur.

Actuellement il y a une féminisation des adolescents.

Les filles, vers douze, treize ans, traversent une phase d'indétermination qui neutralise complètement la sexualité. Une enquête a été faite par un journal féminin, sur un certain échantillonnage de jeunes, concernant l'homosexualité. Par un entretien, on essayait de saisir la manière dont des adolescents et adolescentes disposés à parler vivaient une attirance amoureuse pour le même sexe, une copine ou un camarade. Le problème, c'est qu'ils ne savent pas s'ils doivent s'inquiéter, s'angoisser ou se culpabiliser, alors qu'il n'y a personne pour leur dire : « Cette attirance ne veut pas dire que vous soyez déterminé envers l'homosexualité. »

Il y en a certains qui, effectivement, vont se découvrir cette particularité et devoir s'assumer comme tels, mais c'est pour la plupart une expérience transitoire. Elle fait partie du passage. C'est une expérience narcissique. Ce n'est pas une expérience homosexuelle. C'est soi-même avec soi-même. Un moyen de connaître ses sensations avec un double de soi, mais ce n'est pas encore une relation procréatrice avec un autre. C'est une relation épidermique, c'est un frôlage, ce n'est pas une rencontre vraie.

Ces tandems d'adolescents du même sexe n'éprouvent-ils pas une certaine timidité vis-à-vis de l'autre sexe ?

Sûrement, il a manqué aux garçons, entre cinq et sept ans, une complicité avec le père, par rapport à la mère, aux sœurs. L'enfant a manqué d'un moi idéal qui allait lui mettre le pied à l'étrier pour les relations d'homme avec la vie... Même chose pour les filles qui vivent une pseudo-homosexualité. Leur mère a mal vécu leur période hétérosexuelle de petite fascinée par le papa qui les gâtait trop, qui leur cédait trop, et finalement, la mère a été jalouse des prérogatives de sa fille avec son papa.

Dans les confidences que se font les adolescentes, même s'il n'y a pas entre elles d'attirance amoureuse, de complicité physique, on relève un thème à répétition : la peur de la grosseur du pénis. Est-ce que ça ne vient pas des femmes ascendantes ?

Non. Ça vient du désir inconscient de viol. Le désir de viol destructeur fait partie de ce qui suscite le désir chez la fille vis-à-vis du père.

Même si ça se traduit par la peur, c'est aussi un désir ?

Oui. C'est un désir parce qu'elles le traduisent en termes de phobie. Parce que derrière ce gros pénis, il y a la maman fâchée, le père qui va faire mal, et la maman qui va vous donner une raclée... « La preuve qu'il n'est pas fait pour toi, c'est qu'il est fait pour les grandes personnes. C'est un grand pénis. » Plus il peut être dangereux, plus la petite fille de l'âge de six ans continue de fantasmer de pénis énorme. Ce n'est pas pour rien que les Grecs représentaient des hommes avec des pénis d'enfants de dix ans. Ils avaient compris qu'il ne fallait pas que ce soit bestialisant pour pouvoir être vu par des jeunes femmes. Que ce soit un signifiant de la virilité très précieux, très important, qui ne devait pas manquer (sans ça ce n'était pas un homme) mais ne soit pas terrorisant. Le visage était viril et le sexe était infantile. Actuellement quand les femmes ont ces fantasmes de sexe énorme, c'est qu'elles sont restées, sans l'expérience des relations avec les garçons de leur âge, sur des fantasmes de petite fille avec un pervers terrible. J'ai eu à soigner des enfants qui étaient dans la réalité violées par le grand-père et qui dessinaient toujours le sexe masculin très petit, minuscule, au bout d'une espèce de fil avec des poils fignolé comme une miniature. J'étais très étonnée de voir cette espèce de sertissement tout petit, dans les dessins de testicules et de pénis faits par des enfants qui avaient eu le jeu avec le grand-père et qui étaient perverties. Dans ce cas, la scolarité était le plus souvent arrêtée. Cela m'a permis de comprendre ce que veulent dire dans la statuaire antique les proportions des organes du mâle.

Récemment, une émission télévisée de Jean-Marie

Cavada a été consacrée à ce thème : « Y a-t-il une nouvelle conception du couple ? », « Comment les jeunes parlent-ils de l'amour ? ». Il en ressortait que la passion n'est plus du tout une aspiration, elle est plus fuie que recherchée, en revanche, la fidélité est une exigence très forte. L'amour fou est révolu, le rapport amoureux se limite au niveau conscient à la tendresse-complicité.

Je suis au diapason de ces jeunes, parce qu'ils ont compris que la fidélité, c'est autre chose que la fidélité du corps à tout moment et sans interruption. Ils ont l'air de dire que la passion est comme une maladie aiguë, une énorme bronchite, un rhume, si elle se porte sur une tierce personne, elle ne justifie pas de rompre la fidélité. Le couple demeure, avec ou sans écart.

Quand on demande à ces couples de jeunes amoureux épris l'un de l'autre, débutant leur vie commune, ce qu'ils attendent l'un de l'autre, ils répondent laconiques : « On est bien ensemble. »

N'est-on pas en pleine confusion de valeurs ? Ce confort physique, ce bien-être peuvent-ils être mis sur le même plan que le sentiment amoureux ?

Je crois que ces jeunes en reviennent à une conception éthique qui a toujours eu cours en France : le couplage est pour la durabilité, et les passions sont passagères. Par réaction contre les mariages d'intérêts, les mariages forcés, la tendance a été au siècle dernier de ne rêver que de mariages d'amour passionné qui, naturellement, ne peuvent pas durer. Il y a toujours de l'ambivalence, mais une ambivalence qui va vers une estime réciproque dans une responsabilité assumée des deux côtés. Ce qui n'exclut pas une infidélité de quelques semaines pour une passion latérale.

Mais vous n'y voyez pas un grand conformisme ?

Non, je n'y vois pas du tout de pantouflarderie, parce que justement c'est sincère, franc et sans détour et ça n'exclut pas des élans de passion, des aventures, des liaisons passagères. On peut coucher une vingtaine de fois avec quelqu'un sans s'engager plus avant. Maintenant qu'il y a la pilule, on n'a pas un enfant dans une situation irrégulière. Mais quand on est marié, il est rare qu'on n'ait pas volontairement un enfant. L'homme peut être un vrai bigame : il a ses enfants avec la femme qu'il aime, et puis voilà qu'il a une passion, qui se tourne en estime de sa partenaire, et il veut un enfant de cette femme, et elle aussi. Il a un enfant illégitime ; mais puisque c'est admis par la loi maintenant, qu'il pourra continuer à être responsable de lui par procuration après sa mort, c'est comme si on dépénalisait l'enfant adultérin. Et on a raison puisqu'on a besoin d'enfants. La loi est changée aussi : l'enfant adultérin hérite, l'enfant d'un concubinage hérite. Je me réjouis que les jeunes comprennent que la conjugalité, c'est autre chose que la passion.

L'amour ne peut pas se limiter à la complicité...

Le mot complicité a un relent de culpabilité. On est complice d'une mauvaise action. Dans l'entendement des jeunes d'aujourd'hui, le terme signifie autre chose : ils pensent que le compagnonnage dépasse l'harmonie sexuelle. Il inclut le lit, mais ce n'est pas que le lit. Au xixᵉ siècle, on n'épousait pas sa partenaire sexuelle. Combien d'hommes ont-ils une maîtresse qu'ils désirent épidermiquement mais qu'ils n'aiment pas ? Dire que leurs femmes menacent de divorcer s'ils ne lâchent pas leurs maîtresses... Une petite amie avec laquelle ils ne passent même pas le week-end. Ce sont les épouses légitimes qui, par l'opposition qu'elles y mettent, obligent leurs conjoints à cacher comme un secret d'État quelque chose qui n'est pas important... Même si la liaison de leur mari ne change rien à leur vie quotidienne — elles ont tout ce qu'il leur faut, les enfants ont ce qu'il leur faut, le père s'en occupe —, il suffit qu'une lettre ou un coup de téléphone leur révèlent l'existence d'une maîtresse pour qu'elles exigent la rupture immédiate. « Elle ou moi. »

Si les jeunes se contentent de ce compagnonnage, ne vont-ils pas se priver de répondre à de grands élans ?

Mais pourquoi ? Ils peuvent toujours avoir de grands élans au-dehors.

Mais leur attitude n'est-elle pas introvertie, est-ce qu'ils ne font pas du narcissisme à deux ?

Peut-être. Mais ça ne va pas rester à deux, puisqu'ils vont avoir des enfants...

Prenons le cas d'un homme que je connais bien : il a divorcé de sa première femme avec qui il a eu deux fils qui maintenant sont adultes. (L'un est marié, père de famille.) J'ai appris l'autre jour que leur père avait divorcé une deuxième fois. Pendant cinq ans, mon mari et moi, nous l'avons vu avec sa deuxième femme, et moi je croyais que c'était une concubine parce qu'elle avait son âge, elle était pimpante, très différente de sa première femme, une femme intelligente qui avait élevé ses fils, et que visiblement il estimait. L'autre soir, je l'invite à dîner. Il me dit qu'il ne se mariera pas avec sa compagne actuelle avec qui il vit depuis trois ans. Je lui demande : « Pourquoi as-tu divorcé de ta première femme que j'ai connue avec Boris ? — Bah, pour pas grand-chose, quand je la revois nous sommes très contents de nous retrouver, mais on n'avait plus de plaisir ensemble... Elle est mieux avec un type beaucoup plus jeune que moi, qui suis de son âge. Et puis moi, j'ai rencontré une telle avec qui je suis bien. C'est super et nous nous faisons du bien l'un à l'autre. Elle reste libre... — Tu dis « libre »... Elle te trompe ? — Non, elle n'a pas besoin de me tromper, moi je suis libre, mais je ne la trompe pas. Je dîne chez toi ce soir, eh bien, elle est pas du tout jalouse que je sois chez toi, elle est aux sports d'hiver pendant ce temps-là ; elle est très contente et m'a dit au téléphone : tu diras bonjour à ton amie Françoise, etc. — Mais alors, avec ces trois femmes de ta vie, tu te sens le mari de qui ? — Tu sais, me répond-il, de toutes différemment, mais je pense que je finirai mes jours avec ma première femme — Pourquoi ? — Parce qu'en dehors du plaisir et de la bagatelle, c'est avec ma première femme que j'ai le meilleur compagnonnage ; déjà je suis très heureux pendant les fêtes de famille où nous sommes papy et mamy de nos petits-enfants. » J'ai cité ce cas parce qu'il montre bien la valeur du compagnonnage entre un homme et une femme au fil d'une vie libre.

Pour les enfants de demain ce peut être la chance d'une nouvelle socialisation. Ils auront des oncles à l'africaine avec les amants de leur mère.

Quand cet homme dont j'ai évoqué l'histoire conjugale et qui est quelqu'un de sérieux et de responsable a divorcé de la mère de ses enfants, ses fils avaient seize et dix-huit ans. Ils ont continué à vivre chez lui. De temps en temps ils lui disaient : « J'en ai marre de toi, je vais vivre chez ma mère. » Ils étaient au lycée à ce moment-là, et ils étaient très contents de pouvoir alterner.

C'est plus difficile de réussir cette adaptation des enfants en pleine puberté, c'est plus risqué.

Dans ce cas-là, ils avaient largement dépassé la puberté. Je crois que les mœurs actuelles réclament des enfants plus forts que ceux d'hier. Ils vont devenir autonomes plus rapidement.

Croyez-vous comme Evelyne Sullerot que l'absence de discours amoureux ait une importance ? Ce qu'elle appelle le discours amoureux se tenait à l'époque où on s'écrivait des lettres de tendresse. On trouve par exemple dans les lettres des soldats de 14 à leurs femmes ou à leurs fiancées des passages admirables. Peut-être le discours amoureux est-il en résurgence dans des formes auxquelles les vétérans ne sont pas sensibles ?

Les jeunes croient qu'ils expriment leur sensibilité amoureuse en écoutant de la musique, ensemble ou séparément. Offrir un disque ou une cassette de chansons d'amour vaut aujourd'hui une lettre personnelle à sa petite amie.

Avant on offrait toujours des fleurs, « Dites-le avec des fleurs ». Il y avait le langage des fleurs.

La jeune génération est peut-être entrée dans l'ère du confort amoureux. Marcel Aymé dénonçait le confort intellectuel. Le confort sexuel lui succède.

Les jeunes couples préfèrent rester dans la latence amoureuse. On ne se donne pas tellement, on se prête mutuellement pour n'être pas tout seul. C'est une fuite de la solitude à l'âge du jeune adulte, d'une absence de véritable échange à l'époque de la vie scolaire, avec les filles du fait de la mixité...

Il y a trop de mixité pour que les filles et les garçons soient un peu idéalisés les uns pour les autres. Ils ne se parlent pas vraiment... A treize ans, les collégiennes ont tendance à rester entre elles et à regarder les garçons qui parlent d'elles uniquement en termes réducteurs. Comme ce garçon de sixième qui répétait à ses copains que les filles n'étaient que des trous. Il avait dix ans. Au lieu de laisser les garçons la réduire à un sujet de rigolade, l'école pourrait leur apprendre la psychologie particulière de la femme (dans ses rapports avec l'autre sexe) et qui n'a rien à voir avec les réactions masculines.

Quand on écoute des enfants de treize, quatorze, et même quinze ans parler des femmes, une expres-

sion revient souvent : « *Toutes des putes sauf ma mère.* »

Ce n'est pas du folklore. Je crois que ça a toujours été pensé par les adolescents. La mère est la seule, justement après l'interdit de l'inceste, il est acquis qu'elle est idéalisée en soi. Et que la sexualité, c'est pour les hommes. La sexualité devient facilement à leurs yeux une saleté. Tandis que pour les femmes, la sexualité n'est pas une saloperie parce que ça donne la vie. Les garçons qui disent « Toutes des putes » ne sont pas arrivés à discriminer une fille d'une autre. Elles sont toutes pareilles pour eux, puisqu'elles sont ou peuvent être sexuellement à d'autres hommes qu'à eux. Le jour où elles sont à eux, c'est une pute qu'ils sont arrivés à gagner sur un autre et ils ne peuvent pas arriver à devenir des hommes qui aiment.

Vous ne pensez pas que c'est un fait d'époque ? Vous pensez que c'est quelque chose de permanent...

Moi, je pense que les soldats de toutes les armées de France, depuis ceux qui allaient conquérir la Hollande sous Louis XIV jusqu'aux poilus de 14, ont tous dit ça. Tous les types qui voyaient des femmes, c'étaient des jupons à trousser, c'étaient toutes des putes sauf leur mère. Et la Vierge. Ils rêvaient que toutes les femmes soient comme leurs mères, c'est-à-dire ne soient qu'à eux... Jusqu'au XIXᵉ siècle, ils prenaient le droit de tuer quelqu'un qui regardait leur sœur. Comme si leurs sœurs incestueusement étaient à eux, à condition de ne pas les toucher. Et c'est parce qu'ils ne les touchaient pas qu'elles étaient intouchables. Une appropriation incestueuse avec un nuage de méconnaissance. Je crois qu'un garçon qui a enfin trouvé une femme qui vraiment lui convient ne dira plus jamais que c'est une pute, mais il dira : « Elle est difficile à conquérir », il le sentira même s'il ne le dit pas. Dans les jours de dépit, il dira : « C'est une pute », parce qu'il a pas su y faire pour retenir son attention, mais il ne le pense plus quand il aime une femme. Quand l'on songe que l'homme n'a qu'à semer des millions de spermatozoïdes et que la femme n'a qu'un ovule et que pour un instant de coït elle risque sa peau pour neuf mois, on comprend qu'elle ait une tout autre sexualité. Chez les animaux, c'est pareil. La femelle a une tout autre attitude vis-à-vis de la sexualité que le mâle. Il est intéressant de voir évoluer le langage concernant la sexualité. Mais je pense que les émois restent toujours les mêmes, des émois qui sont à cultiver et à maturer par rapport au sentiment de la responsabilité et de la rencontre des cœurs et des esprits. Je crois vraiment que le compagnonnage fidèle, c'est autre chose que l'amour érotique. Le compagnonnage fidèle que tous ces jeunes cherchent. Ce n'est pas un hasard s'ils classent comme première qualité de leur partenaire la fidélité. C'est une attitude nouvelle. Autrefois, les garçons ne s'estimaient pas liés par la promesse de fidélité qu'ils faisaient à la mairie ou à l'église. C'est tout de même un changement qu'apporte la génération présente. Cette génération, je trouve, « communique » bien dans la vie et dans la relation à autrui. Pas trop timides, pas trop exhibitionnistes. On ne voyait pas ça autrefois. Les jeunes qui participent aux enquêtes télévisées ne sont pas gênés de parler l'un devant l'autre. Dans l'émission de Cavada, ils avaient chacun le droit de dire ce qu'ils pensaient alors que leur amoureux ou leur amoureuse était présent. Je ne sais pas si la génération qui les a précédés dix ans avant aurait eu cette liberté. La fille aurait regardé le garçon quand on lui posait des questions pour savoir si elle pouvait le dire ; et le garçon, quand on lui demandait quelque chose, aurait regardé la fille. Là, chacun parlait en son nom.

Quand ils disent qu'ils sont « bien ensemble », ils sous-entendent : « La sexualité entre nous marche bien. » Ce qui n'était pas le sens du mot « bien ensemble », vingt ans avant. Ce qui donne à ces couples une autre chance. Parce que « bien ensemble », ça prouve qu'on n'a pas besoin de chercher ailleurs. Peut-être le désir ne se met-il plus dans le peau-à-peau d'un autre, mais dans l'échange des cultures. On cherche à faire un sport en commun, s'acheter une maison, avoir des enfants. Maintenant, un couple peut n'avoir pas d'enfants, alors qu'avant on en avait même si on ne le désirait pas. La femme ne pouvait pas refuser l'enfant. Forcément, cette possibilité de choix change complètement la vie de couple. Elle entraîne un nouveau rapport amoureux.

TROISIÈME PARTIE

UN ESPACE POUR LA GÉNÉRATION NOUVELLE

« Je veux être pour moi celui qui décide. »

Philippe, treize ans

« Si dès l'âge de dix, onze ans, tu savais qu'à quinze ans, tu serais majeur, tu t'y préparerais. »

Françoise Dolto

CHAPITRE XV

LES DROITS ET LES DEVOIRS

En faisant l'état de la législation qui est effective-ment assez restrictive, carentielle, paradoxale et même contradictoire, le droit des mineurs, c'est plu-tôt le droit des adultes sur eux.

Il n'est que cela. Et plus encore, si l'on consulte la jurisprudence des cours d'appel qui ont eu à statuer sur les cas litigieux, on constate que ces droits sont sujets à discussion, à interprétation. Combien de fois ne sont-ils même pas appliqués, le mineur les connaissant mal, n'osant pas revendiquer, ne sachant pas où porter plainte. S'il va au commissariat de police, on le renvoie à ses parents.

Que l'enfant soit légitime ou naturel, et même s'il est naturel, s'il est mineur, non émancipé, il ne peut pas jusqu'à dix-huit ans, quitter le domicile des parents sans leur autorisation; il ne peut choisir librement ses fréquentations parce que, à la limite, légalement, les parents peuvent lui interdire de voir untel ou untel sauf les grands-parents. Il ne peut pas se faire envoyer de courrier en poste restante sans l'autorisation d'un de ses parents.

Il ne peut pas recevoir de courrier fermé au domicile de ses parents.

Pour la correspondance, théoriquement, sauf par un jugement, le parent tutélaire ne peut pas ouvrir la correspondance parce qu'il peut y avoir plainte pour viol de correspondance.

Il n'y a pas viol de correspondance pour un enfant, fille ou garçon de moins de dix-huit ans.

LIBERTÉ ET DÉPENDANCE[1]

Je demande la liberté de :	Filles (%)	Garçons (%)
Recevoir et expédier mon courrier	78	73
Sortir en toute liberté avec un(e) ami(e)	60	71
Choisir mes journaux, mes distractions, mes fréquentations.	58	71
Choisir mon métier et mes études.	64	62
Disposer de mon argent	50	56
Je ne suis pas libre de :	**Filles**	**Garçons**
Décider de mon emploi du temps	70	58
Sortir en toute liberté avec un(e) ami(e)	64	41
Militer et manifester	56	56

Un juge a déjà été saisi pour cela et il a plutôt donné tort à la famille qui avait ouvert le courrier. L'histoire de Guy Béart montre ce que cette irruption dans la vie privée épistolaire peut avoir de dramatique. Il en parle discrètement dans ses

1. Sondage *L'Express*, le 5-11 septembre 1977.

mémoires, L'Espérance folle : quand il était étudiant, sa mère a dû intercepter un courrier et le détournement de cette lettre a brisé son premier amour.

Le comédien Michel Simon disait ne s'être jamais remis de l'interception d'un billet d'amour qu'il avait envoyé à neuf ans à une petite fille de huit ans, ce petit mot de tendresse amoureuse avait été confisqué et déchiffré par les parents de la fille. Ils ont fait un ramdam épouvantable en lui interdisant de la revoir ; ça l'a inversé sexuellement. Il a raconté cette séparation brutale d'avec cette petite qu'il adorait, il leur fut désormais interdit de se fréquenter. En plus de cette immense privation, il en avait été fortement culpabilisé alors que c'était entre enfants, donc tout à fait licite, ce n'était pas incestueux et, comme il l'a dit, tout à fait chaste. Quel gâchis ! L'idiotie des adultes l'avait empêché de liquider son œdipe justement d'une façon saine, de faire porter son hétérosexualité sur une enfant en dehors du cadre familial, et grâce à ça, d'avoir une tendresse confiante avec les adultes de la maison, sans jouer sa sexualité comme un enfant retardé qu'on oblige à rester seul, à tout raconter, tout dire à papa-maman, etc. Un tel viol de paroles qui sont dites entre deux êtres est un désastre. C'est dramatique pour un enfant très jeune, de cinq-six ans. L'interception de courrier peut mutiler le narcissisme, surtout si c'est en vue de surveillance sexuelle. C'est donc la mère qui rivalise incestueusement avec un amour de son fils, ou le père homosexuellement... Ou bien ce sont les pères qui se donnent le droit d'être incestueux sur leurs filles. C'est très grave.

Autre restriction, la religion : jusqu'à dix-huit ans,

le jeune n'a pas le droit de choisir sa religion, c'est le titulaire de l'autorité parentale qui peut lui faire, ou non, adopter une religion...

L'autorité parentale est un mot idiot, il vaut mieux dire « la responsabilité parentale ».

Mort, l'enfant peut faire exécuter ses volontés. Il y a eu un arrêt d'une cour qui était saisie de l'affaire suivante : un enfant malade qui se montrait très fervent dans la pratique du catholicisme orthodoxe avait exprimé par écrit sa volonté d'être enterré selon le rite orthodoxe byzantin... Il était très lucide comme beaucoup d'enfants malades. Mais la mère ne voulait pas qu'il soit enterré selon le rite orthodoxe, mais latin. Finalement, le juge a tranché en faveur de l'enfant.

Si l'affaire est allée devant le juge, c'est que les parents étaient séparés et que, sans doute, l'un était orthodoxe, l'autre catholique. C'est quand même un comble que l'on ne prenne en compte les convictions de l'enfant que post-mortem.

Dans le domaine religieux, l'enfant d'un mariage mixte subit des contraintes ; si le père est musulman, on ne demande pas l'avis du jeune, il est automatiquement musulman. Il y a eu une époque où on ne pouvait pas, dans une famille catholique, épouser une protestante, et le cas s'est déjà produit d'une contrainte à exercer une religion. Tous les jeunes n'expriment pas, peut-être, leur choix, mais il y en a qui ont opté en conscience. On peut remarquer que le droit a prévu cette contrainte jusqu'à dix-huit ans. Et quand on pense que, justement, les protestants ont prévu qu'à quinze ans, on fasse sa communion, en droit, il faut attendre dix-huit ans pour pouvoir choisir sa confession si les parents ne sont pas d'accord.

Cette contrainte est abusive.

Pour ce qui est de l'éducation, les parents ont choisi seuls le système d'éducation sans le demander à l'enfant. Et même l'instruction. Si l'enfant veut s'orienter manuellement, faire de l'allemand plutôt que de l'anglais, il ne peut en décider seul pour lui-même.

Les lycées n'acceptent pas l'option de l'enfant si les parents ne sont pas d'accord. Même pour une langue étrangère...

Plus sidérant encore, la vie sexuelle des filles n'existe pas avant quinze ans, c'est-à-dire qu'un garçon est « hors la loi » s'il a une relation sexuelle même partielle avec une fille de moins de quinze ans, il peut être poursuivi devant le tribunal des enfants.

Les relations sexuelles d'un adolescent avec une fille de son âge sont punissables. Elles ne le sont plus si une fille de quinze ans va avec un adulte. S'il couche avec une mineure, un jeune qui n'a pas quinze ans révolus pourrait être poursuivi.

On relève des dispositions tout à fait paradoxales : d'un côté, un garçon qui n'a pas quinze ans ne doit pas avoir de relations sexuelles avec une mineure, de l'autre les filles peuvent utiliser la contraception sans autorisation de leur mère. Le gynécologue peut refuser de prescrire la pilule mais au risque de s'entendre signifier par ses visiteuses : « Docteur, si vous ne voulez pas, moi, je vais en face. » Certains praticiens pensent que la contraception est opportune dans tel ou tel cas, d'autres ne le croient pas mais prescrivent parce que c'est une future cliente.

Si la mineure est informée et motivée, elle a droit à être sous contraception, mais sous-entendu pour des relations avec un adulte, puisqu'il est interdit à un garçon de son âge d'avoir des rapports avec elle.

Le mariage n'est légalisé qu'à partir de quinze ans révolus pour les filles, donc pas avant la seizième année, et dix-huit ans révolus, c'est-à-dire la dix-neuvième année pour les garçons. Pour se marier à partir de treize ans une fille doit obtenir une dispense du président de la République.

Pour l'obtenir il suffit qu'elle soit enceinte et que les parents des deux parties soient d'accord pour prendre en charge les frais de l'éducation de l'enfant à naître.

Un mineur peut régler les conditions de ses obsèques.

Mais les parents peuvent s'opposer au prélèvement d'organes d'un enfant mort d'accident, même si en public, par exemple dans sa classe, à l'occasion d'un débat, il avait dit qu'il voulait les léguer. « Si je mourais d'un accident, je voudrais que mon corps serve à guérir d'autres qui en ont besoin. » Les parents ont le droit de s'y opposer, alors que l'instituteur et tous les enfants de la classe lui ont certifié que le petit avait dit dans la classe, tout haut, que lui était donneur. J'ai été informée du cas d'un élève qui avait même demandé en classe comment on pouvait faire pour léguer ses organes. On lui avait répondu : « Comme tu es petit, tu ne peux rien faire, mais tu peux le dire à tes parents, tu peux le dire à tout le monde. »

A quinze ans un enfant naturel porte le nom de sa mère parce que celle-ci l'a reconnu, et non son père. Si le père vient à le reconnaître à son tour, l'enfant est appelé à donner son consentement devant le juge des tutelles. Dans ce cas-là, le père ne peut pas d'autorité décréter : « Je le reconnais, il porte mon nom. » Il faut que le juge des tutelles recueille le consentement de l'enfant. C'est un des rares cas où son avis soit nécessaire, où l'adulte ne peut trancher à sa place.

C'est très important de le consulter sur le nom qu'il peut porter mais quinze ans, c'est quand même un peu tardif. Il est d'autres décisions graves pour lesquelles l'intéressé n'a pas voix au chapitre avant seize et même dix-huit ans.

Le pupille de l'État peut, à partir de treize ans, être entendu par le conseil de famille.

A treize ans, le juge peut le convoquer, mais il peut aussi ne pas le faire même si le jeune veut être entendu. Le juge décide de l'opportunité d'entendre l'enfant à partir de treize ans. Ce n'est toujours pas l'enfant qui en décide.

Il peut demander à lire les procès-verbaux.

En théorie. Mais qui l'informe de ce libre accès à

ces documents ? Ce n'est pas dit dans les écoles. Il faudrait que les mineurs soient instruits de leurs droits et
de leurs devoirs dans les écoles. Pouvoir prendre
connaissance de décisions prises à votre sujet, n'est-ce
pas le moins lorsqu'on a statué sur votre sort à huis
clos, en votre absence ?

J'ai entendu des choses terribles, dans des réunions
de CSPP, de DDASS. Par exemple, un professeur de
médecine qui s'occupe d'enfants déclare péremptoire :
« Il ne faut jamais dire à un enfant, quand on le change
d'institution ou de famille, ce qu'on fait, il faut lui
dire : "Tu t'habilles et tu es prêt dans la demi-heure, tu
t'en vas ailleurs. — Mais où ? — Ça on ne sait pas, tu
verras bien." Quand il arrive dans un nouvel établissement, on ne doit rien lui dire, ni combien de temps
durera son séjour, ni rien, parce que, vous comprenez,
si on lui disait, il s'en ferait tout un foin, tandis que si
on ne lui dit pas... Bah, un enfant... Au bout de trois
jours, il aura oublié. » Cette attitude me fait pénible-
ment penser à un transfert pénitentiaire.

Ça me rappelle même ces fameux trains qui traver-
saient l'Europe et qui étaient bondés de juifs grecs
déportés jusqu'en Pologne, on ne disait pas aux passa-
gers où ils allaient. De peur qu'ils ne s'affolent.

J'ai entendu le témoignage d'une rescapée des
camps. A Drancy, avant d'embarquer pour l'Allemagne, elle avait dû remettre tout l'argent qu'elle avait
sur elle. « Ne vous inquiétez pas, vous avez fait une
déclaration officielle. On vous rendra la somme là où
vous allez travailler. » Elle avait fait le trajet persuadée
qu'on allait changer son argent et le lui restituer pendant son transfert. Le fait de penser que l'enfant
s'inquiéterait relève de la logique des responsables des
déportations. Au fond, les enfants passent leur vie à

subir ça, même des parents les plus innocents. Ils les emmènent en week-end, sans les y préparer, leur donner le programme. Il faut qu'ils se trimballent, ils font partie des bagages des parents.

Un mineur qui écrit ou compose ne peut rien publier sans une autorisation parentale, mais il peut décider de ne pas publier.

Minou Drouet aurait pu s'opposer à la publication de ses poèmes. La jeune lycéenne qui, en 1987, a publié un premier roman et qu'on a appelé la nouvelle Sagan aurait pu décider de ne pas publier. S'il est peintre ou dessinateur, un mineur ne peut exposer ses œuvres sans l'autorisation de ses parents, mais en revanche, il peut refuser de faire une exposition.

Le dessinateur Sennep a gagné sa vie à partir de dix ans en publiant un dessin quotidien sur l'actualité... Johnny Hallyday, avant d'avoir dix-huit ans, avait déjà de jolis cachets mais c'est son tuteur, le mari de sa cousine germaine, qui touchait l'argent, et lui il n'avait pas un sou parce que le cousin lui disait : « Ça me rembourse de t'avoir eu tous les étés depuis l'âge de six ans. » Ce tuteur ne lui a pas permis de faire le Conservatoire de Lausanne où il voulait entrer. Quand il est passé à l'Olympia pour la première fois, il s'est dit tout de même : « Je vais avoir un très gros cachet, et je n'en verrai pas la couleur, puisque je n'ai pas encore ma majorité. » Il est allé voir un avocat qui lui a dit : « Écoutez, si vous avez un ami qui est assez impressionnant, il n'y a qu'une chose à faire : quand vous signez le contrat, vous pouvez aller jusqu'à obliger le contractuel, l'employeur, à vous donner en espèces la moitié du cachet prévu par le contrat, la moitié, mais pas plus, l'autre moitié allant selon la loi à votre tuteur légal. » Mon fils Jean, qui, à ce moment-là, avait son âge, seize ans et demi, et était son ami, l'a accompagné chez son employeur. Il est très efficace pour ceux qu'il aime, il a pris le rôle de gorille très au sérieux. L'employeur a accepté de verser la moitié du cachet en liquide. A la fin de chaque représentation, au moment de la « paye », mon fils était présent pour que le show-businessman compte devant lui l'argent qu'il devait à Johnny sur les recettes. Il n'y avait pas de précédent et le payeur se faisait tirer l'oreille. « Et vous êtes sûr que ce soit légal, est-ce que je ne serai pas poursuivi pour séduction de mineur, en donnant de l'argent à un mineur ? » Ce n'était pas seulement pour exploiter le jeune, il avait vraiment peur de la rétorsion du cousin qui était le responsable majeur légal de Johnny.

Dans cet état des droits de l'adolescent il y a deux choses positives : un jeune violenté, maltraité, peut à partir de quinze ans déposer une plainte pour coups et blessures, mais il faut quand même un certificat médical, sinon c'est considéré comme violences légères, c'est-à-dire des taloches...

Une « correction éducative »... Il ne lui est pas facile de faire valoir certains coups s'il n'y a pas de traces, il peut y avoir des contraintes qui ne laissent pas de traces. Par exemple, le viol des filles... ou la pédérastie du père sur son fils... Les abus sexuels sur des enfants, aussi bien garçons que filles, sont extrêmement fréquents. Dans la mesure où il n'y a pas de certificat médical, ce n'est pas pris en compte. L'avantage reste sur le papier.

Un mineur peut aller voir le médecin qu'il veut, de lui-même et lui demander, naturellement, le secret médical; le médecin est naturellement libre de refuser cette consultation, mais n'est pas du tout incité par le législateur à le dire aux parents : « Je n'ai pas voulu recevoir un tel ou une telle mais ils sont venus me voir. » Là, même si le médecin, ce qui est rare, mais peut arriver, n'examine pas son jeune visiteur, il n'empêche que sa démarche restera secrète.

Le seul élément positif qu'on trouve dans cet état des droits des mineurs, c'est uniquement en matière de santé. On se demande s'il ne faudrait pas suivre cet exemple-là et essayer d'aligner tous les autres domaines, que ce soit le secret de la vie privée, la religion, la nationalité, la liberté de voyager, etc. Le cocotier a besoin d'être vraiment secoué. La législation actuelle est inadaptée et prête à des interprétations souvent abusives. Je connais le cas d'un père qui s'est opposé à ce que sa fille instrumentiste passe l'examen annuel du conservatoire de musique pour passer d'une classe à l'autre parce que c'était l'après-midi où il avait le droit de visiter sa fille... Elle a raté son examen de conservatoire parce qu'on ne pouvait pas lui changer le jour et que le père, c'était son jour, et il était sacré. « Tu aurais même le bac à passer, c'est le jour où tu dois me voir. » La fille avait seize ans.

Le terme d'autorité parentale est cité à tout propos, surtout pour les problèmes de la garde dans les divorces. Examinons la définition donnée par la législation : « Droits et devoirs de garde, de surveillance et d'éducation exercés en commun par le père et la mère. »

Le contenu n'est pas réel. Le concept est à changer. Il serait temps de suggérer au législateur et aux responsables des pouvoirs publics de manipuler un autre concept que l'autorité parentale.

Un juge de Toulouse, Philippe Chailloux, qui a publié un excellent livre, a une vision très juste de ce problème. Il propose de substituer le concept de responsabilité parentale à celui d'autorité. Le rôle de cette responsabilité est de susciter chez l'enfant de prendre autorité sur lui-même, pour prendre peu à peu l'autonomie des décisions, surtout dans le cas de parents séparés. Puisque le rôle des parents est de rendre leur enfant autonome, qu'il soit autonome et capable de se subvenir à lui-même le jour où il quitte ses parents. Le but de la tutelle c'est de préparer quelqu'un à être autonome et à ne plus avoir besoin de tutelle, donc à devenir autotutélaire.

L'autorité implique une punition et non pas un éveil, et non pas une transmission...

La responsabilité des parents, c'est de donner à l'enfant les armes pour se passer d'eux, les armes physiques, morales et technologiques d'un métier. Il leur incombe de lui enseigner, selon le Décalogue, à n'aimer que Dieu, et à honorer ses parents en faisant une vie d'homme ou de femme féconds, c'est-à-dire de faire comme eux en le mettant au monde et en l'assumant. Le rôle des parents est de rendre un enfant capable de faire pour leurs descendants ce que son père et sa mère ont fait pour qu'il soit éduqué à l'âge de lâcher ses parents en gagnant sa vie.

Un enfant émancipé peut librement choisir d'habiter

où il veut. Et pourquoi pas chez son père ou chez sa mère ?

Pourquoi pas ? Ce serait vraiment un libre choix.

Ne pourrait-on pas proposer au législateur d'élargir la notion d'émancipation et de l'étendre au droit des enfants à divorcer de leurs parents ?

Non, ce serait admettre implicitement qu'il y avait inceste avant la séparation. Donc, on ne peut pas garder le mot « divorce ». Mais on pourrait donner à l'enfant la possibilité de dire qu'il veut rompre une relation avec ses parents, mais ce serait utopique pour l'instant, parce que nous n'avons pas les institutions hôtelières capables d'accepter l'enfant.

On pourrait avancer l'âge de l'émancipation.

J'ai entendu beaucoup de travailleurs sociaux s'insurger contre la majorité à dix-huit ans, parce que, disent-ils, les mineurs qui sont un peu demeurés, retardés scolaires, etc., sont incapables, à dix-huit ans, de prendre leurs décisions. Il faut donc établir des listes d'incapacité présumée. Comme le fisc a fait une loi qui présume que tout contribuable est un fraudeur, ces travailleurs sociaux mettent ces garçons de dix-huit ans dans des conditions de rester débiles, de rester assistés. Il y aurait un autre langage à tenir : « A partir de maintenant, si tu ne te vois pas capable de t'assumer tout seul, de trouver un logement en travaillant, eh bien voilà des institutions où des majeurs, comme tu es, peuvent aller s'inscrire en demandant une aide sociale. » Au lieu de les stimuler, on leur fait signer un papier où ils abdiquent toute responsabilité.

Avancer l'âge de la majorité ?

La majorité légale devrait être à quinze ans tout simplement et l'émancipation possible à partir de treize ans, l'émancipation totale. J'entends l'objection : « Les parents ne feront plus rien pour eux. » Ça prouve qu'ils ne faisaient déjà rien. Quand un adulte pour une raison ou pour une autre déconnecte, ce peut être un accident, ce peut être une maladie évolutive qui le frappe d'incapacité temporaire ou irréversible, il est bien amené à être assisté. Donc on peut inclure dans ce risque des jeunes qui, à l'âge d'une majorité avancée, à quinze ou seize ans, ne seraient pas capables de se débrouiller mais qui seraient l'exception.

Si les parents acceptaient, à la demande de l'enfant, l'émancipation, ils seraient en droit de ne plus donner un sou à leur enfant et de le laisser se clochardiser complètement. S'ils le faisaient, cela prouverait qu'ils le laissaient à l'abandon déjà auparavant. Si au contraire, ils se sentaient responsables de leur enfant, ce n'est pas parce que leur enfant aurait le statut d'émancipé qu'ils ne l'aideraient plus. Il ne serait pas interdit qu'ils aident leurs enfants mais ce ne serait plus obligatoire. Pourquoi le font-ils dans le statut actuel ? Parce que c'est obligatoire ? Non, ils le font pour avoir du pouvoir sur leur enfant. Aucun argument ne tient. Qu'il soit débile, ça ne tient pas. Qu'il soit infirme, ça ne tient pas parce qu'il y a des assistés infirmes adultes.

Quelle mesure proposez-vous pour favoriser l'auto-nomie juridique des adolescents ?

On n'avancera pas tant qu'on n'aura pas dans toutes les écoles un cours d'éthique civique ouvert aux enfants quel que soit leur âge. Ils y apprendraient leurs droits et leurs devoirs à l'âge qui est le leur. L'instruction civique est anachronique. On leur apprend à huit ans comment voter pour le président de la République alors qu'ils le feront à dix-huit ans. L'éducation civique se limite à des BA, comme donner la main à une dame aveugle pour traverser la rue. Au lieu de leur faire des cours sur les institutions beaucoup trop tôt, mieux vaudrait les initier de bonne heure à leurs droits et leurs devoirs en famille et dans la société. Il manque cruellement une éducation du comportement moral personnel et social.

Les Suisses, si prudents, ont débattu au Conseil fédéral de l'abaissement de l'âge de la majorité sexuelle à quinze ans, convaincus que l'évolution des mœurs va beaucoup plus vite que la loi. Le projet de loi a été ajourné. La commission parlementaire saisie du dossier allait plus loin et proposait quatorze ans, ce qui a effrayé les sénateurs de Berne. Si le gouverne-ment fédéral de la République helvétique estime que l'âge de la majorité — ou la maturité sexuelle — fixé à seize ans doit être abaissé à quinze ans, cela veut dire qu'en Occident, on remet en cause le vieux système paternaliste.

Que les élus d'une société très conservatrice se découvrent en retard sur l'évolution des mœurs est un symbole d'un décalage général. Mais, en France, les réformateurs sont encore plus qu'en Suisse d'arrière-garde.

La loi sur l'autorité paternelle pour le divorce a été changée récemment. J'ai lu le texte publié au *Journal officiel*. C'est lamentable. On régresse de trente ans en arrière. Au lieu de responsabilité parentale, on parle à chaque page d'autorité.

L'autorité, ça ne se commande pas. Ce n'est pas le juge qui peut décider si tel parent a de l'autorité. Il l'a ou ne l'a pas. Ça dépend de l'enfant. Le juge ne peut décider que de la responsabilité du père ou de la mère.

Si on dit qu'une mère a l'autorité alors qu'elle n'en a pas, on trompe tout le monde. Pourquoi ne pas dire à l'enfant : « Bien qu'elle n'ait pas d'autorité, elle est responsable de toi. Toi, tu dois être soumis au fait de la responsabilité de ta mère même si elle est incapable de l'assumer. A toi d'être responsable de toi. »

Deuxième aberration dans le texte de cette loi : le législateur parle de « droit » de surveiller l'entretien et l'éducation. Ce n'est pas un droit mais c'est un devoir. Le « droit » de visite, c'est un devoir paternel ou maternel d'intérêt et d'attention. Un devoir filial pour l'enfant de les voir.

On ne parle d'aucun devoir mutuel des uns envers les autres. C'est un devoir pour l'enfant d'entretenir des relations personnelles avec la parenté des deux lignées même si l'un des parents est brouillé avec ses ascendants ou sa belle-famille.

Il y a confusion des droits et des devoirs.

« Le parent qui n'a pas l'exercice de l'autorité parentale conserve le droit de surveiller l'entretien et l'éducation des enfants. »

Même si l'enfant ne vit pas continûment avec lui, il en est toujours responsable. La responsabilité incombe aux deux parents. L'autorité ne se partage pas. La responsabilité, elle, se partage. Les deux parents divorcés restent responsables, solidaires de leurs enfants. Le juge peut décider de le confier à un tiers. Si l'enfant est confié à une famille, les parents n'ont aucune autorité ni responsabilité ! Absurde, on a voulu légiférer dans un domaine qui ne ressortit pas à une réglementation. J'ai reçu un tract de « Laissez-les vivre » pour supprimer le droit à l'avortement : ces cas de conscience ne regardent pas les gens de loi. L'important c'est de dépénaliser. Pas de voter l'interdiction d'avorter.

Le désir des enfants à naître, aucun texte ne peut l'empêcher de prévaloir.

Dans la situation du divorce des parents, entendre l'enfant, aller dans le sens de son désir à vivre est plutôt du ressort d'un psychologue que d'un juge. Le sentiment du médiateur désintéressé se traduira par un avis, un conseil, une recommandation, sans prendre la forme d'une décision juridique.

Le bon usage des droits du citoyen à être entendu consiste à lui rappeler aussi ses devoirs.

Kramer contre Kramer : *la loi confie à la mère le petit garçon élevé par le père et qu'elle réclame après avoir disparu de sa vie pendant sept ans. Finalement, en voyant le lien qui l'unit à son père, c'est elle qui décide de le laisser à la garde paternelle.*

Un cas de divorce dans la région de Lyon montre bien quel usage aberrant l'adulte fait de la loi qui est censée faire le bien du jeune citoyen ! Le père, qui a droit de visite, vient chercher son fils. Sous prétexte que l'enfant n'est pas prêt, n'a pas encore enfilé son anorak, il ne l'emmène pas. L'enfant attendait le père depuis deux heures. Il le fait constater par huissier : « Notez que l'enfant est en pyjama. » L'enfant, six ans, proteste : « C'est pas un pyjama, c'est une belle veste de dimanche ! » Le père devait passer les vacances avec lui. Le fils aîné, excellent élève, quinze ans, en colonie de son école, s'est arrangé pour fuguer. Il avait pourtant dit au juge qu'il ne pouvait pas aller avec son père qui fait des scènes épouvantables.

Le père, qui est médecin, veut les enfants. Il en a trois, le dernier a cinq ans. Il annonce qu'il vient et il ne vient pas. Quand il arrive c'est avec des heures de retard. Il dit que les enfants ne sont pas prêts. Parfois, l'aîné ose : « L'autre fois, vous deviez venir n'êtes pas venu — Taisez-vous ! »

Les trois enfants sont passés devant une commission de psychologues. Le responsable a dit à la mère : « On voit que vos enfants sont surchauffés parce qu'ils sont beaucoup plus intelligents que les autres enfants. C'est dangereux qu'ils restent avec vous. Ils sont beaucoup trop responsabilisés. Ils savent se débrouiller sans vous. » La mère est médecin et doit gagner sa vie. Le père fait des scènes à tout moment. Les enfants ont leur quant-à-soi.

« Regardez ! dit le père, comme ils ont changé ! »

Ils ont changé parce qu'ils sont malheureux.

Dramatiques, ces situations.

Les enfants, plus solides que d'autres, résistent bien. Une des raisons pour lesquelles les jeunes ne veulent plus se marier ? Pour ne pas avoir à divorcer, que leurs enfants ne soient pas comme ces enfants du divorce. Ils n'échappent pas à ce système car les juges traitent de la même façon les enfants des concubins qui se séparent. Il serait préférable de leur dire : « Vous êtes concubins et partant, hors la loi, donc, que vos enfants se débrouillent. C'est ceux-là qui auraient de la chance. »

Il y a des enfants qui surmontent parfaitement le déchirement de leurs parents. Le conflit peut les aider à maturer plus vite. « Qu'est-ce qu'ils peuvent, mes pauvres parents ! » On voit de plus en plus de jeunes qui ont une saine compassion pour leurs parents. « Je ne suis peut-être pas commode pour eux », « Ils sont comme ça. »

On entend dire : « C'est pas une mère. » Mais c'est sa mère. Qu'est-ce qu'une mère sinon une femme qui n'est pas qu'une mère...

Des couples très structurés ne s'en disputent pas moins à propos de leurs enfants. L'un des conjoints trouve l'autre trop indulgent ou trop sévère... par rapport à son propre père ou un autre homme auquel il compare son compagnon. Combien d'enfants entendent-ils leur mère répondre à leur père : « Tu n'es pas un mari. » Ou ce dernier : « Tu n'es pas une femme. »

C'est très fréquent chez des couples stables qui ainsi se libèrent de tensions.

Un adolescent peut le prendre avec philosophie, un enfant risque d'être plus troublé, cela peut induire des conduites antimatrimoniales.

Il est déjà difficile de laisser s'exprimer sur le divorce les jeunes qui en souffrent. Il faudrait préventivement leur faciliter le débat sur le mariage. La législation sur le mariage serait à modifier. On se marie comme au XVIIIe siècle. Le texte sur la garde des enfants date tout autant. Le contrat de mariage tel qu'il se fait encore a été créé pour des sociétés où on préservait les biens, les terres. On se mariait dans l'intérêt de la famille. Ça ne correspond plus à rien, et peut expliquer que des jeunes gens vivent ensemble pour avoir des enfants mais sans se marier. « Car il n'y a pas de lien d'intérêt entre nous », « On vit ensemble parce qu'on se convient, d'une manière désintéressée. »

Il est encore difficile d'obtenir des chefs d'établissement qu'ils n'assistent pas à des débats où les élèves sont invités par un adulte de l'extérieur, dans un local du lycée, à s'exprimer librement sans contrôle.

J'avais posé mes conditions au proviseur d'un lycée de la région parisienne pour animer une réunion d'élèves de terminale. La salle des fêtes était mise à notre disposition pour la séance. Assise sur l'estrade, je lève la tête et je distingue dans les mezzanines pas éclairées des ombres. « On dirait que là-haut, au balcon, il y a quelqu'un. » Les jeunes se retournent. « Ah ! c'est l'endroit de la cabine de projection. — Allez voir. » Là-dessus le proviseur se découvre et embarrassé me dit : « Il n'y a pas de mal, à ce que je reste là en spectateur ! » Il y avait huit professeurs cachés dans l'ombre. Je me lève. « C'est très bien, mais moi je m'en vais ! », et je prends les lycéens à témoin : « Vous voyez l'angoisse des maîtres, l'angoisse de vos parents. Ils sont angoissés à l'idée que vous posiez des questions autres que celles que vous leur posez à eux. Et précisément, si vous me les posez à moi, c'est que vous ne pouvez pas les poser aux gens que vous voyez tous les jours. Et eux ils en sont angoissés. Il n'y a pas de quoi rire. L'angoisse, c'est très douloureux, vous la connaissez pour vous et vos maîtres la ressentent et pour eux et pour vous parce qu'ils sont responsables de votre avenir. »

Cette condition, je veux qu'elle soit respectée parce que les adolescents ne peuvent pas parler aux adultes tutélaires de ce qui les préoccupe le plus au fond d'eux-mêmes. C'est plus facile de parler à des gens dont on sait qu'on ne les reverra plus. J'ai eu gain de cause. On a éclairé le balcon pour que personne ne puisse se poster dans l'ombre. A la sortie le proviseur riait jaune. « Vous étiez trop angoissé », lui ai-je dit.

Au lycée de Montgeron, quand j'ai réuni des élèves de terminale, dix-huit et dix-neuf ans, enfants de parents divorcés, pour leur demander ce qu'ils auraient aimé faire quand ils avaient quatorze, quinze ans, ils sont arrivés « désinformés », non préparés. La directrice leur avait dit qu'ils allaient entendre un exposé sur leurs droits.

Tant de précautions pour des pré-étudiants... Quels seraient les obstacles si vous vouliez faire parler des douze, treize ans, dans l'enceinte de leur collège, sans contrôle des enseignants.

On va y arriver.

A l'heure actuelle, les instituteurs et même les directeurs d'école ou les proviseurs sont très sensibilisés par le risque que l'un d'entre eux puisse être dénoncé — à tort — par une élève hystérique pour tentative d'attouchements sexuels ou attentat à la pudeur.

Ce qui fait le plus peur aux enseignants, c'est qu'il n'y a pas de témoins : l'accusation repose sur le témoignage d'une, deux ou trois filles. L'une d'elles commence à dénoncer et puis une autre dit : « Eh bien moi aussi... »

Si l'accusation est publique, l'affaire se dénoue très vite. Il n'y a même pas d'« affaire ». Dans un collège canadien, une fille de treize ans a dit un jour : « Monsieur Untel, il m'a dans le nez, il ne m'aime pas, ou alors il m'aimerait, mais il faudrait que je l'embrasse... » L'élève l'a dit mais devant tout le monde...

Quelle a été la défense de l'enseignant ?

Il n'y a pas eu de défense. Le débat public a vite permis de dédramatiser. La façon dont la fille racontait : « Il me déteste et il m'aime trop » était révélatrice. C'est bien elle qui avait un problème personnel. Son père avait plaqué la mère quand elle avait onze ans, maintenant elle en avait treize. Elle était obsédée par la trahison du père qui ne s'occupait pas d'elle. Tout s'éclairait. On n'a pas du tout blâmé la fille, on lui a simplement dit : « Mais alors... Tu dis que tu sais que tu lui plais, alors pourquoi tu dis qu'il te déteste ? Tu dis qu'il voudrait faire avec toi comme si tu étais déjà une jeune fille qui peut aller avec un homme, alors que tu es trop jeune... »

Tout le monde en parle et on fait vite la part des choses. Mais en France si une fille va dire en catimini à ses camarades puis à ses parents : « Tu sais, le prof avec moi... », la famille porte plainte et déclenche tout le système judiciaire. Au Canada, pas du tout, puisque c'est dit en public... En France, on est obligé de muter le professeur. C'est la fille qu'il faudrait muter. « Tu vois comme tu es plaisante, tu vois comme tu plais... »

Curieux paradoxe d'une société machiste qui génère un corps enseignant à écrasante majorité féminine : jamais un garçon n'ira dénoncer sa maîtresse pour avoir voulu lui faire des avances, le séduire. Les filles auront de moins en moins d'enseignants hommes à dénoncer si la mixité disparaît au stade du corps professoral. Par autodéfense inconsciente, le corps enseignant masculin est hostile aux discussions libres car les professeurs ont cette arrière-pensée que quand un élève critique, c'est pour calomnier, accuser injustement les maîtres.

Gabrielle Russier a été trop vite oubliée. L'émotion suscitée par la mort de ce professeur inculpé pour détournement de mineur aurait dû animer la volonté de changement pour qu'un tel acte de pouvoir parental sur un jeune ne puisse plus se répéter en France avec l'appui de la machine judiciaire. Ce « sacrifice, cette condamnation d'un amour vrai » auraient dû suffire à montrer que la loi est détournée légalement, elle est donc déficiente, mal conçue et à modifier si elle sert à ce point la mauvaise foi des adultes... Les parents étaient communistes militants. Ils étaient censés défendre la fraternité. Ils n'ont eu qu'une idée : poursuivre celle qui aimait leur fils et était aimée de lui pour détournement de mineur. Le garçon était très développé pour son âge. Il affirmait qu'il aimait cette femme qui n'avait pas d'homme dans sa vie quand ils se sont rencontrés et épris. Ce n'était pas un détournement mais un cas particulier d'amour très jeune. Ils avaient le projet de vivre en vrai couple. Il n'y avait rien d'incestueux, pourquoi cet interdit ? Parce qu'elle était professeur ? Parce qu'il avait moins de dix-huit ans ? Mais il était physiologiquement mûr...

Le mot « mineur » est dépréciatif. Ne faudrait-il pour commencer le chasser du vocabulaire ? parce que le terme « mineur » évoque toujours : la cour d'assises des mineurs, la délinquance, le détournement de mineur. Quand un professeur parle à une élève, tout de suite on jase, on sous-entend que ses intentions ne sont pas pures. Tout homme qui reçoit chez lui une mineure est présumé coupable.

Parce que ça ne se fait pas en public... Ça prend un côté alcôve. On va parler au prof tout seul, quand la classe est finie.

Pourquoi le professeur ne parle-t-il pas à telle de ses élèves devant toute la classe ? « C'est très intéressant ce que tu m'as dit. On en parlera au prochain cours. » Au Québec toute la classe est appelée à entrer en conversation avec l'enseignant.

Il est rarement arrivé que des enseignants soient impliqués dans des ballets roses ou des ballets bleus. Et pourtant la rumeur court vite.

Mais quel rapport avec le fait d'aimer sincèrement une élève ou un élève qui est déjà un homme ou une femme et de s'intéresser à son évolution ? On ne peut appliquer la même loi pour la pédophilie et le grand amour. L'adulte est présumé n'avoir à ce moment-là que des idées de cul. Je pense que c'est ce qui sera le plus difficile à extirper de la mentalité moyenne.

Si on rayait la notion de mineur ?

Elle porte avec elle une mentalité rétrograde qui ne fait pas confiance à l'être humain, ni l'adulte, ni l'enfant, dans ses rapports avec les autres. Une mentalité empreinte de peurs, préjugés, intolérance et méfiance. Ce qu'il faudrait c'est que la loi ne s'occupe plus de l'âge. Ne s'occupe seulement que de l'inceste, des relations entre parents proches, frères, sœurs, parents, oncles, tantes, mais qu'il n'y ait absolument rien entre adultes et enfants comme interdiction.

A l'heure actuelle les relations adultes-enfants sont entachées de soupçon par la société.

J'ai cité le Québec comme modèle pour les rapports entre élèves et professeurs. Mais pour les rapports familiaux, le tableau est noir. Les autorités sont affolées par les chiffres avancés par une enquête : le nombre des enfants violés moralement ou physiquement par leurs parents. Il y aurait inceste ou abus sexuel dans 8 familles sur 10. C'est sûrement très exagéré mais les responsables québécois le croient parce qu'ils mettent sur le même plan l'intimité, les attouchements sexuels entre frères et sœurs et le viol par le père ou la mère. La controverse est engagée. La justice croit voir du sexuel dans tous les gestes intimes. Les adultes disent que ça n'en est pas, et les enfants disent que ça en est. Le ministre des Affaires sociales a engagé une campagne d'information nationale. J'ai vu les films éducatifs qu'on projette pour les enfants à partir de huit ans, pour que les enfants puissent se défendre des attentats sexuels, dans la rue et dans l'autobus ou à l'école ; avec tous les cas de figure. Les autorités s'imaginent que la prévention sera suffisante pour que les enfants ne soient plus la proie des abuseurs sexuels. Mais à huit ans c'est déjà trop tard. La conception des sketches et les dialogues feraient rire en France. Mais au Canada, cela marche. Malgré tout j'ai trouvé très intéressant de suivre les réactions des jeunes spectateurs à qui on demande de commenter ces films. Tous les sketches mettent en scène des adultes qui se sentent tellement coupables qu'ils jouent comme des obsédés avec une violence contenue ou une agression verbale terrible sur l'enfant. Ainsi, dans un autobus, une petite fille est en train d'actionner un jeu électronique de poche. Un passager lui met un bras autour de la taille, la fille se tasse, et puis à un moment, il la serre un peu... Un enquêteur interroge une enfant spectatrice, la fille dit : « Ben, elle est pas contente... — Mais ça lui fait "oui" ou ça lui fait "non"? — Ça lui fait "non"... » On voit la tête du monsieur tendu, qui regarde si on ne l'observe pas. A un moment, elle devient toute rouge, et elle dit : « Non, monsieur, non ! » (c'est un professeur qui joue le rôle) et le monsieur retire son bras, très embêté, regarde l'heure, et puis il descend au prochain arrêt. La fille dit : « Oh là là, qu'est-ce que j'avais peur quand je lui ai dit "non, monsieur". — Je te félicite, c'est ça qu'il fallait faire. » Mais si le monsieur s'y était pris avec gentillesse, en lui disant : « Tiens, il est intéressant ton jeu, tiens, montre-moi, tu veux pas m'expliquer ? », la petite, ça lui aurait fait « oui ». Elle aurait été au café du coin pour continuer un jeu électronique avec lui. Dans un autre sketch, un type, professeur d'éducation physique, donne une leçon de base-ball gratuite à un garçon ; sa maman ne veut pas lui payer une leçon avec le prof ; le professeur lui dit : « Écoute, ta maman ne veut pas, mais comme tu es très doué, moi je vais t'entraîner. Voilà comment tu attaques. » En même temps qu'il lui montre, il lui serre les fesses. Le gosse grimace : « Ah, non. J'aime pas comme vous m'avez fait là ! — Oh, ben alors, tu veux pas apprendre ? Moi, je t'ai fait ça pour te montrer qu'il fallait pas que tu sois tendu, fallait que tu sois relax, alors je t'ai montré, voilà, quand

tu n'es pas relax, ça fait mal si je te serre la fesse... »,
le garçon accepte un petit peu la première fois, et puis
la deuxième fois on voit la tête du prof qui est très
tendu par sa sexualité. L'élève a très bien fait son
attaque mais le prof lui serre les fesses encore, l'enfant
proteste : « Eh bien, pourquoi que vous le faites maintenant ? Je l'ai réussi, mon coup ! » Le prof : « Oh toi
alors, moi, je m'occupe de toi, et tu n'es pas content,
eh bien je ne te prendrai jamais dans mon équipe, ça
sera tant pis pour toi. » Alors il est tout éteint, dénar-
cissisé, il rentre chez lui, et sa mère lui dit : « Tiens,
mais ça ne va pas aujourd'hui, qu'est-ce qui se passe ?
— Oh, ben je ne suis pas content avec le prof de... —
Pourtant tu aimais bien le base-ball, tu aimais bien... » ;
alors il lui dit : « Oui, mais il m'a fait drôle, il m'a fait
drôle... — Quoi, qu'est-ce qu'il t'a fait ? — Ben, il a
voulu me donner une leçon, c'était très gentil, et puis
alors, il m'a pincé les fesses ! — Qu'est-ce que tu as
fait ? — Je lui ai dit que j'étais pas content. — Tu as
bien fait, bravo. — Ah bon, j'ai bien fait, mais tu sais,
il était pas content, et puis il m'a dit qu'alors jamais il
me prendrait dans l'équipe parce que j'étais trop
bête... ». La mère lui dit : « Est-ce que tu veux que
j'aille lui parler ? — Oh oui, je veux bien, maman. » La
mère va avec le petit parler au prof : « Il s'est passé
quelque chose, hein, monsieur ? Vous savez bien, vous,
ce qui s'est passé... » Le monsieur, très gêné, reste coi.
« Eh bien, je suis sa mère ; mon fils, il est très intelligent, et il a compris, alors il faut pas recommencer. »
On voit ensuite le type qui demande au directeur de
changer d'école. Jamais en France un tel film ne passe-
rait comme ça, les rôles étant joués par des professeurs
et un groupe d'enfants étant sollicité pour réagir sur les
images. L'opinion jugerait ces films ridicules et de

mauvais goût parce que les Français n'ont pas le sentiment de culpabilité que les Québécois ont au Canada
puritain. En Europe, les gens qui sont des pédérastes
d'enfants scolaires le font avec un masque de douceur,
ils ne vont pas laisser voir leur tension d'angoisse au
moment où ils font la cour. Le gymnaste ne va pas pin-
cer les fesses de son élève, il va lui dire : « Dis donc, tu
es bien musclé ! », c'est beaucoup plus sournois.

Un autre film traite de l'homosexualité féminine.
Une femme propose à une fillette de la coiffer. « T'es
une belle fille, t'as de beaux cheveux. » Ça commence
par ce compliment et puis elle est animée d'une telle
agressivité sadique sexuelle qu'elle se met à lui tirer
les cheveux, à la taper avec la brosse. La petite crie :
« Ah non, c'est pas comme ça que j'aime être coiffée »,
l'autre se fâche : « Si tu n'aimes pas être coiffée...
— Mais tout à l'heure, quand vous m'avez coiffée, ça
ne me faisait pas mal... — Oui, mais tout à l'heure...
mais maintenant... » Le film ne veut pas montrer que
la fille peut avoir des sensations génitales quand la
femme lui fait ça, mais qu'elle ressent essentiellement
qu'on lui tire les cheveux pour prendre du plaisir
sadique sur elle. Pourquoi dramatiser ? la caresse n'est
pas le plaisir sexuel génital. Mais ce cinéma est un peu
le miroir du Québec puritain. Il a aussi le mérite de
faire parler les enfants sur le sujet de l'inceste.

Ne risque-t-il pas de prévenir les jeunes contre la
sexualité des adultes même lorsqu'il n'y a pas d'inten-
tion de viol ou de situation d'inceste ?

Les enfants qui m'ont raconté ce qui se passe à
l'intérieur de la famille font bien la différence. « Ce
monsieur-là il est méchant, et ça se voit, on ne le

connaît pas. Mais quand c'est l'ami de papa à la maison... » A partir de là, il est possible d'engager le dialogue avec l'enfant : « Ce n'est pas parce qu'un tel tu le connais et qu'il est tellement gentil que tu vas accepter tout ce qu'il te propose. Mais tu peux être attiré par quelqu'un de plus âgé et qui s'intéresse à toi. Si ça te fait plaisir, qu'est-ce qui t'en empêche, c'est pas ton père... Si c'est ton père, c'est défendu, si c'est un monsieur ami de papa et qui veut être aussi ton ami, il n'y a pas de mal à cela si tu désires toi-même ce qu'il désire. Mais apprends à le connaître, ne hâte rien. » On n'a pas à interdire les relations entre les adolescents et les adultes sauf s'il y a inceste. Le reste ne devrait pas être pénalisé. Mais une éducation est indispensable aux jeunes dont la croissance n'est pas terminée et la vie sexuelle à peine naissante. Une information sur la loi qui a comme but de protéger l'organe qui n'est pas mûr alors que la sensibilité amoureuse, elle, est mûre. Il est très dommage de culpabiliser la sensibilité amoureuse. Il n'est pas question, au Canada, de cette sensibilité amoureuse... dans les films, elle n'apparaît pas, il n'y a que de l'agressivité sexuelle. Ou des compliments narcissiques sur la beauté du corps, la beauté des cheveux.

La baisse de la natalité n'est pas le fait des jeunes. En prenant le temps de la réflexion, les gens font moins d'enfants. Quand ils sont jeunes, ils ont un désir d'enfants. Les filles en tout cas. Les garçons moins. Les garçons sont très différents des filles. Les garçons n'ont peur que des maladies sexuellement transmissibles, mais pas du tout de donner une grossesse aux femmes. Que ce soit leur enfant, ils s'en fichent complètement, ils rigolent. Les membres de l'équipe du médecin de Montpellier ont interrogé ensemble garçons et filles, mais ils pensent que cela fausse l'expérience et qu'une des causes de cette attitude de bravade des garçons, c'est la présence des filles. Malgré la mixité scolaire qui loge garçons et filles à la même enseigne, qui les met côte à côte sur des programmes déterminés, la réflexion ensemble, la discussion ensemble ne vont pas de soi. Surtout quand cela concerne le destin de chacun. Les différences de réactions ont un fondement biologique... L'abondance des spermatozoïdes est telle que les garçons se moquent pas mal d'un gamète qui survit. L'adolescent ne songe pas du tout à créer une famille en vue d'avoir une descendance. Il ne pense pas à la limitation de sa vie. Il est en plein essor. Quand un homme commence à penser que sa vie n'est pas éternelle, il pense à faire un descendant mais pas avant. Mais s'il y a réflexion et débat séparés, parce que cela correspond finalement à des données biologiques différentes pour des niveaux de conscience différents, est-ce qu'il n'est pas souhaitable que les garçons soient quand même informés de ce que les filles pensent au même âge, c'est-à-dire qu'ils sachent que les filles n'ont pas du tout la même attitude vis-à-vis de la procréation. L'enquête de Montpellier n'a pas voulu toucher au sentiment. Les médecins n'ont parlé que de l'information concernant la physiologie, le cycle menstruel, la fécondation et la gestation. Et ils l'ont fait exprès, ils n'ont pas parlé sentiment. Et malgré tout, l'attitude n'était pas neutre ni passive. L'attitude des filles était celle d'une écoute sérieuse, celle des garçons était celle du rejet rigolard. Quand ils ont répondu aux questionnaires, ils ont fait des jeux de mots obscènes. L'expérience suédoise, qui tentait d'éradiquer la sentimentalité liée à l'acte sexuel, a beaucoup déçu. Les Suédois en sont revenus. Il semble même curieux que dans l'Europe de l'Ouest, parmi les démagogues chargés de l'éducation et de l'information des jeunes, on en soit encore au mythe d'une information complètement objective, comme s'il n'y avait pas les affects, alors que l'expérience scandinave est une expérience de l'échec. Les affects dans les populations sont tels que si on commence à parler de l'acte sexuel on ne peut plus parler de stricte information. Les enquêteurs de Montpellier ont vu tous les niveaux de la scolarité. Ils sont absolument atterrés du niveau des professeurs femmes au point de vue de la connaissance du corps, du cycle menstruel, des moyens anticonceptionnels et surtout de leur opinion sur la question, bien inférieure à celle des filles de treize, quatorze ans. Même ceux qui avaient entendu les cours n'en ont rien gardé. Comme quoi, c'est la première éducation qui marque quelqu'un et après, même chez les adultes, leur expérience ne leur a rien appris, parce que ce sont des expériences qui ne pouvaient pas être annulées. L'expérience du fait accompli. Nous avons vu une institutrice concevoir son premier enfant sans s'en apercevoir, elle était piégée par la natalité et par contrecoup elle était agressive vis-à-vis de ses élèves filles. Pourquoi les enseignants répugnent-ils à l'information sexuelle ? Ils craignent que si on parle aux jeunes de la conception, de la vie sexuelle, ils en viennent à se désintéresser complètement du programme. Aucune discipline de la culture n'apparaîtra intéressante si on parle de ça. Il n'y a que ça d'intéressant ? Cela prouve à quel point les lycéens sont refoulés et qu'il faut continuer de les refouler sous peine d'être débordé : « On ne fera même plus son cours. »

Il est possible d'envisager une information sexuelle qui serait organisée par les jeunes. Est-ce que ce n'est pas une affaire à développer entre les jeunes en l'absence des adultes ?

Les chercheurs de Montpellier ont laissé un peu parler les élèves des groupes, ils ont entendu tous les bobards qu'on raconte dans les campagnes, le peu qu'ils savent est imprégné des idées reçues des grand-mères.

Les jeunes sont derrière Harlem Désir. L'anti-racisme fait, semble-t-il, l'unanimité. Mais, en parallèle, on constate qu'ils ont tendance à reproduire eux-mêmes une nouvelle forme de ségrégation par l'âge.

Cet unanimisme, toutes races confondues, en faveur d'une société multiraciale, multiculturelle, établit une sorte de lutte des classes d'âge. Les jeunes font de la ségrégation vis-à-vis des gens qui n'ont pas leur âge. Mais c'est la conséquence de ce que les adultes ont peur des adolescents. Ce sont eux qui traitent les adolescents comme d'une autre époque. Les professeurs disent encore : « Tais-toi, tu n'es qu'un enfant. » Le tutoiement d'office est réducteur. C'est sans doute une réaction, mais de peur d'être maintenant victimes de cela, je crois qu'ils prennent les devants en excluant les adultes comme on leur a enseigné à le faire. Du reste, s'ils affectent de ne plus parler à leurs parents, ils parlent à des gens du même âge que leurs parents mais qui ne sont pas leurs parents. Tandis que les parents ne parlent pas à des enfants de l'âge de leurs enfants, qui ne sont pas leurs enfants. Donc, la ségrégation vient beaucoup plus de la part des hommes adultes et des

274

femmes adultes qui ont peur des jeunes, qui se sentiraient humiliés d'être à égalité avec des enfants : « Tu as encore la goutte au nez », « Tais-toi, tu n'as rien vu ». Les adultes croient que l'expérience est l'apanage de la maturité. Et pourtant la vie dès son début est une expérience de tous les instants. Elle invente sans cesse des innovations, des émotions, des explorations. C'est pour ça que les adolescents se donnent, l'époque s'y prêtant, des apparences d'extraterrestres vis-à-vis de leurs parents.

CHAPITRE XVI

QUAND LES JEUNES ONT LA PAROLE

Les sondages sur des échantillons de jeunes, pour attractifs que les rende le jeu médiatique et si multiples soient-ils, se résument vite. Ils disent toujours un peu la même chose. Les jeunes sont préoccupés d'abord par la santé, l'amour, la fidélité, la valorisation par le travail. L'argent passe après. Ce qui est le plus intéressant, c'est de suivre l'évolution au fil des années.

Une ligne essentielle s'en dégage. La jeunesse souffre de trop de facilités de vivre et d'un manque de motivations. Les adolescents se battent les flancs. Ils sont vraiment affectés par l'absence de contact avec les professeurs, du mépris qu'on a pour leur âge et pour leurs opinions. Ces jeunes, conscients d'être des représentants de leur âge dans la société, sont choqués de constater que dans les réunions professeurs-élèves, on n'écoute même pas ce qu'ils disent. Je le tiens des rares professeurs qui sont outrés d'être les témoins du peu de cas que le proviseur fait de la parole des lycéens. Telle est la parodie de ces conseils de classe. A l'opposé, l'expérience actuelle des écoles du Canada, où tous les enfants sont écoutés, toutes les revendications ont leur place un jour par semaine, où tout le monde écoute les enfants. On vote sur toute suggestion ou critique de chaque enfant. Rien n'est négligé de ce que l'enfant a à dire pour ne pas faire mentir la devise : les adultes au service des élèves. Mais pas d'une façon démagogique. Au service de leurs études, au service de leur bien-être. L'important, c'est de se sentir en confiance dans l'école. En France, les locaux sont laids, il y a le racket à la sortie du collège, on rase les murs dans un climat d'insécurité. Et ils n'ont aucun droit, pas de recours, et ils cherchent à fuir, à écouter du jazz ou même de la musique classique. J'ai été étonnée de la place de la musique classique. C'est un retour. Il y a quelques années, les jeunes qu'on interrogeait disaient que ce n'était pas de la musique. Pour eux, la musique était née avec eux. Tout ce qui était antérieur, c'était du bruit, le bruit des adultes.

J'ai l'impression qu'ils ne cherchent plus à provoquer comme le faisaient les générations précédentes, zazous, J3, rockers, babas cool. Ceux qui sont « bon chic bon genre » sont très contents qu'il y ait des punks, ils ne sont pas outrés : « Moi je suis comme ça, il y en a qui vivent autrement. Heureusement qu'il y a des punks. » Il est rassurant pour de jeunes « BCBG » de pouvoir se dire : il y en a de plus extrêmes que nous, plus excessifs que nous, mais nous on veut quand même manifester qu'on est différents d'eux tout en étant solidaires.

L'internationale de la jeunesse...

C'est un consensus, une disposition à se dire solidaire, à manifester en dehors des mouvements poli-

tiques. Une base fluide et en dérive qui défie les pré-
visions.

*Par sondage sur un échantillon représentatif des
milieux « BCBG », on a interrogé des adolescents
sur ce qu'ils pensaient de leurs parents. Ils semblent
vouloir donner une excellente image de leurs
parents et exprimer la très « bonne opinion » qu'ils
leur inspirent.*

SONDAGE 1[1]

Vos parents sont-ils

Généreux	**49,1 %**
Autoritaires	**29,3 %**
Tendres	22,0 %
Injustes	11,8 %
Encombrants	11,2 %

Vous avez plutôt tendance à les considérer comme

Des supérieurs	**40,2 %**
Des confidents	22,6 %
Des grands enfants	12,4 %
Des copains	11,2 %
Un grand frère ou une grande sœur	9,8 %

Dans leurs réactions à votre égard, pensez-vous que

Ils savent très bien ce qu'ils font	**42,0 %**

1. *Pèlerin Magazine* n° 5445, 10 avril 1987.

Ils sont un peu paumés . . . . 18,6 %
Ils sont dans le coup . . . . 14,4 %
Ils n'ont jamais été jeunes . . . . 13,2 %
Ils perdent vite leur sang-froid . . . . 10,0 %
Ils s'en fichent . . . . 0,6 %

Dans quel domaine vous sentez-vous le plus différents d'eux ?

Dans leur manière de voir la vie . . . . **55,4 %**
Dans leur façon de travailler . . . . 10,8 %
Dans leur foi et leur pratique religieuse . . 8,4 %
Dans leurs règles de politesse . . . . 6,6 %
Dans leurs engagements bénévoles . . . . . . 5,6 %
Dans leurs idées politiques . . . . 5,4 %

Avez-vous l'impression qu'ils vous trouvent

Paresseux . . . . **44,1 %**
Ambitieux . . . . 21,8 %
Courageux . . . . 19,1 %
Généreux . . . . 10,0 %
Marginaux . . . . 7,7 %
Blasés . . . . 6,0 %

Avez-vous le sentiment

Qu'ils vous comprennent . . . . **67,6 %**
Qu'ils passent à côté de vos problèmes . . 29,8 %

Avez-vous le sentiment qu'ils ont confiance en vous ?

Oui . . . . **79,2 %**   Non . . . . 18,8 %

Avez-vous confiance en eux ?

Oui . . . . **87,6 %**   Non . . . . 11,2 %

Lorsque vous êtes en conflit, quelle est la réaction venant de la part de vos parents qui vous exaspère le plus ?

Le sermon	**34,6 %**
L'engueulade	**34,0 %**
L'avalanche de bons conseils	17,0 %
Le silence	10,4 %
La punition	2,2 %

Trouvez-vous que parler avec eux, c'est

Facile	45,0 %
Difficile	**45,8 %**
C'est impossible	7,8 %

Actuellement, avez-vous l'impression

Qu'ils vous aident vraiment à devenir vous-même	**68,8 %**
Qu'ils souhaitent surtout que vous leur ressembliez	28,8 %

Dans la vie quotidienne, quels sont les principaux sujets de désaccord avec vos parents ?

Votre travail scolaire	**47,6 %**
Les services que vous rendez à la maison.	**41,1 %**
Le rangement de votre chambre	**37,3 %**

SONDAGE 2[1]

1. Satisfaits de vos parents?

Pensez-vous que, dans l'ensemble, vos parents se sont occupés de vous plutôt trop, plutôt pas assez, ou comme il faut?

Comme il faut .... **61 %**
Plutôt trop .... 21 %
Plutôt pas assez .... 15 %
Sans opinion .... 3 %

2. L'éducation de vos (futurs) enfants

Vous-même, si vous avez des enfants plus tard, pensez-vous les élever de façon proche ou très différente de la façon dont vous avez été élevé?

Assez proche .... **50 %**
Très différente .... 44 %
Sans opinion .... 6 %

3. Le nombre d'enfants idéal

Combien d'enfants souhaiteriez-vous avoir?

Deux .... **42 %**
Trois .... 31 %
Un .... 10 %
Aucun .... 8 %

1. *L'Express*, 10-16 novembre 1975.

Quatre . . . . 0 %
Cinq et plus . . . . 0 %
Sans opinion . . . . 9 %

4. La famille, demain

Croyez-vous que l'unité de la cellule familiale res-
tera aussi forte, aussi resserrée dans l'avenir qu'elle
l'est aujourd'hui, ou qu'elle aura tendance à s'affai-
blir ?

Elle aura tendance à s'affaiblir . . . . **66 %**
Elle restera aussi forte, aussi resserrée . . . 23 %
Sans opinion . . . . 11 %

5. A quoi sert-elle surtout ?

Pour chacune des choses suivantes, pouvez-vous
dire si le maintien d'une cellule familiale vous
paraît être une chose très importante ou pas ?

	Très importante	Pas importante	Sans opinion
Pour l'éducation des enfants . .	85 %	11 %	4 %
Pour être mieux protégé contre les à-coups de l'existence. .	58 %	30 %	12 %
Pour l'épanouissement indivi- duel des époux.	51 %	37 %	12 %

Depuis la parution de *la Cause des enfants*, des
établissements d'éducation m'ont invitée à venir

parler à des groupes d'élèves. J'ai accepté de me rendre dans une école privée à Paris, après avoir rencontré une des dirigeantes, sœur Catherine. Une femme relativement jeune qui a reçu une formation de psychanalyste. J'ai trouvé qu'elle parlait vrai avec les jeunes. La condition expresse que j'ai posée était qu'aucun adulte, ni professeur ni parent, n'assiste à mon entretien avec les élèves de la classe terminale. Sœur Catherine s'y est engagée par serment : « Je vous donne ma parole, pas un adulte ne vous écoutera et personne ne demandera aux enfants ce que vous leur avez dit. » C'étaient les élèves les demandeurs. Périodiquement, des personnes viennent leur parler de leurs métiers. Certains avaient lu *la Cause des enfants*. Leurs professeurs de lettres et de philo leur avaient fait commenter des passages. Des manuels de philosophie comportent des citations de mes livres.

Ce qui m'a intéressée, c'est de voir que la plupart de ces jeunes n'ont pas du tout avec leurs parents les conflits qu'avaient il y a six ou sept ans des jeunes que j'avais vus. Pas du tout. Leurs conflits ne sont que ceux de leurs contradictions internes. Tous ont posé la même question de fond : « Comment est-ce qu'on peut faire quand on a envie de deux choses qui sont incompatibles ? » Ensemble nous avons passé en revue ces contradictions. Chacun exposait son problème. Exemple : « Je voudrais travailler pour avoir un bon métier, mais en même temps je voudrais être libre et travailler juste quelques heures pour pouvoir vivre les autres heures. » Évidemment, on ne peut pas être bon en classe si on a trop d'heures de libre, car on pense le moins possible à son travail et on ne peut plus le faire. Il y a contradiction entre deux désirs : vivre et puis préparer une vie pour dans quatre ans. Un autre m'a dit : « Moi je voudrais avoir de l'argent pour avoir une femme et une famille. Mais en même temps les métiers que l'on n'exerce que pour l'argent, ça me débecte et je voudrais, je souhaiterais plutôt être artiste, et les gens qui me conviennent c'est des gens qui s'en foutent de bouffer n'importe quoi, d'être clochards, et pourtant ils ne peuvent pas prendre de responsabilités de famille. » Ces jeunes sont pris entre deux désirs, un désir de réalisation créatrice, ou d'argent qui permet alors d'acheter de quoi faire une espèce de plan imaginaire à long terme. Mais à court terme vivre c'est choisir. « Je n'arrive pas à choisir, je suis tellement en contradiction avec moi. »

Les filles expriment cette contradiction : avoir des enfants et en même temps ne dépendre de personne et être libres, indépendantes, sans charges.

Un autre lycéen m'a dit : « Je voudrais ne faire que des voyages, gagner de l'argent pour m'arrêter et faire un voyage de quelques mois, et puis regagner de l'argent. Mais comme maintenant on n'est pas sûr de trouver un métier, ce n'est pas possible de vivre comme ça et j'ai peur de devenir clochard. Si je pouvais faire des voyages en étant presque clochard, ça me serait égal. Mais je ne suis pas sûr qu'au retour je pourrais gagner ma vie à nouveau. »

Celui qui veut faire des voyages doit encourir le risque de rester marginal. Mais ils ne veulent pas tellement courir ce risque. Ils veulent le billet de retour. Ils veulent le beurre et l'argent du beurre.

En somme ils voudraient instituer les congés sab-batiques, ce que les employeurs ne veulent pas. Très peu d'employeurs acceptent ça, et surtout pas des jeunes, parce qu'il faut avoir tant d'années dans l'entreprise pour avoir droit à un congé exception-nel sans solde.

Les fonctionnaires, surtout ceux qui s'occupent d'éducation, dont le métier est de s'occuper des autres, ont, tous les sept ans, le droit de prendre une année sabbatique. Mais dans l'industrie et le com-merce ce n'est pratiquement pas accordé en France.

Quand on pense que leurs propres grands-parents n'ont jamais eu de vacances! Jusqu'en 1936, la plu-part des métiers n'avaient que le dimanche, même pas le samedi. Très peu avaient le week-end, et seuls des cadres déjà élevés dans la hiérarchie pouvaient prendre le samedi après-midi. Mais maintenant le pli est pris et le droit aux loisirs apparaît comme un droit sacré de tous les temps, comme s'il était impossible que l'on ait jamais pu vivre sans.

Étonnante oblitération du passé des anciens.

Ce n'est pas étonnant : ce qui a été longtemps un désir, une fois obtenu, est devenu besoin.

Il faudrait apprendre aux jeunes de l'an 2000 que le travail n'est plus une valorisation indispensable; il faudrait leur apprendre même à ne rien faire! Ne pas attendre du seul travail une promotion sociale. Le temps est venu de se valoriser dans les loisirs. On est à une année lumière du discours des instituteurs de la IIIe République.

A condition d'avoir de quoi se payer des loisirs. Avant la Révolution française, il y avait, sur trois cent soixante-cinq jours, cent soixante-quinze jours de fête, mais comme les habitants étaient en grande majorité des ruraux, les bêtes les obligeaient à travailler les jours fériés. Il fallait traire les vaches, s'occuper de donner à manger aux poules, etc. On allait tout de même à l'église pour les fêtes carillonnées. C'étaient des fêtes de cohésion sociale et ces interruptions ne nuisaient pas à l'accomplissement du labeur. Les pays du tiers monde en gardent la tradition. Et puisque nos politiciens parlent de revaloriser le travail manuel, ils feraient bien de s'inspirer de l'exemple des ouvriers d'Amérique du Sud qui ne se comportent pas en « assistés » mais ont une remarquable conscience professionnelle.

Mon frère avait monté une usine d'échafaudages métalliques à Rio de Janeiro, au Brésil, et il avait engagé des illettrés qui étaient, paraît-il, très adroits pour visser des tubes de métal : ils avaient beaucoup moins d'accidents manuels que les autres. Il me racontait qu'il avait recruté ses premiers contremaîtres parmi les chauffeurs de taxi qu'il avait pris en arrivant à Rio. Mon frère leur a dit : « Je dois monter ici une usine. Est-ce que ça vous intéresserait de venir travailler sur mon chantier au lieu de faire le taxi ? » C'est comme ça qu'il a eu des gens intelligents qui étaient au départ presque illettrés.

La deuxième année, il y a eu une fête pour recevoir les Français qui avaient monté cette industrie au Brésil. Les ouvriers ont fait une fête aux cadres. Chacun avait amené un gâteau préparé à la maison, la femme avait brodé une chemise « pour votre femme ». Les ingénieurs de France recevaient des cadeaux des ouvriers. On n'a jamais vu ça en France.

Mon frère, en visitant les chantiers de construction, était étonné de voir sur les échafaudages des quantités de gens. Des équipes travaillaient et d'autres étaient arrêtées, à n'importe quelle heure du jour. Le contremaître lui a expliqué : « Le matin je leur donne une tâche à faire pour leurs huit heures de travail. Mais ils la font quand ils veulent et si on leur impose des arrêts, alors ils auront des accidents physiques. Ils savent très bien quand ils sont fatigués et quand il leur faut faire une pause. Alors ils mangent leur casse-croûte à ce moment-là, ils dorment un quart d'heure, vingt minutes, et jamais je ne me mêle de leur planning de la journée, ils ont une tâche à faire, et je suis sûr qu'ils la feront. Ils se débrouillent entre eux. » Il avait été en stage en France. « Ce n'est pas possible ici de travailler comme en France. Ils resteront plutôt une demi-heure ou une heure de plus, mais ils feront la tâche qu'ils ont accepté de faire le matin. » Une expérience intéressante qui pourrait préfigurer une façon modulée de travailler, même chez nos travailleurs manuels d'aujourd'hui dans nos propres pays.

Mais dans les pays d'Amérique latine, il y a tellement plus de demandes de travail que d'offres, que les ouvriers engagés savent que s'ils ne font pas ce qu'ils ont à faire, un autre le fera, il n'y a pas de syndicat qui les défend. Mon frère appréciait de voir à quel point ces Brésiliens avaient une dignité personnelle d'ouvrier et qu'ils étaient heureux de remercier d'une façon personnalisée un ingénieur qui venait de France pour leur donner du travail.

Dans les pays industrialisés comme le nôtre, au XXIe siècle, on peut prévoir qu'on ne pourra pas donner du travail à tout le monde. Aujourd'hui, en cette fin de société postindustrielle, il se trouve que le travail est plutôt dévalorisé, il n'a plus le caractère sacralisé qu'on prônait au temps de la première révolution industrielle. Il ne donne plus droit à une certaine estime du travail bien fait, de la conscience professionnelle. C'est le temps des revendications et des réinsertions, le salaire de la peur et la peur du salaire.

Le moment est venu de valoriser d'autres activités qui ne sont pas forcément le même type de travail horaire qu'on avait réglementé au XIXe siècle. Il reste à concevoir d'autres façons de valoriser la compétence, le savoir-faire, l'amour de l'art, le sens de la belle ouvrage, le goût des belles et bonnes choses.

L'une des autres activités que les jeunes estiment aujourd'hui, c'est le sport. Ils se sentent engagés pour et par le sport. Lorsqu'ils peuvent faire du sport, ils se sentent dans un état de « dénidification » d'eux-mêmes. Mais ils sont choqués plus ou moins consciemment par les magouilles du sport professionnel. La traite des footballeurs et des cyclistes. Parce qu'ils ont une certaine idée de l'honnêteté dans les rapports humains.

PROSTITUTION

Les jeunes qui se prostituent le font pour de l'argent. En sont-ils marqués? Ils ne deviennent pas pour autant des professionnels. Sans qu'il y ait incitation directe, on ne peut ignorer que les mineurs baignent dans une équivoque qui n'est pas

saine à cet égard. Même les institutions, la législation, introduisent dans le cadre de l'école et de la famille un rapport de vénalité.

Les enfants de quatorze-quinze ans astreints à être présents sur les bancs de la classe sans avoir le désir de poursuivre des études, mais seulement au titre de la sacro-sainte scolarité obligatoire, sont prostitués par la mère qui ne perçoit qu'à cette condition les allocations familiales.

Des couples se marient pour payer moins d'impôts.

Trop d'épouses légitimes se comportent en femmes entretenues, réclamant à l'homme qu'elles satisfont au lit un « cadeau » en contrepartie.

Les étudiants sont aussi écœurés d'apprendre que dans des sanctuaires qu'on pourrait croire désintéressés, comme la recherche médicale, il peut y avoir trafics ou tricheries, trucages ou véritablement des conflits de personnes qui se haïssent par exemple. Dans une société où toutes les catégories socio-professionnelles, toutes les organisations et corporations, pratiquent le double langage, les jeunes sont confrontés sans cesse dans le choix de leurs activités, pour leur valorisation personnelle, à une contradiction intérieure et hésitent comme l'âne de Buridan.

Pour les aider à en sortir, j'ai dit aux élèves de terminale qui me recevaient : « Vous êtes à un âge intermédiaire entre l'enfance et l'âge adulte. C'est un passage très difficile parce qu'il vous faut renoncer à des manières de penser et d'être de l'enfance et, en même temps, vous découvrez la joie et l'intérêt des responsabilités d'adulte. Quand on est enfant, on pense que créer c'est merveilleux, et puis on devient adulte. Procréer, ça a une valeur parce que nous mourrons et que nous laisserons des enfants ; quand on est jeune, on a envie de séduire des filles les unes après les autres ; on se sent formidable, surtout si chaque fois la fille est mieux que la précédente. Mais vient un moment où l'on voudrait faire quelque chose de durable avec une fille qui n'est peut-être pas une pin-up ou un garçon qui n'est peut-être pas un "beau" pour le look, mais en qui on sent des qualités d'avenir, avec qui on pourrait construire quelque chose. On est alors pris entre les idéaux d'enfant où tout était en apparence, et le besoin de construire une réalité. » Un élève est intervenu : « Alors vous êtes pour le compromis ? » J'ai répondu : « Je ne suis pas pour, mais chacun de nous, quand il a des contradictions, doit trouver une solution qu'il peut prendre, je ne dirais pas pour un compromis, c'est un mot péjoratif, mais pour le fruit d'un esprit de réalisme, d'un sens des réalités. Quand on est petit et que ses parents sont riches, on voudrait que le père Noël vous apporte un vélo formidable, qu'il vous apporte une auto de course, etc. Mais si les parents sont pauvres, le père Noël apporte un petit vélo de bois. Petit, on ne comprend pas, parce qu'on croit au père Noël imaginaire. Et puis quand on s'aperçoit que le père Noël, c'est les parents, il y a un âge pour ça, eh bien on est déjà très content si on peut avoir un petit vélo, parce qu'on fait des rêves de grand vélo, on n'a pas besoin de la réalisation, et je vous assure que les enfants de riches ne sont pas plus heureux de leur père Noël que ne le sont les enfants pauvres. Il faut être plus âgé pour s'en rendre compte. » Pendant que je leur parlais, ils écoutaient, ils branlaient du chef, ils commençaient à comprendre qu'ils étaient dans une période de mutation. Je leur ai souligné que c'est quelque chose de particulièrement difficile de passer par une période mutante quand la société est, elle aussi, mutante.

Les lycéens n'ont pas de conflits avec les parents parce qu'ils se rendent compte que le conflit est en eux mais aussi dans le corps social dans son entier. Ils ne vont pas en faire procès aux parents qui eux-mêmes peuvent aussi être victimes de cette mutation de la société.

Les fils de pub : le décalage
(Entretien avec Jacques Séguéla)

La pub-génération a-t-elle une véritable influence ?

Je vais donner un chiffre « magique » sorti en 1986 : 50 % des achats faits en France l'année écoulée ont été préconisés par les moins de 15 ans, qui ne représentent que 25 % de la population. Plus notre pays avance en âge, plus les jeunes l'influencent. Et ce pouvoir est le seul vrai pouvoir. Il est désormais aux mains des jeunes et la publicité n'y est pas étrangère. Après tout, cette jeunesse est celle de la pub-génération qui sait décoder le message.

De quand date le phénomène ?

La publiphilie des jeunes date de l'avènement de la publicité à la télévision (1968), la cristallisation de leur influence est beaucoup plus récente, cette date remonte à deux, trois ans. En fait, mai 68 a mis quinze ans à prendre le pouvoir.

Est-ce bien la retombée de mai 1968 ?

Tout cela est la conséquence de mai 68. 1968 s'est matérialisé en 1981. Je crois que les seules révolutions qui réussissent sont les révolutions qui ratent. En échouant, elles font leur chemin dans les consciences. Trop souvent une révolution qui réussit remplace un fasciste de droite par un fasciste de gauche. Ou vice versa. Ça ne règle pas les problèmes. Là, il y a eu une évolution très lente. Il a fallu une génération qui a porté le poids de 68, qui l'a digéré et qui a passé le relais à la génération suivante qui, elle, a mis en œuvre les principes de 68.

Quelle image vous faites-vous de l'adolescent d'aujourd'hui ? Par rapport à cette image, que privilégiez-vous dans vos publicités ?

La publicité recherche toujours les symboles ou les valeurs. La symbolique éternelle de l'adolescence est à la fois la pureté et la naïveté, mais aussi l'impertinence, le remue-ménage et le remue-méninges.

Mais la jeunesse a évolué : elle est aujourd'hui de deux à cinq ans plus mûre que ne l'était notre génération au même âge. Les jeunes sont déjà des hommes, des femmes — l'erreur fatale serait de les traiter comme des gamins. Dans un film, sur une affiche, il faut veiller à respecter aussi leur vérité. Il y a donc divorce permanent entre la symbolique et la réalité.

Comment sont-ils le plus souvent représentés ? Seuls, en groupe ?

Une affiche publicitaire doit être très lisible. Pour cela, elle doit fuir le groupe.

Moins il y a de personnages (un ou deux au plus) et de signes, plus elle est forte.

En cinéma, tout est permis, mais le groupe fonctionne rarement. Sauf pour Coca-Cola et Hollywood chewing-gum. Ce sont les exceptions qui confirment la règle.

Aux personnages en groupe, qui dispersent l'intérêt, la publicité préfère toujours le personnage solitaire, qui focalise l'attention. D'ailleurs, le cinéma n'est pas fait de scènes de foule, mais de gros plans. La télévision plus encore.

Et le couple adolescent ?

Le couple d'adolescents prend une autre signification. Pour notre publicité sur la drogue qui s'adressait aux jeunes, nous sommes justement partis d'une foule. Pour symboliser le magma, l'horreur, la promiscuité, le laxisme. Puis on se focalise sur le petit garçon et on termine par le couple.

En résumé, quelle est l'image que la publicité veut donner de l'adolescent ?

La publicité tente de respecter l'archétype de la jeunesse : naïveté et impertinence, tout en collant à la réalité de ces jeunes qui prennent déjà des décisions et sont adultes dans leur tête. En partie d'ailleurs grâce à une formidable culture cinématogra-

phique et télévisuelle, que la publicité va traduire en références et en symboles.

Ce sont des passionnés de cinéma, leurs mémoires sont encore vierges, leur attention fabuleuse devant un poste de télévision. Ils sont nés avec des écouteurs à la place des oreilles et des caméras à la place des yeux. Ils sont la génération de la vidéo.

La jeunesse, c'est aussi le décalage, cet art du contre-pied et de la différence.

Cela permet des pubs d'un humour et d'une originalité très poussés (Eram, Free-time...).

Les adultes d'aujourd'hui ont appris sujet, verbe et complément de façon séquentielle. La jeunesse, elle, a destructuré le langage, souvent influencé par la télé et la pub. Elle s'exprime en clips, flashes, spots, formules, slogans. Peu à peu, et c'est tant mieux, la jeunesse est en train de tuer la logique. En mettant Descartes à la poubelle, c'est elle qui sauvera la France du troisième millénaire.

Il existe donc une manière spécifique de faire des publicités pour adolescents ?

Absolument : c'est le décalage.

Y a-t-il une manière différente de présenter les adolescents selon les divers supports ?

Bien entendu. Les médias, c'est le message. Je dirais même plus, c'est le massage. A nous de savoir les utiliser suivant l'idée à faire passer.

Il y a les médias chauds : la radio, les quotidiens sont des médias d'événement. Très fugitifs, ils réa-

gissent instantanément. On doit alors employer le langage d'événement, la force des mots, la violence des images. Inutile d'expliquer, d'être intelligent ou compliqué : il faut être instructif et primaire.

Il y a les médias froids : la presse magazine, l'édition. Ceux-là sont faits pour la réflexion, l'approfondissement des sujets.

Il y a le média idéal : la télévision est un média tour à tour chaud et froid (plus chaud que froid). Il permet à la fois la démonstration, la sensualité et l'image.

De plus en plus la pub se découpe en trois parties :

1. Pub de valeur d'images sur les médias cinétiques : TV, cinéma, affichage (dernier écran de la rue).

2. Pub que j'appelle « de mode d'emploi » par rapport à une publicité de « mode d'envie ». C'est la publicité de valeur d'usage. Il faut expliquer les choses en profondeur (presse).

3. Pub de mode d'achat. C'est une carotte, car de nos jours le consommateur veut le beurre et l'argent du beurre. Il ne suffit pas de le faire rêver par la valeur d'images, de l'informer par le mode d'emploi, il faut en plus lui apporter une publicité de mode d'achat.

Ce sont les trois médias, TV, cinéma, affichage, qui touchent le plus les jeunes avec la valeur d'images. Normal, ils bougent, ils vivent, et la jeunesse c'est la vie.

En répétant les formules comme des mots de passe, des « clins d'œil », en se les appropriant, en détournant les slogans de leur finalité commerciale pour communiquer entre eux, les adolescents croient se doter d'un langage tribal de classe d'âge pour contrer la rhétorique des adultes. Mais ce sabir branché, même parodique, est le même pour tous, il est public, banal, n'a pas la valeur du code secret inventé en petits groupes. La créativité est celle des adultes qui sont les concepteurs, pas celle de leurs « modèles ». Le sens critique des jeunes peut s'exercer avec la publicité moderne et encore dans les « médias froids », la presse écrite. Mais depuis l'enfance, devant la télévision, les jeunes absorbent surtout des clips et des flashes. Des excitations kaléidoscopiques. C'est une drogue d'images qui entretient un état hypnotique et qui, lorsque le rythme est agressif, devient hallucinogène.

CHAPITRE XVII

LIGNES D'AVENIR :
INITIATIVES ET PROPOSITIONS

Je crois qu'il faut inventer quelque chose de nouveau pour la jeune génération. Permettre à cette génération de devenir autonome de façon créatrice et de laisser la place à la relève. Chacun à sa place.

RÉMUNÉRER LES ENFANTS
COMME DES INVENTEURS

Une initiative mérite d'être prise en considération. En Floride, fonctionne depuis peu une école de créativité des enfants. Tout en suivant un cycle d'études, les enfants qui ont un projet, voire même une intuition, peuvent mener à terme la conception d'un « prototype ». On leur donne le temps et les moyens de réaliser ce qui va du bricolage à l'invention, mais ça peut même déboucher sur des applications dont la collectivité peut profiter. Les enfants de cette école ont de onze à douze ans. L'un d'eux en avait assez de descendre la poubelle le soir ; il a eu l'idée de la motoriser ; « la machine » sera peut-être fabriquée prochainement. Un autre perdait son

chien en le promenant la nuit ; il a eu l'idée de faire
un collier qui s'allume, en fait un collier fluorescent.
Voilà deux inventions qui seront certainement
reproduites et les promoteurs en auront été des
enfants. Non seulement on les a écoutés mais on leur
a permis d'œuvrer dans le cadre scolaire. Ce ne
sont pas des clubs d'études en dehors des cours.
Cette activité de création entre dans le programme.

Ils agissent comme des prêteurs, en fait. Au lieu
d'apporter à une entreprise un capital de départ, ils
donnent un capital en nature.

Ce qui est novateur du point de vue pédagogique,
c'est que la réalisation se fasse dans le temps scolaire même.

Dans des collèges équipés d'ordinateurs, les
enfants font des disquettes de jeux télématiques
inventés par eux. On a enseigné à ces enfants à se
servir des machines, après quoi ils ont créé des
choses que les adultes n'avaient pas su créer. On ne
se sert pas assez de cette inventivité qui est, avant la
puberté, très grande déjà.

Ce qui est intéressant, c'est que ce soient en fait
des inventeurs solitaires. Mais il ne faut pas s'arrêter
là comme si on se contentait de la créativité des
enfants. Il n'est pas besoin de le démontrer. On le
sait depuis toujours. Quel potentiel complètement
négligé ou saboté ! Le travail des enfants ne devrait
pas être les besognes à la chaîne, dures et polluantes,
que les adultes ne veulent plus faire, les gestes répé-
titifs et l'exploitation de leur petite taille (comme
dans les galeries de mines). Le travail des enfants de

demain est à repenser en fonction de leur créativité. On leur demanderait de produire des objets ou des services nouveaux, de trouver des solutions astucieuses et de gagner ainsi de l'argent ou des actions dans une entreprise.

Pour l'emploi des mineurs, l'urgence serait de leur permettre de gagner de l'argent beaucoup plus tôt, pour pouvoir s'assumer de façon licite. Les trois quarts des conflits des jeunes seraient atténués sinon abolis. Par exemple, les TUC n'auraient-ils pas vocation à être offerts à des jeunes de quinze ans, alors qu'ils ne sont accessibles qu'à dix-huit ans ?

Il est contestable de proposer un TUC à des jeunes de vingt, vingt-deux ans, qui ont une formation universitaire et qui, ne trouvant pas d'emploi dans leur spécialité, prennent un TUC en désespoir de cause, pour ne pas rester chômeur, inactif, improductif. Ne pas se morfondre... Et ils sont payés deux mille francs par mois. Aller de TUC en TUC, ce n'est pas une solution pour eux, et un certain nombre de jeunes ont décidé de ne plus les accepter. Mais tels qu'ils ont été définis, les TUC conviendraient plus aux quinze, seize ans.

A la lumière de l'expérience de camarades qui, ayant accepté un premier TUC, puis un deuxième, puis un troisième, se trouvent toujours sans emploi véritable, les jeunes, qui avaient assez bien accepté cette formule, commencent à la rejeter. Rendre obligatoire l'acceptation d'un TUC par un chômeur, le menacer de le rayer de l'ANPE s'il refuse, ce serait exclure un jeune du vrai marché de l'emploi en le condamnant soit à une impasse de qualification professionnelle, soit à la marginalité du chômage sans assurance sociale.

J'ai entendu parler de jeunes qui sont des objecteurs de conscience, et qui sont très heureux de ce qu'ils font. Je connais des employeurs qui ont un objecteur de conscience chez eux, et qui sont ravis. Une école qui prend des enfants de la DDASS et d'autres enfants aussi. Cet objecteur de conscience, il a fallu le déclarer comme éducateur-factotum. Il fait de la peinture, il fait tout ce qu'il y a à faire dans l'internat, tout le monde est ravi... Les objecteurs ne sont pas plus payés que les appelés du contingent, mais ils satisfont à l'obligation du service national dans le respect de leur conscience. On devrait pouvoir faire son service militaire à seize ans, en tant qu'objecteur de conscience.

De la même façon que du reste, si on abaissait l'âge de la majorité sexuelle, ou de la responsabilité pénale du point de vue sexuel, par exemple, il n'y aurait aucune raison de ne pas abaisser l'âge du service militaire.

Actuellement, si l'on devance l'appel, on ne peut pas être objecteur de conscience. Si on le pouvait je crois que les jeunes se rueraient sur cette ouverture.

Dans la vie professionnelle, notamment dans les emplois publics, la candidature d'un réformé est complètement écartée. Mais on accepterait les objecteurs de conscience avec une autre image que celle de réfractaire, de tire-au-flanc, de simulateur.

L'intolérance des uns pour les autres dans les hiérarchies obligatoires n'est pas prête à céder. La société a hérité du service militaire obligatoire comme d'un substitut d'initiation. Ce n'en est pas une, c'est un ensemble de contraintes absurdes.

On entend encore des mères dire à leurs fils : « *Le service militaire va faire de toi un homme.* » *Logomachie dans un pays de vieille tradition martiale. Une pancarte d'infamie s'attache encore au réformé :* « *Si tu ne reçois pas des ordres, tu ne pourras jamais en donner...* » *Je pense qu'il y a ce raisonnement-là chez les recruteurs des compagnies nationalisées.*

Alors qu'en fait, si tu reçois des ordres d'un con, tu as raison de les refuser ! Les recruteurs pourraient au contraire apprécier ce sens critique, ce bon sens de l'appelé réformé : « Tiens, tu as tenu tête, tu as résisté à des directives absurdes, justement, avec ton esprit critique, tu nous intéresses. »

UNE SÉANCE DE RÂLAGE HEBDOMADAIRE

Dans les écoles du Canada, les adultes sont très heureux que les enfants critiquent les professeurs... En France, les enseignants, par esprit de corps, éliminent les « fortes têtes ». « Il critique, c'est un asocial, il faut le mettre en classe de transition. » On saque, même les petits, dès le cours préparatoire. J'ai suivi un enfant qui avait déjà fait quatre classes. Dans les deux premières classes, il avait eu quatre maîtres différents, parce qu'ils se le repassaient comme le bâton merdeux... Il remarquait les contradictions de l'enseignant : « Vous avez dit ça hier, aujourd'hui vous dites ça, alors qu'est-ce qui est vrai ? » C'était un enfant intelligent, qui avait un QI très élevé. La mère est partie avec lui et sa sœur aînée au Québec. Elle avait peur qu'il n'indispose les professeurs canadiens comme il l'avait fait pour les Français. Dans l'école où elle l'a inscrit, on ne l'a pas fait attendre cinq minutes, alors qu'en France elle faisait la queue pour l'admission de ses deux enfants. Le directeur lui a posé des questions très intelligentes sur les goûts des enfants, sur sa façon d'aider son fils quand il était déçu de lui ou déçu de quelqu'un d'autre... s'il aimait le poisson, et quelle était la distraction physique qu'il aimait, etc. On ne lui a pas demandé son carnet de santé quand il était petit, mais ses problèmes de relations : « Quelles sont les récompenses qui lui font le plus plaisir ? » Des choses de la vie courante. « Lorsqu'il a un ennui, le confie-t-il plus à son papa ou à sa grand-mère qu'à vous ? » Et pas du tout des questions policières du style : « Vous entendez-vous avec votre mari ? », comme on le demande en France à la mère qui vient inscrire son fils.

Le premier jour, quand elle est allée le chercher à la sortie, elle tremblait : « Que va-t-il encore me raconter ? » Mais il était laconique. « Ça va l'école ? — Oui, oui. » Ils se regardaient. Elle se disait : « Ils ne vont pas le garder parce qu'il est insupportable. »

Pendant trois jours, il est resté silencieux, ce qui était insolite. Le quatrième jour, il a déballé : « Tu sais, maman, c'est formidable, il faut que tu m'aides... — Ah oui ? Pourquoi ? — Parce que ce soir, il faut que je mette tout ce qui ne va pas à l'école, avec des numéros. Je peux aller jusqu'à dix, mais il faut les mettre en ordre parce qu'on ne pourra peut-être pas parler de tout ce qui ne va pas, mais en tout cas de ce que j'aurai mis en premier. »

Quand il a, la première fois, dit à la maîtresse, à sa manière : « Mais madame, vous avez dit ci, vous avez dit ça, c'est pas vrai, et puis ceci... », elle lui a répondu : « Comme c'est intéressant ! Garde ça pour mercredi matin. Chaque semaine on réserve deux heures pour dire tout ce qui ne va pas, on demande aux élèves de nous aider, de nous dire tout ce qui ne va pas, alors tu écris, et puis tu le gardes pour mercredi. »

Le mardi soir, la mère a lu tout ce qu'il avait noté en dix points. Il est revenu enthousiaste le lendemain soir. « On n'a pas pu parler de tout, mais tu sais, quand on dit une chose, alors tout le monde vote, les professeurs et les élèves. Sur mes dix critiques, il y en a quatre qu'on a votées. On m'a donné raison et ils vont changer. » L'une de ses critiques concernait l'horaire : on ne devait pas avoir la gymnastique avant les mathématiques, et il avait parfaitement raison ; une autre portait sur le placement des élèves dans la classe : ce n'était pas bien de rester à la même place tout le temps. Pourquoi ne déciderait-on pas de changer de place toutes les semaines ? Les professeurs ont répliqué que c'était plus facile de connaître les enfants quand ils étaient à la même place, que c'était une économie de travail pour eux. Mais après tout, après une semaine on commence à se connaître, et puis après deux semaines encore plus. Alors on peut changer de place. Et tous les lundis, chacun se met où il veut. Ce qui fut accordé.

Les professeurs de cette école ont dit aux élèves : « On en a de la chance, heureusement qu'il y a un

Français qui est venu nous dire ce qui n'allait pas, nous, on croyait que tout allait bien, et puis vous, vous ne dites jamais rien. » Et cet enfant est devenu le crack de l'école, parce qu'il a été reconnu, et les parents disaient : « Quand il est comme ça avec nous, ce n'est pas pour nous embêter, c'est par esprit critique. Si on lui dit : "Tu as tout à fait raison, ce serait mieux mais on ne peut pas faire aussi bien que ce que tu voudrais", il entend raison. » Ce qu'il voulait, c'est être justifié d'être intelligent, alors qu'il avait été exclu des écoles parisiennes parce qu'il troublait la classe en parlant tout le temps, en redressant les torts de tout le monde. Au Québec, quand il a commencé à tout contester, il a suffi qu'on dise : « La critique c'est pour mercredi », et c'était fini.

En France il manque de multiplier des écoles comme celle de Neuville que je suis depuis quarante ans. Le directeur récupère des enfants intelligents de huit à quatorze ans en difficulté scolaire et les aide à se rattraper. A la sortie du cycle ils sont admis en classe de seconde du lycée Carnot, ou alors ils entrent comme compagnons. Nous en avons déjà parlé à propos du travail manuel.

Je voudrais insister sur une excellente initiative : la séance de râlage deux fois par semaine. « Tout ce qui ne va pas », on le note à l'avance dans un cahier : « Untel, il m'a embêté, il m'a tiré les cheveux, etc. » La petite fille qui a écrit ça le lundi peut en parler le vendredi avant la sortie. Le râlage, c'est interpersonnel, et c'en est l'intérêt. Les enfants écrivent des trucs, quitte à déclarer à la prochaine séance : « Ah non, ça c'est pas la peine. » C'est désamorcé. Ils écrivent au jour le jour des histoires entre élèves ou entre profs et élèves, et puis le vendredi, s'ils en parlent, c'est tout à fait d'une autre façon que la petite vexation du moment. Le conseil de classe se tient par ailleurs en liberté et traite des questions scolaires et c'est entre les élèves, en l'absence des professeurs, que le râlage se discute. Quand quelque chose doit être dit à des adultes, un éducateur responsable assiste à la séance pour en parler au directeur. Autrement, ce sont des histoires entre enfants.

L'école de Neuville constitue un groupe d'action pédagogique. Elle mêle des enfants de familles, et des enfants de la DDASS qui sont intelligents et qui pourraient devenir des délinquants comme tous les enfants intelligents non scolarisés et inemployés. Le vendredi soir, ceux de la DDASS rentrent dans leur internat ou leur famille d'accueil dans la région, et les autres rentrent au berceau familial pour revenir le lundi matin par le premier train. Ils adorent cette école, ils n'arrêtent pas de travailler. Le sens critique est très encouragé, mais dans une école, il faut le canaliser, il n'est pas question de le laisser déborder toute la journée, tout le temps. Au Québec on a institué un temps pour ça. A ces séances, on félicite chacun pour son sens critique. En France, les professeurs du secteur public ne le supporteraient pas, de crainte d'être jugés par les élèves.

Au Québec, quand la majorité des élèves dit qu'elle s'ennuie avec un professeur, l'enseignant passe devant une instance de l'administration et on lui donne une autre affectation. Les fonctionnaires du Canada sont notés et ils sont reconduits l'année suivante s'ils ont été performants. Ce serait assez révolutionnaire en France. En Angleterre, c'est tous les cinq ans, mais au Canada, c'est tous les ans, ils ne savent pas s'ils vont avoir leur contrat renouvelé l'année suivante.

En France, dans les conseils de classe où les délégués des élèves sont appelés à être au milieu des professeurs, tous les trimestres, jamais les enfants ne sont écoutés. S'ils prennent la parole, ils ne sont pas entendus pour autant. Ou bien le proviseur les prie de sortir.

La vraie révolution à l'Éducation nationale n'est pas de doubler le budget mais de changer la mentalité de ses fonctionnaires. Accepter d'être jugé par des plus jeunes, cela vaudrait toutes les réformes. A l'école française, combien d'enfants ont-ils passé leur temps à écrire ces lignes : « Je ne dois pas interrompre le professeur » ?

A l'heure actuelle, les enseignants français, craignant d'être débordés, supportent mieux l'absence, l'inattention, la rêverie, que la critique.

C'est pourtant la critique qui fait vivre celui qui parle, et tous les autres. Aiguiser le sens critique, c'est donner à chacun le sentiment de sa valeur et de sa dignité. Bien sûr, ça ne peut pas être toute la journée, mais on peut écrire ses critiques, ses réflexions, les garder pour un certain jour.

On m'a cité une jeune directrice d'école primaire qui avait convoqué la mère d'un élève pour lui dire : « Votre fils, il vous regarde droit dans les yeux quand vous lui faites une réflexion. Quelle insolence ! » Une fille a été renvoyée de deux écoles parce qu'elle regardait droit dans les yeux. Les adultes ont peur de l'énergie qui se dégage du regard d'un enfant.

Certains jeunes maîtres qui ont mal vécu l'expérience 1968 veulent se faire passer pour gentils auprès de leurs élèves. Ils ont « tout faux » comme disent les enfants, à qui il manque de s'entendre dire : « Moi je ne suis pas payé pour être gentil avec vous, vous avez vos parents pour ça, moi je suis payé pour vous instruire, alors ne m'empêchez pas de vous instruire. Je cherche à vous intéresser, pas à vous "faire plaisir". » C'est le langage de l'éducation. Or ce qu'on appelle « éducation nationale » n'a rien d'éducatif. Ce n'est qu'instructif. D'ailleurs, sous la IIIe République, on l'appelait plus modestement « instruction publique » ! On a voulu substituer l'État à la famille en proclamant : « Faisons de l'éducation nationale. » C'est épouvantable, cette éducation. S'il y a éducation, c'est de l'éducation au pouvoir du plus fort. Ce qui est de l'anti-éducation.

UN AUTRE AVENIR QUE MESRINE

J'ai suivi toutes ces dernières années le travail d'un foyer éducatif qui admet des enfants intelligents non scolarisés. Les pensionnaires sont tous carencés vis-à-vis du père qui a un casier : ils souffrent du jugement de la société qui met leur père dans un état d'indignité de l'homme. Ceux des enfants recueillis par le foyer qui ont un QI élevé, sans instruction, sont prédisposés à devenir délinquants. J'ai dit à un garçon qui culpabilise depuis que son père est inculpé de vol : « Ce n'est pas parce que ton père a commis un vol, qu'il est un voleur. Il garde sa dignité d'homme. »

Je me suis intéressée à un garçon de onze ans, Michel, qui fait des fugues au volant d'un camion « emprunté » ! Il a déjà volé dix fois un poids lourd pendant que le chauffeur déjeune dans un relais routier. Il conduit le véhicule jusqu'à ce qu'il tombe en panne d'essence et qu'il soit affamé. Il n'a jamais encore eu la moindre anicroche. Ce qui est inouï. A quoi servirait-il de le mettre en prison ? Ses parents n'en veulent plus. Il est fou de piloter les poids lourds, c'est sa passion.

Le directeur du centre lui a parlé dans ce sens : « Ne te vante pas de voler impunément les camions en stationnement. Tu te débrouilles parce que tu es très doué, mais ce n'est pas légal. Si tu t'en vantes, tu vas avoir l'air malin vis-à-vis des autres. Tu te retrouveras comme un cave car tu ne sais ni lire ni écrire et tu ne peux passer le permis. A l'examen il faut lire ce qu'il y a sur le Code et écrire les bonnes réponses. »

C'était une urgence. Un cas embarrassant. Qu'en faire ?

La solution est de le faire entrer dans une famille dont le père soit routier et qui prenne à cœur son éducation, l'emmène avec lui et fasse de lui un vrai connaisseur de la route. En Grande-Bretagne, les enfants peuvent conduire les véhicules lents, comme les tracteurs. Le mettre sur tracteur aurait été une occupation d'attente. Il n'a aucun intérêt pour ses parents. « Ils restent à la maison, ils n'aiment pas voyager. »

Il n'est pas impossible de le faire adopter par un routier. Mais s'il n'en est pas le tuteur légal mais simplement le parrain bénévole, comment régulariser la situation vis-à-vis de l'administration ? Les initiatives se heurtent à un mur de préjugés, de routines, de filières tatillonnes, obstinées et anachroniques. Entre la notion étroite d'apprentissage et celle, plus restrictive encore, de l'adoption, il faudrait déléguer à des adultes volontaires la formation professionnelle de jeunes sur le terrain et leur socialisation. L'administration judiciaire veut bien faire confiance à un moniteur et lui confier pour un stage de voile quelques jeunes en péril. Récemment deux éducateurs près le tribunal de Metz ont été autorisés à emmener en montgolfière pour une semaine Sandrine, Joachim, Manuel et les autres pour que « le bleu du ciel chasse le gris de leur vie ». Une semaine pour leur réinsertion...

Ce qu'ils accordent pour de petites vacances, les juges d'enfants pourraient l'autoriser pour de véritables stages professionnels. Il y a des PMI qui peuvent engager des apprentis. Mais comme dans le cas de Michel, « le plus jeune routier sympa de France », il faut que ce soit un travailleur indépendant qui prenne en charge l'adolescent motivé. La société française est-elle prête à laisser au vestiaire son esprit soupçonneux chronique pour qu'un nomade exerçant son métier en solitaire emmène un garçonnet sur les routes ?

L'ÉCOLE, MAISON DES JEUNES ET DE LA CULTURE

Les emplois du temps des jeunes ne leur laissent pas beaucoup de liberté. J'ai une filleule qui ne demanderait pas mieux que de me voir souvent, mais elle part tous les jours de chez elle à 8 heures moins le quart le matin. Elle est en classe de quatrième et, comme elle veut réussir, elle a un travail écrasant à faire. Elle doit faire une véritable course contre la montre pour venir déjeuner avec moi. Le samedi et le dimanche, étant de parents divorcés, elle voit son père aux environs de Paris. Voilà une fille qui, en semaine, est complètement prisonnière d'un horaire de lycée qui ne laisse aucune liberté. Quand je vois quel temps libre ont, au Canada, des enfants qui font des études aussi bien! L'école est finie à 15 h 30. Ils n'ont plus de travail à faire une fois rentrés à la maison.

Entre huit et douze ans, ce serait formidable si les enfants pouvaient utiliser leur école comme une maison commune, en dehors des heures de classe. « On s'embête chez les parents, je retourne à l'école. » Des éducateurs ne seraient pas là pour enseigner toute la journée. Ils feraient leurs huit heures de 16 heures à minuit. Le lendemain matin, avant que les professeurs n'arrivent, ils prendraient le petit déjeuner avec les enfants qui auraient couché là.

Cela impliquerait un changement complet de la vie quotidienne dans la cité. Une tout autre circulation des élèves. Ce n'est pas impossible. Les locaux existent, sous-employés. Il n'y a pas d'objections matérielles qui soient vraiment rédhibitoires. On pourra toujours invoquer les questions de sécurité, mais elles peuvent être résolues. Une assurance couvrirait tous les enfants pour toute la journée, pas seulement pour les heures d'école.

On pourrait du reste rétorquer aux adversaires du projet que, faute de leur donner cet accueil après les heures de classe, livrés à eux-mêmes, même les plus nantis, les plus cossus, les plus bourgeois, même ayant cinquante mètres carrés pour eux dans une maison, les enfants sortent et restent dans la rue où ils courent bien plus de risques imprévisibles. Tandis que s'ils circulent davantage de la maison à leur maison d'école, les risques sont prévisibles, on les connaît.

Quand Boris, mon mari, était jeune, il vivait dans une ville qui s'appelait Ekatharindar, qui s'appelle maintenant Krasnodar. Il y avait le couvre-feu, pour tous les enfants, à partir de 7 heures du soir, l'hiver c'était 6 heures. Si on rencontrait un enfant dans la rue passé cette heure on lui demandait : « Où habites-tu ? » et on le ramenait à ses parents. Actuellement, en France, il paraît que la loi continue d'exister, aux termes de laquelle un enfant peut être arrêté dans la rue : « Où vas-tu ? », mais on ne l'applique plus.

En France, le mercredi, l'écolier est libre, ses parents sont au travail, que fait-il ? Rien. Il ne sait pas où aller. Tout cela parce que l'école est fermée le mercredi. Utiliser pour l'accueillir les bâtiments existants, en laissant aux enfants la porte ouverte, ce serait peut-être le vrai dénouement de la querelle entre l'enseignement public et l'enseignement libre. Le secteur public assurant l'enseignement et toutes les maisons d'enseignement libre faisant l'accueil des enfants vingt-quatre heures sur vingt-quatre, en dehors des heures scolaires. Ce serait une bonne répartition des tâches. L'enseignement libre ferait alors l'éducation et l'enseignement d'État ferait l'instruction.

Même s'il est appréciable de disposer d'autres centres d'accueil, d'autres maisons, on ne peut contester que l'école, où l'on travaille dans la journée et où l'on apprend un certain nombre de connaissances, ait la vocation première d'être le centre d'activité.

Malheureusement, dans l'enseignement privé, cette notion de service ou de vocation se perd aussi. Le syndicalisme est une chose très respectable, qui a fait ses preuves. Mais le virus du fonctionnariat l'envahit et le personnel de l'Éducation nationale a de moins en moins l'enthousiasme et le dévouement nécessaires pour élever la jeune génération à être armée pour la vie.

Si on le leur dit, les maîtres protestent qu'ils sont tout autant disposés que leurs prédécesseurs à le faire. Mais à condition qu'ils ne le fassent que cinq heures par jour et qu'ils ne travaillent que quatre jours par semaine et à condition aussi que les jeunes ne les fatiguent pas, ne les interrompent pas. L'on en revient de plus en plus à des classes des plus traditionnalistes : « Ouvrez vos cahiers et prenez en dictée... » Peut-être est-il inéluctable que le système aille jusqu'à son extrémité absurde. Quand il se sera condamné lui-même, il tombera de lui-même et on pourra, sur la table rase, édifier une architecture ouverte pour une population nouvelle. Ce n'est pas la peine d'avoir des gens à apparence humaine s'ils ne font pas mieux que des machines à enseigner. Ceux-là on pourra les remplacer aisément. Alors réapparaîtra une génération d'éducateurs.

Les professeurs seront des auteurs de programmes

enregistrés. Ils passeront à la télévision, ils passeront en vidéo. Mais les adultes qui seront dans les classes au contact des élèves ne s'appelleront pas des enseignants mais des animateurs ou des accueillants. Et eux seront là parce qu'ils auront envie d'y être.

L'informatique peut prendre le relais d'un corporatisme anachronique. Les enseignants sont en train de scier la branche sur laquelle ils trônent, à force de vouloir avoir des avantages lucratifs, être à la fois une profession libérale et en même temps des fonctionnaires de plus en plus protégés. S'ils persistent à tout bloquer, ils seront remplacés finalement par des machines à enseigner. Ils changeraient d'attitude si on leur donnait une année sabbatique tous les sept ans, comme cela se passe aux États-Unis. Je pense qu'ils donneraient d'eux beaucoup plus aux enfants pendant les six années où ils seraient là. Les enfants de notre temps ont besoin de fréquenter une école, lieu de vie. Aux syndicats d'enseignants d'accepter de diviser les fonctions complémentaires : les uns seront des instructeurs, les autres s'occuperont de l'éducation à la vie.

Si des animateurs acceptent de travailler le soir après les classes, les représentants syndicaux dénonceront une concurrence déloyale des professeurs ayant le statut de la fonction publique. Et la collectivité peut-elle supporter un supplément de charges salariales vingt-quatre heures sur vingt-quatre ?

Le privé peut le financer. Les établissements de l'enseignement libre pourraient ouvrir leurs portes à tous les enfants qui le voudraient, avec l'accord de leurs parents, à partir de 16 h 30. L'enseignement libre ne ferait plus d'enseignement, mais se consacrerait à l'éducation-animation. Dans ses locaux, après les classes, se feraient les répétitions des devoirs que les enfants auraient à présenter à leurs professeurs de l'enseignement public. L'école privée réserverait des cours particuliers ou par groupes à certains enfants retardés qui seraient inscrits à l'enseignement public. Tous les enfants seraient inscrits à l'enseignement public, mais certains, boursiers, ou payants, trouveraient un complément ou un soutien dans l'enseignement libre pour tout le reste du temps qui n'est pas le temps d'enseignement public.

Les professeurs de l'enseignement privé qui veulent être exactement à parité pour les avantages, comme leurs collègues du public (rentrer chez eux de bonne heure), ne seraient pas volontaires pour ces horaires-là. Les maîtres du secteur public diraient qu'on ne leur confie pas une tâche très valorisante aux yeux des parents : « Nous, nous ne sommes plus que des fonctionnaires à enseigner. »

Finalement, ce qu'ils font, ils ne veulent pas se l'entendre reprocher. Ils veulent garder le monopole. Ils savent pourtant parfaitement que la plupart des informations, les jeunes les prennent en dehors des classes, dans la rue ou à la télévision. Mais officiellement, il faut que les professeurs soient les seuls dispensateurs du savoir. Les temps qui s'annoncent sont lourds de convulsions. Mais quand on sera arrivé à un tel point d'obstruction, il y aura vraiment un éclatement. Lorsqu'une situation est bloquée, c'est un présage de changement. Le commencement de la fin porte déjà la promesse d'une nouvelle expérience. L'Éducation nationale, telle qu'elle est, dans un système hérité de Jules Ferry, devra fermer pour rebâtir autre chose. Ce n'est pas à l'intérieur de ces vieilles structures qu'il sera possible véritablement de changer. Des îlots expérimentaux le préfigurent. Mais c'est quand même à l'extérieur que les choses renaîtront.

On pourrait abolir le fait que des maîtres du privé ne peuvent pas enseigner dans l'enseignement public. Que ceux qui veulent rester des professeurs-enseignants continuent à enseigner, mais que ce qui est de l'ordre de l'éducation et de l'animation soit assuré par des gens vocationnés qui aiment ça. On en viendra un jour à permettre à des professionnels de toutes les branches actives, qui n'auront pas été formés comme professeurs à vingt ans, qui ont fait un autre métier, de former des enfants dans le secteur public. Il leur serait accordé, par exemple à quarante ans, cinq années de congé sans solde pour enseigner, parce qu'ils ont envie d'enseigner et qu'à cet âge-là, ils seront peut-être de meilleurs pédagogues qu'un ancien maître.

On voit, à l'heure actuelle, un certain nombre de refoulés de la recherche, faute de budget, qui se recyclent dans l'enseignement en attendant que les crédits dans leur secteur de recherche soient revotés. Ils n'ont aucune envie d'enseigner. C'est uniquement une voie de garage. Ils vont donc se retrouver devant des auditoires dont ils n'ont que faire.

Un tel désintéressement de la vie professionnelle est le syndrome d'une crise de civilisation.

Il y a quand même des pas qui sont faits. On voit des cadres de l'industrie qui enseignent dans le technique, aux Arts et Métiers ou dans les écoles de gestion, en dehors de l'Éducation nationale, dans les écoles privées notamment. Dans les grandes écoles ou les petites grandes écoles, des ingénieurs viennent enseigner alors qu'ils sont dans les secteurs actifs de l'économie. Financiers, gestionnaires viennent transmettre les choses qu'ils connaissent et ne perdent pas de vue les implications, souvent ils ont un certain crédit vis-à-vis des jeunes, mais leurs étudiants sont déjà des adultes.

Pourquoi ne pas le faire, précisément, pour des écoles du secondaire ? Je pense que cela se fera.

A force de vouloir uniformiser et en même temps tout organiser, normaliser, les partisans de la monoculture obligatoire pour tous achèveront de rendre le système actuel non viable — et dans l'impasse totale, il faudra un jour trouver autre chose. Dans les pays socialistes, on n'a pas trouvé mieux. Tous les petits Chinois font des études qui les passionnent pour être plus tard peut-être garde-barrière ou garde-canal dans un coin. Ils seront tous employés de l'État à faire des choses qui n'ont aucun rapport avec les études qu'ils ont faites. Tout le monde est instruit, il faut dire qu'il y a un professeur pour dix élèves. Les étudiants ont un animateur qui est avec eux, comme une mère poule, du matin au soir mais qui ne les enseigne pas. Ils travaillent beaucoup pour avoir des examens, après quoi ils ne feront rien du tout. Ils écrivent un français merveilleux, mais ce sera pour être garde-barrière au fin fond d'une province qui ne parle même pas le même chinois, puisqu'ils parlent tous des chinois différents. Ils ne savent même pas où ils seront nommés. C'est fou. Et tout le monde est instruit. Je ne crois pas que les socialistes puissent faire mieux que cela. C'est l'aboutissement logique, lorsque l'on a ainsi le plus normalisé le savoir. Si tout le monde doit apprendre la même chose, il n'y aura pas de postes correspondants. On est nommé sans discussion suivant les besoins.

Chaque fois que j'ai rencontré des jeunes dans un lycée, ils m'ont fait savoir que le « bahut » est l'endroit le plus ennuyeux qui soit. Ils y fument et y sommeillent. Ils ont même renoncé à revendiquer. Leur état dépressif généralisé n'évoque même pas l'hôpital de jour. C'est de la prison de jour où l'on vient faire de la figuration. Il est certain que si les élèves étaient payés pour aller à l'école, ce serait différent. Ceux qui travaillent, notamment les filles, qui font tous les « gestes du croyant » qu'on leur demande de faire, ont le sentiment que cela ne sert à rien. Et finalement ils ou elles bûchent pour avoir l'examen, pour avoir la paix et aussi pour ne pas ressentir cet ennui. Les autres fument, font du bruit, du cinéma ; ils s'occupent des filles pour passer le temps contre cet ennui. Et puis il y a ceux qui se la coulent douce, des garçons, des filles qui, dans la vie, se laisseront toujours porter par les autres et qui ne se plaignent pas du tout. Ils renvoient dos à dos ceux qui bûchent et ceux qui font la foire, convaincus qu'ils n'auront pas plus les uns que les autres des débouchés ou un centre d'intérêt dans la vie, si tant est qu'ils aient un emploi. Eux, ils envisagent de vivre tout le temps comme assistés, parasites.

Ces trois attitudes, ces trois réponses que peuvent avoir des lycéens, dans ce système, ont un dénominateur commun, c'est le sans-espoir. Le sans but, sans lendemain, au jour le jour. Je trouve ça terrible pour la jeunesse. « Cela ne sert à rien, on ne voit pas pourquoi. » Une sorte de survivance pour eux d'une obligation imbécile. Mais avec le sentiment que c'est pour les mettre au pas, les empêcher de briguer quelque chose qu'on ne leur accordera pas. Si on leur demandait à brûle-pourpoint : « Qu'est-ce que vous feriez à leur place ? », « Quels parents aimeriez-vous avoir ? », « Quels enseignants voudriez-vous avoir ? », l'enquête par sondage ne donnerait aucune opinion car ils n'ont pas tellement l'habitude qu'on leur demande leur avis. Il y a tout un travail à faire au cours d'entretiens en dehors des enseignants pour qu'ils soient en état de répondre par eux-mêmes et non pas par des borborygmes ou de la logomachie d'esquive, imitative d'adultes.

Donner la parole aux jeunes, ce n'est pas passer le micro à un leader qui s'exprime au nom des autres, ni lui faire remplir une grille de questions conçues par des adultes, c'est laisser chacun être son propre porte-parole.

318

UN NOUVEAU JEU POLITIQUE :
QUAND ON FAIT JOUER LES
ENFANTS AUX ADULTES

A douze ans et demi, Muriel Mathieu est devenue le maire de Castres en janvier 1988. Le mois précédent, les 43 conseillers municipaux avaient été élus pour un an par les élèves de toutes les écoles publiques et privées de la ville. Muriel est élève de cinquième au lycée Jean-Jaurès. Et ses adjoints ne sont pas plus âgés qu'elle. Bien sûr, les nouveaux édiles, âgés de neuf à treize ans, n'ont qu'un pouvoir consultatif dans la cité puisqu'il s'agit, on l'aura deviné, de rien de moins que du « conseil municipal des enfants » constitué à l'initiative de la vraie municipalité.

Première déclaration du maire enfant : « Les adultes ont commencé par être des enfants. Mais en grandissant, ils finissent par ne plus penser qu'à eux. Et les hommes politiques sont encore pire ! Eux, ils ne pensent qu'à l'argent. » Pour le maire (adulte), M. Philippe Deveaux, ceci n'est pas une révolution mais seulement des travaux pratiques. Ce conseil vaudra un excellent cours d'instruction civique. Et, bon enfant, il fera souffler un air frais sur la ville.

Il a tout de même conscience qu'« on n'écoute pas beaucoup les enfants qu'on a en charge ». Or, reconnaît-il, ils ont envie, sans aucun complexe, de se mêler de tout. Le maire adjoint, si cela ne tient qu'à lui, n'a pas l'intention de laisser « gouverner » les enfants : « ... Je n'irai pas jusqu'à dire que la politique est une chose trop sérieuse pour la laisser à des enfants, mais ce qui se passe dans la tête des gamins, on ne sait pas trop... »

DES CONSEILS MUNICIPAUX D'ENFANTS

En France on a la tripe institutionnelle. C'est pour ça que les conseils municipaux d'enfants continuent à se développer. Ils ont même fait une fédération et ont tenu leur premier congrès en mai 1987, où le plus jeune maire de France allait avoir douze ans.

Leur rôle n'est que consultatif, mais comme les conseillers municipaux politiques, ils sont élus. Ils ont un petit budget, ils ont des réunions, ils étudient des dossiers. D'une commune à l'autre il y a des différences. Chaque conseil a ses particularités, ses tendances propres. Les uns privilégient le projet que l'enfant peut réaliser, par exemple pour une aire de jeu, d'autres insistent sur le titre consultatif, à l'intention du conseil municipal des adultes; ils lui soumettent un certain nombre de considérations critiques sur ce qui ne va pas à leurs yeux dans la commune. Le « maire » est désigné pour un an par le conseil municipal des enfants; la rotation est bonne parce qu'on ne les laisse pas devenir adultes comme ça se produit dans les radios pour enfants, où finalement ce sont de jeunes adultes qui font la loi. A l'activité des conseils qui apprennent souvent aux enfants comment marchent les institutions, je préférerais celle des conseils qui réalisent des « projets ». Le premier maire qui a eu une idée intéressante, c'est celui qui a chargé les enfants de ramasser dans la commune toutes les bouteilles en plastique, tout ce qui est non biodégradable.

La conclusion d'un des jeunes maires : ces enfants-là ne veulent pas plus tard être conseillers municipaux ! Ils trouvent les séances des adultes trop ennuyeuses. Eux, ils sont heureux d'avoir l'impression d'agir dans leur conseil municipal pour enfants, qui est donc de leur âge et de leur temps, mais le modèle adulte pour eux n'est absolument pas incitatif. Au contraire. Ils trouvent que les adultes délibèrent pour rien. C'est intéressant. Quand on les interroge, même ceux qui sont maires enfants, ils n'ont pas du tout envie de devenir plus tard conseillers municipaux. Ils peuvent changer, bien sûr, mais je veux dire que l'image qu'ils retiennent des édiles n'est pas du tout positive. Cela révèle que les enfants ne sont pas dans leur vrai domaine.

Les enfants qui ne jouaient pas d'eux-mêmes aux conseillers municipaux ni aux maires n'en avaient pas tellement envie au fond. Tout a commencé dans l'esprit d'un maire qui a eu l'idée de donner aux enfants une occupation de valorisation. Mais il manquera toujours à cette idée d'être venue des enfants eux-mêmes. Ici on « joue à l'adulte ». La créativité est, de ce fait, assez limitée.

PROPOSITIONS DE RÉFORMES ET AMENDEMENTS DE LA LÉGISLATION ACTUELLE

— L'instruction obligatoire jusqu'à seize ans serait remplacée par l'obligation d'apprendre à lire et à écrire et l'autorisation d'étudier dans le secteur public sans limitation d'âge.

— Pour changer les rapports avec le monde du travail et permettre aux adolescents de quitter tôt le milieu familial, des stages rémunérés leur seraient ouverts depuis l'âge de quinze ans et ils pourraient être embauchés dans une entreprise ou par un travailleur indépendant et percevoir eux-mêmes leur salaire. Le problème prioritaire est de permettre aux jeunes de se rendre indépendants de leurs parents d'une manière licite. L'émancipation devrait pouvoir être accordée à quatorze ans.

— La mixité du corps professoral serait rééquilibrée dans les établissements publics par une revalorisation du métier d'éducateur.

— Les TUC seraient proposés aux adolescents qui ne fréquentent plus l'école à partir de quatorze ans.

— L'âge de la majorité serait abaissé à seize ans ou moins pour les garçons, quinze ans ou moins pour les filles.

— Les mineurs délinquants ne seraient plus condamnés à la vie carcérale.

— La prise de drogues douces serait dépénalisée mais ne serait pas pour autant légalisée.

— La cour d'assises des mineurs serait supprimée.

— L'internat pour tous serait assuré par la mise en place d'un système d'hôtellerie élémentaire installé dans les bâtiments scolaires. Chaque école aurait deux salles aménagées dans les combles avec un point d'eau.

— Le rythme scolaire serait le même en France que dans tous les pays de la CEE. Deux heures d'enseignement technologique seraient instituées dans les lycées pour donner l'intelligence de la main, même à ceux qui se destinent à des métiers intellectuels.

— A partir de onze ans, les élèves des collèges iraient avec un professeur de langues vivantes passer un trimestre dans un établissement anglais, allemand, italien ou espagnol.

— Dès l'âge de seize ans, les jeunes volontaires pour la coopération pourraient être appelés à découvrir les problèmes de vie quotidienne des populations africaines.

ANNEXES

PETIT GUIDE DE LA FUTURE
CONVENTION DES DROITS DE L'ENFANT

Un groupe de travail des Nations unies (Commission pour les droits de l'homme) a conçu un nouveau projet de convention sur les droits de l'enfant. Il sera soumis pour adoption à l'assemblée générale des Nations unies, en 1989, année qui célébrera le trentième anniversaire de la Déclaration des droits de l'homme (1959). Le document suivant propose un résumé pratique des questions les plus importantes abordées par chacun des 31 articles du projet de convention. Il permettra au lecteur de se reporter facilement aux points qui le préoccupent le plus et d'engager réflexion et discussions sur les thèmes qui lui semblent prioritaires dans la défense de « la cause des enfants » (du premier âge à l'adolescence). A noter que l'article premier prévoit que les droits de l'enfant valent pour tous les êtres humains jusqu'à dix-huit ans.

Article 1 : Définition de l'enfant

Tout être humain jusqu'à l'âge de dix-huit ans, sauf si la législation nationale accorde la majorité avant cet âge.

Article 1 bis : Survie et développement

Le droit inhérent à la vie et l'obligation de l'État d'assurer la survie et le développement de l'enfant.

Article 2 : *Nom et nationalité*

Le droit à un nom dès la naissance, et le droit d'acquérir la nationalité du pays de naissance en l'absence d'autre nationalité.

Article 3 : *L'intérêt supérieur de l'enfant*

Toute mesure concernant un enfant doit être basée sur l'intérêt supérieur de celui-ci et tenir compte de son opinion. L'État doit assurer à l'enfant la protection et les soins nécessaires à son bien-être au cas où ses parents ou les autres personnes responsables de lui ne les assurent pas.

Article 4 : *Non-discrimination*

Le principe que tous les droits doivent être accordés à tout enfant sans exception, et l'obligation pour l'État de protéger l'enfant contre toutes formes de discrimination.

Article 5 : *Exercice des droits*

L'obligation pour l'État d'assurer l'exercice des droits reconnus par la Convention.

Article 5 bis : *Orientation de l'enfant et évolution de ses capacités*

Le droit de l'enfant de voir respecter les responsabilités de ses parents ou tuteurs de le guider de manière compatible avec l'évolution de ses capacités.

Article 6 : *Lieu de résidence, séparation d'avec les parents*

Le droit de l'enfant de vivre avec ses parents à moins que cela ne soit jugé incompatible avec son intérêt supérieur ; le droit de maintenir des contacts avec ses deux parents s'il est séparé de l'un d'entre eux ou des deux ; les obligations de l'État au cas où il est responsable des mesures ayant amené la séparation.

Article 6 bis : *Réunification de la famille*

Le droit de l'enfant et de ses parents de quitter tout pays et d'entrer dans le leur aux fins de la réunification de la famille ou du maintien des relations entre l'enfant et ses parents.

Article 6 ter : *Déplacements et non-retours illicites*

L'obligation de l'État de lutter contre les rapts et les non-retours illicites d'enfants à l'étranger perpétrés par un parent ou un tiers.

Article 7 : *Droit d'exprimer librement son opinion*

Le droit de l'enfant d'exprimer son opinion et de voir cette opinion prise en considération.

Article 7 a : *Liberté d'expression et d'information*

Le droit de l'enfant à rechercher, recevoir et répandre informations et idées de toute espèce, pour autant que cela ne porte pas atteinte aux droits d'autrui.

Article 7 bis : *Liberté de pensée, de conscience et de religion*

Le droit de l'enfant de déterminer et de pratiquer librement sa croyance et d'avoir accès à une instruction conforme à celle-ci.

Article 7 ter : *Liberté d'association*

Le droit des enfants à se réunir et à former des associations, à condition que les droits d'autrui soient respectés.

Article 7 quater : *Protection de la vie privée*

Le droit à ne pas faire l'objet d'immixtions dans la vie privée, la famille, le domicile et la correspondance, ni d'atteintes illégales à l'honneur.

Article 8 : Responsabilités des parents

Le principe que la responsabilité d'élever l'enfant incombe au premier chef aux parents ou aux tuteurs, et l'obligation de l'État de les aider à accomplir ce devoir.

Article 8 bis : Protection contre les mauvais traitements

L'obligation de l'État de protéger l'enfant contre toutes formes de mauvais traitements perpétrés par ses parents ou par toute autre personne à qui il est confié, et d'établir des programmes de prévention et de traitement à cet égard.

Article 9 : Accès à une information appropriée

Le rôle des médias dans la diffusion, à l'intention des enfants, d'informations conformes à leur bien-être moral, à la connaissance des peuples et à la compréhension parmi les peuples, et qui respectent leur culture.

Article 9 bis : Protection de l'identité

L'obligation de l'État de protéger et, le cas échéant, de rétablir les aspects fondamentaux de l'identité d'un enfant (nationalité, nom, relations familiales).

Article 10 : Protection de l'enfant privé de son milieu familial

L'obligation de l'État d'assurer une protection spéciale à l'enfant privé de son milieu familial et de veiller à ce qu'il bénéficie d'une protection familiale de remplacement dans un établissement approprié.

Article 11 : Adoption

L'obligation de l'État de faciliter l'adoption autorisée lorsque celle-ci correspond à l'intérêt supérieur de l'enfant concerné.

Article 11 bis : *Enfants réfugiés*

La protection spéciale à accorder à l'enfant qui est réfugié ou qui cherche à obtenir le statut de réfugié, et l'obligation de l'État de collaborer avec les organisations compétentes ayant pour mandat d'assurer cette protection.

Article 12 : *Enfants handicapés*

Le droit des enfants handicapés de bénéficier de soins spéciaux et d'une éducation appropriée qui favorisent leur autonomie et facilitent leur participation active à la vie de la communauté.

Article 12 bis : *Santé et services médicaux*

Le droit de l'enfant de jouir de la meilleure santé possible et de bénéficier de services médicaux et de réadaptation, une importance particulière étant accordée aux soins de santé primaires et aux soins préventifs, à l'information de la population ainsi qu'à la diminution de la mortalité infantile. L'obligation de l'État de favoriser l'abolition des pratiques traditionnelles préjudiciables à la santé des enfants.

Article 12 ter : *Révision périodique du placement*

Le droit de l'enfant placé par les autorités compétentes, à des fins de soins, de protection ou de traitement, à une révision périodique de tous les aspects du placement.

Article 13 : *Sécurité sociale*

Le droit de l'enfant de bénéficier de la sécurité sociale.

Article 14 : *Niveau de vie*

Le droit de l'enfant à un niveau de vie adéquat, la responsabilité des parents de le lui assurer, même quand l'un d'entre eux ou tous deux ne vivent plus avec l'enfant, et l'obligation de l'État de faire en sorte que ces responsabilités puissent raisonnablement être assumées et soient assumées dans les faits.

Article 15 : Éducation

Le droit de l'enfant à l'éducation et l'obligation de l'État de rendre l'enseignement — primaire tout au moins — obligatoire et gratuit dès que possible. La discipline scolaire doit être appliquée en respectant la dignité de l'enfant en tant qu'être humain.

Article 16 : Objectifs de l'éducation

La reconnaissance du principe que l'éducation doit viser à favoriser l'épanouissement de la personnalité de l'enfant et le développement de ses dons, la préparation de l'enfant à une vie adulte active, le respect des droits de l'homme fondamentaux et le développement du respect des valeurs culturelles et nationales de son propre pays et de celui des autres.

Article 16 bis : Enfants de minorités ou de populations autochtones

Le droit de l'enfant appartenant à une population autochtone ou à une minorité de jouir de sa propre vie culturelle, de pratiquer sa propre religion et d'employer sa propre langue.

Article 17 : Loisirs, activités récréatives et culturelles

Le droit de l'enfant aux loisirs, au jeu et à la participation à des activités culturelles et artistiques.

Article 18 : Travail

L'obligation de l'État de protéger l'enfant contre tout travail mettant en danger sa santé, son éducation ou son développement, d'établir des âges minimaux d'admission à l'emploi et de spécifier les conditions d'emploi.

Article 18 bis : *Consommation et trafic de drogues*

Le droit de l'enfant d'être protégé contre la consommation de stupéfiants et de substances psychotropes, et contre son utilisation dans la production et la distribution de telles substances.

Article 18 ter : *Exploitation sexuelle*

Le droit de l'enfant d'être protégé contre la violence et l'exploitation sexuelles, y compris la prostitution et la participation à toute production pornographique.

Article 18 quater : *Vente, traite et enlèvement*

L'obligation de l'État de tout faire pour empêcher l'enlèvement, la vente ou la traite d'enfants.

Article 18 quinto : *Autres formes d'exploitation*

Le droit de l'enfant d'être protégé de toute autre forme d'exploitation non couverte dans les articles 18, 18 *bis*, 18 *ter* et 18 *quater*.

Article 18 sexto : *Réadaptation et réinsertion*

L'obligation de l'État de faire en sorte que les enfants victimes de négligence, d'exploitation ou de sévices bénéficient de traitements appropriés pour assurer leur réadaptation et leur réinsertion sociale.

Article 19 : *Administration de la justice et procédures pénales*

Les obligations de l'État face aux enfants arrêtés ou détenus. La prohibition de la torture, des peines ou des traitements cruels, de la peine capitale et de l'emprisonnement à vie. La présomption d'innocence, le droit à une assistance juridique ou autre assistance appropriée et à un procès équitable. La sentence doit viser la réhabilitation et non pas la punition. Le principe de la séparation d'enfants et d'adultes pendant leur détention. Le droit de maintenir des contacts avec la famille.

Article 20 : Conflits armés

Le principe qu'aucun enfant ne participe directement aux hostilités, qu'aucun enfant âgé de moins de quinze ans ne soit enrôlé dans les forces armées, et que tout enfant affecté par un conflit armé bénéficie de protection et soins.

Article 21 : Respect des normes déjà établies

Le principe selon lequel, au cas où une norme établie par une loi nationale ou un autre instrument international est plus favorable que la disposition analogue dans cette convention, c'est cette norme plus favorable qui prime.

Article 21 ter : Diffusion de la Convention

L'obligation de l'État de faire largement connaître les droits contenus dans la Convention, aux adultes comme aux enfants.

Articles 22-31 : Application et entrée en vigueur

Ces dispositions comprennent notamment les points suivants :

(*i*) La création d'un Comité des droits de l'enfant composé de dix experts chargés d'examiner les rapports que les États parties à la Convention devront soumettre deux ans après la ratification et tous les cinq ans par la suite. La Convention entre en vigueur une fois que 20 pays l'ont ratifiée, et c'est alors que le Comité est constitué.

(*ii*) Les États parties assurent à leurs rapports une large diffusion dans leur pays.

(*iii*) Le Comité peut proposer que des études spéciales soient entreprises sur certains droits couverts par la Convention. Il peut faire connaître ses suggestions et recommandations à tout État partie concerné ainsi qu'à l'assemblée générale.

(*iv*) Afin de « promouvoir l'application effective de la Convention et [d']encourager la coopération internationale », les institutions spécialisées des Nations unies (telles que l'OIT, l'OMS et l'UNESCO) ainsi que l'UNICEF peuvent assister aux réunions du Comité. Ils peuvent — ainsi que tout autre organisme jugé « compétent », y compris les ONG dotées de statut consultatif auprès des Nations unies et les organismes des Nations unies tels que le HCR — soumettre des informations pertinentes au Comité et se voir inviter à donner leur avis afin d'assurer la meilleure application possible de la Convention.

Mars 1988

LES FUGUES D'ADOLESCENTS

TENTATIVES DE DÉFINITION

Les juristes furent les premiers à s'intéresser aux fugues de mineurs, puis ceux-ci ont été suivis par des spécialistes : médecins, psychiatres, psychologues.

La fugue se caractérise par un départ de courte durée après lequel l'enfant revient presque toujours au foyer (à la différence du vagabondage) (19[1]). Le Dr Neron la définit comme « une tentative couronnée ou non de succès de résoudre un état de tension » (18). Pour Roubier, la « vraie » fugue est impulsive, elle tranche le nœud de la crise sans rien résoudre, sans autre objet que d'échapper à ce qui est devenu insupportable et auquel il est impossible à l'adolescent de faire face (21).

Les fugueurs et la loi

Chaque année en France, 30 000 fugues de mineurs sont enregistrées par la police et comme certains parents ne les déclarent pas on estime généralement leur nombre à 100 000, soit près de 2 % de la population des dix-huit ans (21).

1. Ces chiffres renvoient à la bibliographie p. 340.

En France, d'après le Code civil, un mineur ne peut quitter le domicile des parents sans leur accord, mais le Code pénal ne considère pas la fugue comme une infraction. Cependant il y a dans la fugue une présomption de danger qui va « justifier » une double intervention dans l'appareil judiciaire : d'une part l'intervention de la police et d'autre part l'intervention du juge d'enfants (23).

Ainsi, la brigade des mineurs ou la gendarmerie sont généralement les premiers interlocuteurs du jeune en fugue. Malgré ses efforts, la police va considérer le jeune comme un prédélinquant : il va être fouillé, interrogé sur ses intentions et ses moyens de subsistance et sera souvent hébergé derrière les barreaux du commissariat. C'est à la police de décider du sort du jeune : elle peut le remettre à sa famille ou le présenter au juge pour enfants.

Il y a ainsi tout un parfum de délinquance autour de la fugue même si celle-ci ne constitue en aucun cas un délit (21).

Typologie des fugueurs

Il s'agit la plupart du temps d'adolescents instables en situation de crise, d'enfants victimes de sévices (9) ou de séquestrations de la part des parents, de garçons ou de filles particulièrement difficiles placés en internat ou en foyer, ou encore de retardés scolaires. L'âge le plus fréquent est quatorze ans.

Trois traits de caractère sont souvent présents chez l'adolescent fugueur : instabilité, hyperémotivité et immaturité affective (12).

Plusieurs facteurs peuvent intervenir dans la fugue des adolescents :

Tout d'abord le milieu familial : la constitution du couple parental et l'atmosphère familiale jouent en effet un grand rôle. La dissociation des parents ou leur mauvaise entente, le manque de communication entre les membres de la famille, l'alcoolisme des parents entraînant la violence, le manque d'autorité, l'hyperprotection, le rejet de l'enfant par ses parents... sont autant d'éléments pouvant inciter le jeune à la fugue (19, 12, 6).

Bien que l'on trouve des fugues dans tous les milieux, il apparaît que c'est quand même dans les milieux économiquement défavorisés qu'il y a le plus de fugueurs.

Les carences éducatives, l'absentéisme et les retards fréquents à l'école, l'abandon des études, l'inadaptation et l'échec scolaires sont aussi souvent responsables de ces fugues (14).

Les bouleversements sociaux sont aussi à prendre en considération. En effet, on a observé au moment de la grande crise qui a sévi aux États-Unis avant la Seconde Guerre mondiale un grand nombre de vagabondages d'adolescents. Ces bouleversements sociaux sont aussi à l'origine de ces bandes d'enfants vagabonds que l'on voit se former au cours des guerres, des révolutions, des cataclysmes de toutes sortes (18).

Cependant la fugue est la plupart du temps un acte solitaire, conséquence d'une revendication affective insatisfaite. Lorsqu'il envisage la fugue, l'adolescent la considère comme définitive, puisqu'elle doit consommer une rupture avec la famille et le milieu. Le plus souvent il y a eu avant de nombreux projets avant de passer à l'acte (22).

Vite « marginalisé », le jeune fugueur, devant la difficulté pour se loger et se nourrir, devra bien souvent accomplir des actes répréhensibles, vols, revente de drogues ou prostitution. Cependant on ne peut pas dire que le fugueur est nécessairement un délinquant (22).

Les mesures de prévention et de traitement

Même si la fugue est la plupart du temps une surprise pour les parents, certains indices peuvent présager de cet acte (18).

Une fois l'acte commis, hormis la police il n'y a pas « d'accueil » légal pour les jeunes pendant ces périodes de crise tant qu'ils n'ont pas consulté un juge pour enfants. C'est lui qui autorise un centre d'hébergement : foyer, service d'accueil d'urgence, une famille, centre médico-psychopédagogique..., à accueillir un mineur.

Compte tenu de ces carences, quelques éducateurs, des membres d'association, voire des juges passent outre cet interdit et offrent un hébergement provisoire à des mineurs en crise (21).

En effet, les institutions officielles chargées de « l'enfance difficile » sont de moins en moins en mesure de mener à bien leur tâche. C'est dans ce contexte que sont apparues de nouvelles structures. Encore en petit nombre, elles prennent des formes variées, du SOS téléphonique (puisque la communication a été rompue, il faut la rétablir), au service d'accueil d'urgence (en prenant contact avec un adulte compétent et compréhensif, le jeune peut être aidé), ou au centre d'hébergement (lorsqu'un adolescent ne veut plus momentanément du moins retourner chez lui). Le but éducatif de ces nouvelles structures est de pouvoir prendre la crise à son début, de permettre que le conflit ne s'envenime pas, d'éviter au fugueur la récidive, de dédramatiser les situations conflictuelles qui le conduiraient à une rupture irréversible et dans la mesure du possible de réconcilier les parties : parents et enfants (23).

Dans certains pays nordiques, la loi admet qu'un jeune puisse aller « se mettre au vert » dans les lieux d'accueil reconnus par les pouvoirs publics, pendant quelques jours, afin de souffler un peu.

Aux États-Unis, à partir de 1968, des lieux d'accueil se sont développés défendant avant tout le jeune en lui offrant un abri momentané, l'anonymat pendant vingt-quatre heures et une atmosphère chaleureuse et familiale. Il existe ainsi plus de 200 centres pour mineurs à travers les États-Unis, reliés dans le cadre du National Network Service to Runaway Youth and Families, ces centres pour la plupart sont insérés dans la communauté locale et entretiennent de bons rapports avec la police, la justice et les services sociaux qui n'hésitent pas à leur envoyer des jeunes en attendant de trouver une solution définitive (1, 8). Cependant leur liberté d'action est assez limitée, ce qui n'est pas sans poser de problèmes.

BIBLIOGRAPHIE SUR LES FUGUES

1. AMBROSINO, Lillian, *Runaways*, Boston, Beacon Press, 1971.
   Passe en revue les raisons qui poussent les adolescents à fuguer, décrit leurs moyens de survivance et les conditions légales des fugues. On y trouve une liste par État et par ville de tous les organismes où les jeunes fugueurs peuvent trouver de l'aide (Travellers Aid Locations, Hotlines, Halfway Houses).

2. BERGERON, Dr. Marcel, « Les fugues et le vagabondage chez l'enfant et l'adolescent », in *Bulletin de psychologie*, n° 5, 1954.

3. BLOCQUAUX, Jean ; ROSENZWEIG, Jean-Pierre, « La fugue n'est pas un délit. Est-ce déjà un droit ? », in *Cahiers d'action juridique*, n°s 35/36, 1982.

4. BRENNAN, Tim ; HUIZINGA, David ; ELLIOTT, Delbert S., *The social psychology of runaways*, Lexington, Mass., Lexington Books, 1978. A partir de sondages et de statistiques ce livre propose une analyse scientifique du problème de la fugue chez les mineurs.

5. CHAPMAN, Christine, *America's runaways*, New York, William Morrow, 1976.

6. COL, C., « Fugues et milieu familial », in *Revue de neuropsychiatrie infantile*, v. 12, n° 10/11, oct./nov. 1964.

7. COLOMBANI, Christian, « Mineurs en liberté : pour sortir de l'enfance, ils n'ont trouvé qu'une issue : la fuite », in *Le Monde de l'éducation*, n° 49, avril 1979.

8. CULL, John G. ; HARDY, Richard E., *Problems of runaway youth*, Springfield, Charles C. Thomas, 1976.
Analyse les causes des fugues en distinguant celles des filles de celles des garçons, donne des indications sur les signes avant-coureurs de la fugue et cherche des solutions à ce problème.

9. FARBER, E. D. ; KINAST, C. ; MC COARD, W.D. ; FALKNER, D., « Violence in families of adolescent runaways », *Child abuse and neglect*, v. 8, USA, 1984.
A l'analyse des réponses de 199 adolescents fugueurs au questionnaire « Conflict tactics scale », il en ressort que 78 % d'entre eux avaient fait l'objet de sévices de la part d'un des parents dans l'année précédant la fugue.

10. GONNET, Bernard, *Les routards de l'absolu*. Bourges, Chalet, 1975. Les témoignages de six adolescents qui ont décidé un jour de partir.

11. IMPE, Marc ; LEFÈBVRE, Alex, *La fugue des adolescents : d'une approche déterministe et linéaire à une approche phénoménologique et systémique*, Bruxelles, Université de Bruxelles, 1981.
Concrétise la rencontre entre la pratique et la recherche dans le domaine de l'intervention auprès d'adolescents en crise, essaie de comprendre ce qui s'est passé en partant de témoignages de jeunes fugueurs. Propose, évalue et analyse un mode d'intervention.

12. JARDIN, F. ; FLAVIGNY, H., « Le rôle du père dans les fugues de l'enfant », in *Revue de neuropsychiatrie infantile*, oct/nov. 1965.
Étudié plus précisément, le père ou le substitut pater-

nel s'individualise en un type de père incapable de répondre aux exigences de son rôle : autorité et virilité. En face de ce père immature, l'enfant à son tour reste immature et ses premiers désirs d'autonomie se manifestent par une réaction infantile de fuite : la fugue.

13. JOFFROY ; DUPOUY, *Fugues et vagabondages*. Paris, Alcan, 1909.
Une des premières études sur les fugues. Les auteurs classent les enfants fugueurs en trois catégories : l'enfant pathologique dont la fugue est liée soit à des lésions cérébrales soit à des troubles psychiques graves ; l'enfant anormal qui présente une lourde hérédité ; l'enfant normal dont la fugue est surtout déterminée par une carence éducative.

14. LAUNAY, C., « Fugues d'écoliers et phobies scolaires », in *Revue du praticien*, n° 12, 1962.

15. LE LAN, Guy, « Le problème des fugues chez les mineurs », in *Revue de la sûreté nationale*, n° 42, mars/avril 1962.
Distingue plusieurs types de fugues : fugue automatique ou impulsive, fugue par hypersensibilité, par sentiment d'infériorité, par dépression ou découragement, par mythomanie imaginative, par désir d'indépendance et besoin d'émancipation.

16. LIBERTOFF, Ken et al., « Runaways », in *Journal of family issues*, v. 1, n° 2, juin 1980.
Compilation de plusieurs articles sur les fugues d'adolescents. L'histoire de la fugue aux États-Unis, l'avenir des fugueurs, les lois et les batailles juridiques concernant la fugue, la relation des fugueurs avec leur famille... et encore bien d'autres aspects de ce problème y sont traités.

17. LOBROT, Michel, « Fuguer : un espoir à vivre », in *Autrement*, n° 22, nov. 1979.

18. NERON, Dr. Guy, *L'enfant fugueur*. Paris, Presses universitaires de France, 1968.

19. PAMPIN, Sara ; SORIANO, V., *La fugue des enfants et des adolescents du milieu familial*, Paris, 1973. (Étude pour une maîtrise en psychologie. Université de Paris VI.)

20. REBOUL, Claude, *L'enfant de la fugue*, Paris, Stock 2, 1979.
    Raconte sa propre histoire : sa fugue pour échapper aux coups administrés par sa mère, son rêve de retrouver sa nourrice chez qui il était si bien, ses problèmes avec l'administration et le juge pour enfants, ses séjours dans les centres médico-psychologiques.

21. ROUBIER, C. ; LESAGE DE LA HAYE, J. ; UZIDOS, A., « Aux risques de la fugue... », in *L'école des parents*, n° 6, 1984.

22. SEPUCHRE ; CASSIERS ; JOOS ; DEBUYST, « La fugue, les enfants et les adolescents fugueurs », in *Revue de droit pénal et de criminologie*, n° 3, décembre 1965.
    Se demande si le comportement de la fugue constitue la manifestation d'une personnalité délinquante au même titre que le vol ou si au contraire il se rattache à une orientation différente de la personnalité.

23. TILLETTES, Bruno, *Jeunesses en rupture : lieux d'accueil ou « centres de crise » pour les moins de 18 ans, de nouvelles réponses*, Paris, Autrement, 1980.
    Passe en revue les structures d'accueil en France, Belgique, USA, Angleterre, Hollande et Allemagne.

Annexe 3

LES SUICIDES

COMPARAISON INTERNATIONALE DES TAUX DE SUICIDE SELON L'ÂGE ET LE SEXE
(Taux pour 100 000 — Année 1980)

A — Sexe masculin

PAYS	15-24	25-34	35-44	45-54	55-64	65-74	75 et plus
France	15,9	28,0	32,9	39,6	45,0	57,5	114,0
USA	20,0	25,5	21,9	23,4	27,5	33,1	47,8
Angleterre	6,4	13,0	15,5	15,4	17,9	18,2	21,6
Écosse	9,6	15,2	19,1	23,4	17,8	18,8	23,2
Danemark	16,3	42,7	61,8	70,7	71,8	60,4	81,0
Suède	16,9	33,3	37,6	43,9	35,3	39,3	48,9
Norvège	20,4	18,2	20,6	28,6	31,8	25,5	24,0
Suisse	34,2	36,5	42,2	46,1	63,4	58,9	80,7
Hollande	8,3	14,9	15,1	17,1	22,3	26,1	41,1
RFA	19,0	26,9	33,0	42,0	38,9	54,0	72,8
Autriche	28,8	36,3	43,9	59,3	56,3	72,6	85,7

— Sexe féminin

PAYS	15-24	25-34	35-44	45-54	55-64	65-74	75 et plus
France	5,5	9,9	13,2	14,7	18,5	22,2	26,1
USA	4,7	8,1	10,1	11,2	9,7	7,9	6,8
Angleterre	3,0	4,2	8,1	10,9	11,8	13,3	11,0
Écosse	3,1	7,0	9,7	14,3	14,3	10,9	8,1
Danemark	7,7	16,7	35,8	42,8	39,3	32,9	31,6
Suède	5,8	11,3	16,2	17,8	21,2	14,5	11,4
Norvège	3,3	9,0	6,7	14,2	12,1	9,6	4,7
Suisse	12,3	14,8	17,6	21,7	20,8	26,8	23,2
Hollande	3,7	8,0	8,9	12,4	14,1	14,3	12,0
RFA	5,6	9,9	14,0	20,4	23,6	27,1	25,9
Autriche	6,7	11,1	14,3	20,7	23,0	29,1	33,9

In *Suicide et tentative de suicide aujourd'hui : étude épidémiologique*, J.-F. Davidson et A. Philippe.

COMPARAISON INTERNATIONALE
DES TAUX DE SUICIDE — 1980
— (Taux pour 100 000)

	France	Autriche	Danemark	RFA	Pays-Bas	Suède	Suisse	RU	USA*
5-14 ans									
– sexe masculin .	0,6	3,9	0,3	1,6	0,2	0,5	1,5	0,1	0,7
– sexe féminin . .	0,2	0,7	0,3	0,3	—	—	0,7	—	0,2
– ensemble	0,4	2,3	0,3	1,0	0,1	0,3	1,1	—	0,4
15-24 ans									
– sexe masculin .	15,9	28,8	16,3	19,0	8,3	16,9	34,2	6,4	20,0
– sexe féminin . .	5,5	6,7	7,7	5,6	3,7	5,8	12,3	3,0	4,7
– ensemble	10,7	18,0	12,1	12,5	6,0	11,5	23,4	4,7	12,4

* Ces taux sont ceux de 1978.

ÉTATS-UNIS : SUICIDE DES JEUNES
(Synthèse d'un article paru dans *Attenzione*, février 1985.)

Le phénomène du suicide des jeunes a pris les proportions d'une véritable épidémie qui atteint toutes les couches de la société. Par ailleurs, ces suicides semblent **atypiques,** dans la mesure où les analyses faisant intervenir divers paramètres tels que le niveau de revenu, la localité, le niveau social, la race, etc. ne permettent pas de faire apparaître de corrélations fortes...

Les statistiques donnent 5 170 suicides de jeunes (entre quinze et vingt-quatre ans) aux États-Unis pour l'année 1982, soit un chiffre **5 fois plus élevé** que le chiffre de 1950. (Il est de plus de 6 000 en 1985, soit un jeune sur 17.) L'Association américaine de « suicidologie » noircit encore le tableau en estimant qu'à une tentative « réussie » correspondent 50 tentatives avortées. Le groupe des quinze-vingt-quatre ans est le seul aux États-Unis dont le taux de mortalité augmente de manière aussi constante.

Il existe un Comité national de prévention du suicide des jeunes, présidé par Alfred DelBello, ancien adjoint du gouverneur de New York, et Donna Buckley, mère de famille, dont le fils s'est ôté la vie à l'âge de quinze ans. Ce comité, créé par le Congrès, s'est fixé pour objectif de constituer une banque de données sur le suicide des jeunes et d'en tirer des recommandations destinées aux autorités. Tâche urgente, car les jeunes de 1985, plutôt carriéristes et conservateurs, ne ressemblent en rien aux jeunes de 1960. Or leurs schémas de comportement sont mal connus.

Du point de vue sociologique, les statistiques concernant le suicide sont en outre biaisées, et ce pour deux raisons : la police préfère parler d'**accident** plutôt que de suicide, ou préfère laisser planer le doute plutôt que d'accabler la famille. Elle ne parle de suicide que lorsque la victime laisse une lettre expliquant ses intentions, ce qui est le cas d'une toute petite minorité. Si le constat légal était moins pudibond, on se rendrait compte que le phénomène est beaucoup plus grave que ne le laissent croire les statistiques.

Constatation générale : la jeunesse actuelle a plus de mal à trouver sa place dans la société que celle des générations précédentes et la société a de son côté du mal à faire face à ce malaise. Pour Robert Gould, psychiatre, professeur au New York Medical College, l'adolescent urbain n'a ni l'impression d'être nécessaire à la société, ni d'être vraiment désiré. Les parents n'ont plus le temps d'exercer leur métier de parents. Sur ces adolescents fragilisés s'exerce par ailleurs une fantastique pression : il s'agit d'entrer dans la bonne école, de faire le bon choix de carrière, d'avoir de meilleurs résultats que ses condisciples. Tous les parents espèrent que leur rejeton aura des résultats plus que moyens, ce qui est globalement absurde. Quant aux condisciples, ils veulent que l'adolescent s'initie très tôt au sexe et à la drogue, qui créent un autre type de stress. La vie devient trop complexe, voire intolérable.

La peur **nucléaire** pèse sur la joie de vivre.

L'image de la mort est floue chez beaucoup de jeunes du fait que la mort est soit passée sous silence, soit caricaturée (à la télévision). D'où une représentation **magique** de la mort, conçue comme non irrémédiable.

Peu d'éducateurs, même spécialisés, possèdent les compétences nécessaires pour distinguer entre la cyclothymie naturelle de l'adolescence et la véritable dépression. Le fils de Donna Buckley s'est ainsi pendu six mois seulement après qu'un psychiatre eut déclaré qu'il souffrait des troubles ordinaires de l'adolescence.

La société préfère spéculer sur les causes et les remèdes plutôt que d'investir dans la recherche ou dans des programmes de prévention.

Il existe à propos du suicide un certain nombre de mythes. Notamment celui qui veut que le suicide « ne prévienne pas ». Ce qui est une contrevérité. Le suicidaire émet des signaux de détresse et il espère que quelqu'un saura les capter.

D'où l'idée d'introduire à l'école des cours **d'équilibre mental** pour aider les jeunes : à discerner ces signaux de détresse ; à se sentir mieux connecté avec le

347

monde extérieur ; à prendre en main leur destinée. D'autres cours sur le suicide devraient viser les **parents** eux-mêmes, dont beaucoup se sentent offensés quand un étranger leur signale des difficultés chez leur enfant. On refuse souvent de voir la réalité en face. Alors qu'en réalité on peut faire quelque chose.

Première mesure de prévention : assurer à l'enfant un foyer chaleureux et harmonieux. Ensuite associer l'adolescent aux activités de la collectivité, afin qu'il se sente nécessaire. Enfin renforcer (ou créer) la communication entre parents et enfants... Il faut que les parents soient réellement **à l'écoute** de leur enfant.

Conclusion : Donna Buckley pense qu'on doit et qu'on peut faire quelque chose. La mort de son fils n'aura pas été inutile si la société prend enfin conscience de la gravité du problème.

BIBLIOGRAPHIE SUR LES SUICIDES D'ADOLESCENTS DANS LE MONDE

Comparaisons internationales

1. BARRADOUGH, B. M., « Differences between national suicide rates », *British Journal of Psychiatry*, n° 122, 1973.

2. DAVIDSON, Françoise et Choquet, Marie, *Le suicide de l'adolescent : étude épidémiologique et statistique*, Paris, ESF, 1981.

3. DAVIDSON, F. et Philippe A., *Suicide et tentatives de suicide aujourd'hui : étude épidémiologique*, INSERM/DOIN, 1986.

4. DREYER, K., « Comparative suicide statistics », *Danish medical bulletin*, vol. 6 n° 65, 1959.

5. LADAME, François, *Les tentatives de suicide des adolescents*, Paris, Masson, 1981.

6. Ministère de la Santé publique et de la Sécurité sociale, *Pour une politique de la santé : le suicide*, septembre 1977.
   Présente les formes de prévention du suicide dans différents pays.

7. Organisation mondiale de la Santé, Bureau régional de l'Europe, *Évolution des comportements suicidaires*, Copenhague, 1981.
   Rapport sur une réunion de l'OMS à Athènes, du 29 septembre au 2 octobre 1981, où un groupe de travail a étudié l'évolution des comportements suicidaires dans neuf pays européens.

8. Organisation mondiale de la Santé, « Suicide et tentatives de suicide », *Cahiers de Santé Publique*, n° 58, 1974.
   Analyse les différentes définitions du suicide, les divergences des statistiques et des pourcentages officiels dans différents pays.

Angleterre

9. BAGLEY, C., « The evaluation of a suicide scheme by an ecological method », *Social science and medicine*, vol. 2, n° 1, 1968.
   Étude mettant en évidence que la proportion de suicides en Angleterre a nettement baissé dans les villes desservies par les Samaritains.

10. JENNINGS, C. et al., « Have the Samaritans lowered the suicide rate ? : a controlled study », *Psychological medicine*, vol. 8, n° 413, 1978.
    Étude cherchant à démontrer que, contrairement à ce que l'on dit, la situation du suicide n'est ni meilleure ni pire qu'ailleurs dans les villes sans service de Samaritains.

11. « Suicides : l'espoir vient d'Angleterre, on s'y sup-

prime 3 fois moins qu'il y a dix ans », *Le Matin*,
17 mai 1977.
Analyse le rôle de l'organisation des Samaritains
dans la diminution du nombre de suicides.

12. Sainsbury, P., *Suicide in London*, Londres, Chapman
and Hall, 1955.

Japon

13. CHEMATSU, M., « A statistic approach to the host fac-
tor of suicide in adolescence », *Acta Medica and Bio-
logica*, vol. 8, n° 4, mars 1961.

14. IGA, Mamoru., « Japanese adolescent suicide and
social structure », *Essays in self-destruction*, New
York, Science House, 1967.

15. NAKA, Hisao, « Adolescent suicide in Japan : its
socio-cultural background », *Psychologia*, vol. 8,
n° 1-2, juin 1965.

16. PINGUET, Maurice, *La mort volontaire au Japon*,
Paris, Gallimard, 1984.

États-unis

Ouvrages

1. ALVAREZ, A., *The savage God : a study of suicide*,
New York, Random House, 1972.
Relate le suicide du poète Sylvia Plath et recherche
les raisons des suicides essentiellement chez les
artistes et les écrivains.

2. ASINOF, Eliot, *Craig and Joan*, New York, Viking
Press, 1971.
Raconte l'histoire véridique de deux adolescents du
New Jersey qui se sont suicidés en 1969 pour protes-
ter contre la guerre du Viêt-nam.

3. Davidson, Françoise, *Le suicide de l'adolescent : étude épidémiologique et statistique*, Paris, ESF, 1981.

4. Dublin, Louis, *Suicide : a sociological and statistical study*, New York, Ronald Press, 1963.

5. Durkheim, Emile, *Suicide*, Glencoe, Illinois, The Free Press, 1951. Première étude sur le suicide.

6. Gardner, Sandra, *Teenage suicide*, New York, Messner, 1985.
Discute des causes de suicides chez les adolescents, présente la « romantisation » de cet acte par les médias et propose des solutions pour éviter ces désastres.

7. Giovacchini, Peter, *The urge to die : why young people commit suicide*, New York, Macmillan, 1981.
Traite du problème croissant du suicide adolescent en présentant plusieurs cas afin d'en examiner les causes et les symptômes.

8. Griffin, Mary and Felsenthal, Carol, *A cry for help*, New York, Doubleday, 1983.
Un livre sur le suicide destiné aux parents d'adolescents.

9. Haim, André, *Adolescent suicide* (traduit du français par Sheridan Smith.), International University Press, 1974.
Interprète les statistiques des suicides tentés par des adolescents et présente les recherches psychanalitiques concernant ce problème.

10. Hendin, Herbert, *Suicide in America*, New York, W. W. Norton, 1982.
Le suicide selon les différents types de personnes incluant les adolescents.

11. Jacobs, Jerry, *Adolescent suicide*, New York, John Wiley, 1971.

12. Joan, Polly, *Preventing teenage suicide : the living*

351

alternative handbook, New York, Human Science Press, 1986.
Examine les signes que l'on peut détecter chez les jeunes suicidaires et donne des conseils pour aider les adolescents à affronter leur dépression.

13. KLAGSBURN, Francine, *Too young to die : youth and suicide*, Boston, Houghton Mifflin, 1976.
En présentant des cas cliniques et historiques, des conversations avec des adolescents suicidaires et leurs amis, ce livre examine les raisons qui poussent les jeunes à se suicider et présente les symptômes de cette grave dépression.

14. LEDAME, François, *Les tentatives de suicide des adolescents*, Paris, Masson, 1981.

15. MACK, John E., *Vivienne : the life and suicide of an adolescent girl*, Boston, Little, Brown & Co, 1981.
Raconte le suicide d'une fille de quatorze ans et cherche à expliquer pourquoi elle et d'autres adolescents décident de se tuer.

16. *On suicide : with particular reference to suicide by young students*,
With contributions by Alfred Adler, Sigmund Freud et al., ed. by Paul Friedman International University Press, 1967.

17. SHNEIDMAN, Edwin S., *Death and the college student*, New York, Behavioral Publications, 1972.
Etude de la mort et du suicide chez les étudiants de Harvard.

Périodiques

1987

18. « At the point of no retun : suicidal thinking follows a predictable path, recognizing the signs may be the best form of prevention we have / Edwin Shneidman », *Psychology Today*, mars 1987.

19. « Conduites suicidaires », *La revue du praticien*, 1er mars 1987.

20. « États-Unis : le choc des "pactes de la mort" / Baudoin Bollacrt », *Le Figaro*, 19 mars 1987.

21. « Teen suicides : Two deaths pacts shake the country / Amy Wilentz », *Time*, 23 mars 1987.

1986

22. « Born on borrowed time / M.R. Brodnick (d'après les travaux de Lee Salk, examine les relations qui peuvent exister entre les traumatismes de la naissance et les suicides d'adolescents) », *Science 86*, avril 1986.

23. « But for the grace of God (les suicides d'adolescents à Omaha) », *US News*, 24 février 1986.

24. « Could suicide be contagious? / John Leo », *Time*, 24 février 1986.

25. « Churches respond to teen suicides / K. Hawsley », *The Christian Century*, 30 avril 1986.

26. « Teen suicide attempts : rate increase? / D. Bower », *Sciences News*, 31 mai 1986.

27. « Teenage suicide : early warning clues (interview de C. Pfeffer) », *US News*, 31 mars 1986.

28. « TV coverage linked to teen suicide / B. Bower », *Science News*, 20 septembre 1986.

1985

29. « Birth trauma linked to adolescent suicide (d'après les études de Lee Salk) / J. Greenberg », *Science News*, 23 mars 1985.

30. « Critics link a fantasy game to 29 deaths (le cas de « Dungeons and Dragons ») / W.G. Shuster », *Christianity Today*, 17 mai 1985.

31. « Our kingdom of death and teen suicide (la peur d'une guerre nucléaire) / R. Lawrence », *The Christian Century*, 30 janvier 1985.

32. « Preventing the spread of suicide among adolescents/ W. Steel », *USA Today*, novembre 1985.

33. « US teen suicide rate : male up, female down », *Jet*, 15 juillet 1985.

34. « What the experts don't tell you about teenage suicide/ R.F. Formica, M.B. Brinley McCall's », octobre 1985.

1984

35. « As cluster suicides take toll of teenagers / M. Doan », *US News*, 12 novembre 1984.

36. « One less mouth to feed (le cas de Johnie Halley) », *Newsweek*, 10 septembre 1984.

37. « Suicide in America/ G.H. Colt », *Reader's Digest*, janvier 1984.

38. « To be or not to be : preventive legislation/ J. Folkenberg », *Psychology Today*, avril 1984.

Annexe 4

BIBLIOGRAPHIE SUR
LA DROGUE ET LES ADOLESCENTS

Aux États-Unis

Ouvrages

1. BACON, Margaret; JONES, Mary B., *Teenage drinking*, New York, Crowell, 1980.

2. BARON, Jason D., *Kids and drugs : a parent's handbook of drug prevention and treatment*, New York, Perigee Books, 1983.
   Décrit les effets des différentes drogues sur les jeunes et suggère aux parents de former des groupes communautaires pour lutter contre ce fléau.

3. BESCHNER, G.M.; FRIEDMAN, A.S., *Youth and drug abuse*, Lexington, Mas., Lexington Books, 1979.

4. BLUM, R.H.; BLUM, E.; GARFIELD, E., *Drug education : results and recommendations*, Lexington, Mas., D.C. Heath, 1976.
   Étudie les différents programmes d'éducation contre l'abus des drogues et leur efficacité.

5. BRECHER, Edward, *Licit and illicit drugs : The Consumer Union Report on narcotics, stimulants, depressants, inhalants, hallucinogens and marijuana*, Boston, Little, Brown and Co., 1972.
   Donne des informations sur les effets des drogues,

les mesures légales et les préventions dans les différents États.

6. CAREY, James T., *The college drug scene*, Englewood Cliffs, New Jersey, Prentice Hall, 1968.

7. COHEN, Sydney, *The substance abuse problems*, New York, Haworth Press, 1981.
Analyse les tendances d'utilisation des différentes drogues en étudiant des groupes et des situations spécifiques et en donnant des informations sur les traitements.

8. *Drug use in America : problem in perspective. Second report of the National Commission on marijuana and drug abuse*, Washington, DC, Superintendent of documents, US Government Printing Office, 1973.

9. *Go ask Alice* (auteur anonyme), New York, Avon, 1971.
Le journal d'une fille de quinze ans qui retrace sa tragique expérience avec les drogues. (Ce livre — dont on a fait un film — est utilisé dans les cours sur la drogue.)

10. HOWARD, M., *Did I have a good time? teenage drinking*, New York, Continuum, 1980.
A travers l'exemple de trois adolescents ayant des problèmes liés à l'alcool, dégage les symptômes de l'abus de boissons chez les jeunes.

11. JACKSON, Michael, *Doing drugs*, St Martins/Marek, 1983.
Décrit l'utilisation des drogues par des adolescents *middle-class*, les effets sur leurs vies et leurs luttes pour s'en sortir.

12. JOHNSTON, Llyod, *Drugs and American youth : a report from the youth in transition project*, Ann Arbor, Michigan, University of Michigan, Institute for Social Research, 1974.

13. LETTIERI, D.J. ed., *Predicting adolescent drug abuse : a review of issues, methods and correlates*, Washington, DC, US Government Printing Office, décembre 1975.

14. LOURIA, Donald B., *Overcoming drugs*, New York, McGraw-Hill, 1971.

15. MACLEAD, A., *Growing up in America : a background of contemporary drug abuse*, Rockville, Md., NIMH, 1973.

16. NORTH, R.; ORANGE, R., *Teenage drinking*, New York, Macmillan, 1980.

17. O'BRIEN, Robert F., *The encyclopedia of drug abuse*, New York, Facts on File, 1984.
Traite des effets des drogues et donne des informations sur les aspects sociaux, médicaux et légaux (tableaux et statistiques).

18. SMART, Reginald G., *The new drinkers : teenage use and abuse of alcohol*, Toronto, Addiction Research Foundation, 1975.

19. TESSLER, Diane J., *Drugs, kids and schools : practical strategies for education and other concerned adults*, Glenview, Ill., Scott Foresman, 1980.

20. WIENER, R.S., *Drugs and school children*, London, Longman, 1972.

21. WILSON, C.W., *Adolescent drug dependence*, New York, Pergamon, 1968.

Périodiques

1987

22. « Study finds rise in cocaine smoking : high school students and drug use / W. Snider », *Education Week*, 4 mars 1987.

1986

23. « Drug abuse prevention / M. Lawrence », *Vital Speeches Day*, 15 août 1986.

24. « Drug education gets and F / A. Levine », *US News*, 13 octobre 1986.

25. « Kids and cocaine (special section) », *Newsweek*, 17 mars 1986.

26. « Kids and drugs : why, when and what can we do about it / C. Jones, C.S. Bell-Belek », *Child Today*, mai-juin 1986.

27. « The test that failed », *Nation*, 4 janvier 1986.

28. « The ups and downs of teen drug use (survey of high school seniors) / J. Fischman », *Psychology Today*, février 1986.

29. « Yanks Winfield heads plan to help youth fight drugs », *Jet*, 24 mars 1986

1985

30. « Pro and con : testing for drugs in the schools / A. Marbraise, J. Fogel », *New York Times*, 10 novembre 1985.

31. « The kids are all straight (déclin de l'utilisation des drogues) / J. Fishman », *Psychology Today*, avril 1985.

32. « Teen drug use, except cocaine, falls / B. Bower », *Science News*, 19 janvier 1985.

1984

33. « Bloody streets : only hope is to escape / A. Adams », *US News*, 19 novembre 1984.

34. « Teen drug use drops, but problem remains / B. Bower », *Science News*, 18 février 1984.

Études

35. « Alcoholism in adolescence / V. Fox », *The Journal of School Health*, n° 43, 1973.

36. « Drug use in adolescents : psychodynamic meaning and pharmacogenic effect », *The Psychoanalytic Study of the Child*, vol. XXIV, 1969.

37. « On Becoming a drinker : a social-psychological aspect of adolescent transition / R. Jessor, M. Collins, S. Jessor », *Nature and nurture in alcoholism*, Annual of the N.Y. Academy of Science, 1972.

38. « Understanding adolescence : alternatives to drug use », *Clinical Pediatrics*, n° 8, 1969.

Dans le monde

1. « Aspect international de la lutte contre les toxicomanies aux drogues », *Les informations pharmaceutiques*, n° 218, janvier 1979.

2. « La drogue dans le monde : situation en Europe (1983-1984) », *Revue internationale de police criminelle*, février 1986.
Analyse les chiffres des saisies de drogues et des interpellations de malfaiteurs dans les différents pays membres de l'organisation Interpol.

3. FREJAVILLE, J.P. ; DAVIDSON, F. ; CHOQUET, *Les jeunes et la drogue*, M. Paris, PUF, 1977.
Étude sociologique, basée principalement sur la France, analysant les raisons qui poussent les jeunes à se droguer.

4. *La jeunesse et la drogue*, Organisation mondiale de la santé, Genève, OMS, 1973.

5. DAVIDSON, F. ; CHOQUET, M., *Les lycéens et les drogues licites et illicites*, Paris, Inserm, 1980.

6. « La politique des États membres de la Communauté en matière de lutte contre la drogue », *Parlement européen, série environnement, santé publique et protection des consommateurs*, n° 9, 1986.
Présente les positions des différents gouvernements face aux problèmes de drogue ainsi que des statistiques pour les pays suivants : Allemagne, Grèce, Espagne, France, Irlande, Luxembourg, Pays-Bas, Portugal, Royaume-Uni.

7. « La question de la drogue et de la jeunesse. Nations unies », *Bulletin des stupéfiants*, vol. 37, n° 2 et 4, avril-septembre 1985.
   Présente les recherches sur la nature et l'ampleur des problèmes liés à l'abus des drogues chez les jeunes dans différents pays ainsi que les mesures destinées à prévenir et à réduire ces abus.

8. « Rapport trimestriel de statistiques sanitaires mondiales », *Organisation mondiale de la santé*, vol. 36, n° 3-4, 1983.
   Tour d'horizon international destiné aux planificateurs sanitaires.

9. « La santé des adolescents : rapport de la journée d'étude du 7 octobre 1983 », *Archives belges*, n° 11-12, 1984.

10. *Les Nations unies et la lutte contre l'abus des drogues*, New York, Nations unies, 1977.

L'ÉCHEC SCOLAIRE

ÉTATS-UNIS : ÉCHEC SCOLAIRE
COMMENT RAMENER LES ENFANTS EN CLASSE

Depuis trois ans, le niveau des connaissances exigées dans le système scolaire est en nette augmentation. Ce qui se paie d'une progression parallèle du taux d'échec scolaire : 1 étudiant américain sur 4 quitte l'enseignement secondaire long sans diplôme. Dans certains établissements urbains, il y a moins d'étudiants qui réussissent à l'examen final que d'étudiants qui abandonnent en cours de route. 40 % des élèves d'origine hispanique quittent l'école avant la troisième. Depuis le début des années 70, le nombre des étudiants achevant le second cycle en quatre ans est passé de 77 % à 72 %. Le coût est élevé pour la société : les 12 804 élèves qui ont abandonné en cours de route, à Chicago, en 1982, coûteront au contribuable 60 millions de $ par an pendant les quarante prochaines années : les marginaux du système ont en effet toutes chances de se retrouver au chômage.

La plupart de ceux qui abandonnent ont au moins deux ans de retard sur leurs condisciples, ayant redoublé déjà plusieurs classes.

A New York on a réussi à ramener le pourcentage d'abandon de 42 % à 35 % grâce à une action visant à mettre à la disposition des élèves des conseillers d'éducation et à leur confier des travaux rémunérés afin qu'ils se prennent eux-mêmes au sérieux. Des résultats positifs ont été enregistrés à Chicago où le principal d'un collège a envoyé une lettre à 500 « drop outs » en leur demandant de reprendre leurs études : 200 d'entre eux ont répondu favorablement.

La prévention implique la modification du système scolaire avec effectifs des classes plus réduits et transformation du rapport maître-étudiant.

Des actions sont entreprises un peu partout dans le pays, notamment en faveur des adolescentes enceintes, très nombreuses. Les autorités des États se sentent de plus en plus concernées. Tout le monde est en effet convaincu que ceux qui quittent l'enseignement secondaire sans aucun diplôme n'ont pratiquement pas de chance de trouver un travail.

BIBLIOGRAPHIE

Comparaisons internationales

1. « A l'étranger aussi, l'école », *Cahiers pédagogiques*, n° 222, 1984. Présente plusieurs articles sur l'enseignement en Norvège, Italie, Autriche, Grande-Bretagne et Japon. Permet de comparer l'organisation de l'enseignement et ce qui touche à l'échec scolaire.

2. DEBLÉ, Isabelle, *La scolarité des filles : étude internationale comparative sur les déperditions scolaires chez les filles et les garçons dans l'enseignement du premier et du second degré*, Paris, Unesco, 1981. Traite de l'accès des filles aux différents niveaux d'études. Dans les 62 pays qui ont répondu à l'enquête une amélioration est constatée mais elle ne doit pas masquer la nette infériorité des filles, voire

la situation désastreuse qui est la leur dans certains pays.

3. *Étude statistique sur les déperditions scolaires*, étude préparée pour le bureau international d'éducation par l'Office des statistiques de l'Unesco, Paris, Unesco, 1972.

4. *La formation après la scolarité obligatoire*, Paris, OCDE, 1985.
   Cet ouvrage est joint en annexe, car il comprend de nombreux tableaux comparatifs sur la scolarité des adolescents dans les différents pays.

5. « L'échec à l'école et le milieu social des élèves (une grande enquête de l'Unesco) », *Le Courrier de l'Unesco*, juin 1972.

6. PAULI, L. ; BRIMER, M.A., *La déperdition scolaire : un problème mondial*, Paris, Unesco, 1971.

Les causes

7. AVANZINI, Guy, *L'échec scolaire*, Paris, Le Centurion, 1977.
   S'attache à identifier toutes les formes de l'échec scolaire pour en discerner les causes véritables, démêle l'écheveau que forment les facteurs politico-sociaux, le climat culturel, les problèmes familiaux, les difficultés psychologiques des élèves, l'organisation de l'institution scolaire et ses méthodes d'enseignement.

8. BAUDELET, C. ; ESTABLET, R., *L'école capitaliste en France*, Paris, Maspero, 1971.

9. BOURDIEU, P. ; PASSERON, J. C., *Les héritiers*, Paris, Éditions de Minuit, 1964.

10. CHERKAOUI, Mohammed, *Les paradoxes de la réussite scolaire : sociologie comparée des systèmes d'enseignement*, Paris, PUF, 1979.

11. DESCHAMPS J. C.; LORENZI-CIOLDI, F.; MEYER, G., *L'échec scolaire : élève modèle ou modèle d'élèves ? Approche psychosociologique de la division sociale à l'école*, Lausanne, P.M. Favre, 1982.

12. « Des difficultés scolaires de l'adolescent », *Le Quotidien du médecin*, 28 mars 1984.

13. *L'échec scolaire : nouveaux débats, nouvelles approches sociologiques*, actes du colloque franco-suisse 9-12 janvier 1984, Paris, CNRS, 1985. Examine la genèse de la notion d'échec scolaire, identifie les acteurs qui déclarent lutter contre l'échec, analyse le curriculum scolaire et les pratiques éducatives quotidiennes...

14. Groupe français d'éducation nouvelle. *L'échec scolaire : doué ou non doué ?* Paris, Éditions sociales, 1976.
    Compilation de textes sur l'échec scolaire écrits par des spécialistes.

15. HUSEN, T., *Influence du milieu social sur la réussite scolaire*, Paris, OCDE, 1975.

16. MANNONI, Pierre, *Adolescents, parents et troubles scolaires*, Paris, ESF, 1984.
    L'auteur se demande dans quelle mesure l'échec de l'élève n'est pas aussi celui de ses parents et le produit d'un conflit d'ordre affectif dans la relation intrafamiliale. Présente des cas et suggère des éléments de solutions et de conduites pratiques à tenir envers l'adolescent et sa famille.

17. PINELL, P.; ZAFIROPOULOS, M., *Un siècle d'échecs scolaires* (1882-1982), Paris, les Éditions ouvrières, 1983.

18. STEINLET, F. Mary, « Pourquoi y a-t-il des retardés scolaires ? », *Nouvelle Revue pédagogique*, n° 3, novembre 1964, Bruxelles.

La lutte contre l'échec scolaire

19. Dot, Odile, *Vaincre les difficultés et prévenir les échecs scolaires*, Bruxelles, Marabout, 1983.

20. Guyot, J.C., *L'échec scolaire ça se soigne*, Toulouse, Privat, 1985. L'auteur se demande si l'échec scolaire est le symptôme d'une maladie et dans quelle mesure il peut être l'objet de soins de spécialistes.

21. Jouvenet, Louis-Pierre, *Échec à l'échec scolaire*, Paris, Privat, 1985.

22. Le Gall, André, *Les insuccès scolaires : diagnostics et redressement*, Paris, PUF, 1967.

23. Little, A. ; Smith G., *Stratégies de compensation : panorama des projets d'enseignement pour les groupes défavorisés aux États-Unis*, Paris, OCDE, 1971.

24. Natanson, Madeleine, *Guérir de l'école : des enfants en état d'échec*, Paris, Ed. du Cerf, 1973.

Le Japon

25. Cummings, William K., *Éducation and equality in Japan*, Princeton, NJ, Princeton University Press, 1985.

26. Leclercq, Jean-Michel, *Le Japon et son système éducatif*, Paris, La Documentation française, 1984.

27. Sabouret, Jean-François, *L'empire du concours : lycéens et enseignants au Japon*, Paris, Autrement, 1985.

28. Seegmuller, J., « L'école au Japon : le forcing », *L'École des parents*, n° 1, 1985.

Annexe 6

BIBLIOGRAPHIE
DES OUVRAGES GÉNÉRAUX

ÉTATS-UNIS

1. BANDURA, Albert ; WALTERS, Richard H., *Adolescent agression*, New York, Ronald Press, 1959.

2. BARKER, Roger G. ; WRIGHT, Herbert F., *Midwest and its children*, Evanston III., Row, 1954.

3. BLOS, Peter, *On adolescence : a psychoanalytic interpretation*, New York, Free Press, 1962.

4. BRESSLER, Leo ed., *Youth in American life : selected readings*, New York, Houghton Mifflin, 1972.

5. COLEMAN, J.C., *The nature of adolescence*, New York, Methuen, 1980.

6. ERIKSON, Erik, H., *Childhood and society*, New York, Norton, 1964.

7. GESELL, Arnold ; ILG, Frances L. ; AMES, Louis B., *Youth : the Years from ten to sixteen*, New York, Harper, 1956.

8. GOODMAN, Paul, *Growing up absurd : problems of youth in the organized society*, New York, Vintage Books, 1960.

9. GOTTLIEB, David ; RAMSAY, Charles, *The American adolescent*, Homewood, Ill., Dorsey, 1964.

10. GRINDER Robert E., *Adolescence*, New York, Wiley, 1973.

11. HALL, Stanley, *Adolescence : its psychology and its relations to physiology, anthropology, sociology, sex, crime, religion and education*, 2 vols, New York, Appleton, 1904.

12. HENDIN, Herbert, *The age of sensation*, New York, McGraw-Hill, 1975.

13. HOLLONGWORTH, Leta, *The psychology of the adolescent*, New York, Appleton, 1928.

14. KATCHADOURIAN Herant A., *The biology of adolescence*, New York, Freeman, 1977.

15. KETT, Joseph F., *Rites of passage : adolescence in America, 1970 to the present*, New York, Basic Books, 1977.

16. KONOPKA, Gisela, *Young girls, a portrait of adolescence*, New York, Prentice Hall, 1976.

17. KUHLEN, Raymond G., *Psychology of adolescent development*, New York, Harper, 1952.

18. MEAD, Margaret, *Coming of age in Samoa : a psychological study of primitive youth for western civilization*, New York, Morrow, 1928.

19. MUUSS, Rolf E., *Theories of adolescence*, New York, Random House, 1962.

20. NORMA, Jane; HARRIS, Myron W., *The private life of the American teenager*, New York, Rawson, Wade, 1981.

21. SEBALD, Hans, *Adolescence : a sociological analysis*, New York, Appreto-Century-Crafts, 1968.

22. SMITH, Ernest A., *American youth culture : group life in teenage society*, Frcc Prcss of Glcncoe, 1962.

23. SOS Jeunes, Centre national d'aide à la jeunesse, *Colloque et société : états de crise chez les jeunes : drogue, fugues, suicide*, Bruxelles, 11 mars 1978.

24. Wein, Bibi, *The runaway generation*, New York, David McKay, 1970.

FRANCE

25. M. Choquet ; S. Ledoux ; H. Menke, *La santé des adolescents (approche longitudinale des consommations de drogue et des troubles somatiques et psychosomatiques)*, Éditions Inserm, 1988.

26. Bricard Eliane, *Le thème de l'adolescent dans la littérature anglaise de Samuel Butler à James Joyce*, Paris, 1965.

27. Proust de la Gironière, Muriel, *Le personnage de l'adolescent : crise spirituelle et représentation littéraire*, Paris IV.

28. Ravoux, Élisabeth, *Études de quelques-unes des représentations de l'adolescent dans le récit au xxᵉ siècle*, Rennes, 1973.

29. *Les mythes de nos nippes. La mode, les enfants, les adolescents, 1883-1983*, Paris, Musée des enfants/Musée d'art moderne de la ville de Paris, 1983.

30. *Les blousons noirs*, Paris, éd. Cujas, 1966. *Comprendre les groupes d'adolescents. Une clé pour l'éducation et pour la société*, Paris, éd. Fleurus, 1967.

31. Bloch, Erbert/Niederhoffer A., *Les bandes d'adolescents*, Paris, Payot, 1963.

32. Bettelheim, Bruno, *Les blessures symboliques : essai d'interprétation des rites d'initiation*, Paris, Gallimard, 1977.

33. Monod, Jean, *Les Barjots. Essai d'ethnologie des bandes de jeunes*, Paris, UGE, 1971.

34. Van Gennep, Arnold, *Les rites de passage*, Paris, A. et J. Picard, 1981.

LE PERSONNAGE DE L'ADOLESCENT
DANS LE CINÉMA MONDIAL

* Les films qui reflètent la mode de l'époque.
** Les films qui ont fait événement.
*** Les films de référence.

Films d'avant-guerre

L'athlète incomplet. USA. 1926. D. Capra. Un adolescent rêve en couleurs d'exploits sportifs impossibles. Burlesque.

* *Au seuil de la vie.* USA. 1936. W. Van Dike. Trois gosses nés dans les bas-fonds new-yorkais s'adaptent à un milieu sordide. Drame psychologique.

Les chevreaux perdus. Chine. 1936. Tsai Tsou Sen. Un jeune campagnard arrive en ville et rejoint une bande d'enfants abandonnés. Drame documentaire.

Comme les grands. USA. 1934. F. Borzage. Des enfants hongrois s'amusent à la guerre à la manière des grands. Drame.

David Copperfield. USA. 1935. G. Cukor. Drame.

*** *Gosses de Tokyo.* Japon. 1932. Ozu. Chronique d'une famille dans le Japon des années 30. Comédie.

* *Jeunes filles en uniforme.* Allemagne. 1931. Léontine Sagan. Dans un pensionnat de jeunes filles où l'enseignement est rigide, l'une d'elles tombe amoureuse de son professeur et se suicide. Drame psychologique.

La petite Annie. USA. 1925. W. Beaudine. Une adolescente et son frère veulent venger leurs parents qui ont été assassinés.

* *La petite sauvage*. France. 1935. Jean de Lémur. Une jeune fille qui arrive des colonies est placée dans un pensionnat de Lausanne où elle va connaître l'amour.

** *Poil de Carotte*. France. 1932. Julien Duvivier. François, surnommé Poil de Carotte à cause de sa chevelure rousse, est le souffre-douleur de sa mère.

* *Sans famille*. France. 1934. Marc Allégret. Comédie.

* *Tom Sawyer*. USA. 1930. John Cromwell. Aventures.

Wild Company. USA. 1930. Leo Mac Carey. Les problèmes de la délinquance juvénile. Comédie dramatique.

** *Zéro de conduite*. France. 1933. Jean Vigo. Dans un collège provincial trois pensionnaires détestent le principal. Ils organisent une révolte au dortoir. Comédie.

Pendant la Seconde Guerre mondiale

Le carrefour des enfants perdus. France. 1943. Léo Joannon. Trois anciens pensionnaires des maisons de correction tentent de créer un centre destiné à éviter la délinquance juvénile. Drame.

Les jours heureux. France. 1941. Jean de Mouguenat. Initiation amoureuse de cinq jeunes gens dans une maison de campagne pendant les vacances. Comédie.

* *Lucrèce*. USA. 1943. Léo Joannon. Une actrice se laisse émouvoir pour l'amour d'un lycéen. Mélodrame.

Nous les gosses. France. 1941. Louis Daquin. Des gosses essaient de gagner l'argent nécessaire à la réparation d'une verrière qu'ils ont cassée. Comédie de mœurs.

* *Tom Brown étudiant*. USA. 1940. Robert Stevenson. La vie heureuse d'un collégien à l'époque victorienne où le sport a une place privilégiée. Comédie de mœurs.

* *Une si jolie petite plage*. France. 1949. Yves Allégret. Un orphelin retourne dans l'auberge, où, enfant, il fut maltraité par la patronne. Drame.

Films d'après-guerre

** *Les enfants terribles*. France. 1949. J.-P. Melville. Un frère et une sœur rêvent dans le huis clos de leur chambre. Comédie dramatique.

* *Le lys de Brooklyn*. USA. 1945. E. Kazan. Une jeune fille se débat au milieu d'une atmosphère familiale hostile.

** *Le garçon aux cheveux verts*. USA. 1948. Le premier Joseph Losey. Fable fantastique contre l'intolérance et le racisme.

* *Oliver Twist*. G.-B. 1948. D. Lean. Comédie dramatique.

* *Première désillusion*. G.-B. 1948. Carol Reed. Un enfant porte une passion absolue et idéalisée aux adultes qui vont le trahir. Drame.

Films des fifties

*** *A l'est d'Eden*. USA. 1955. E. Kazan. Deux frères rivalisent pour l'amour de leur père. Drame psychologique.

* *Avant le déluge*. France. 1954. A. Cayatte. Des adolescents fils de bourgeois sont mêlés à un meurtre et passeront en cour d'assises.

* *Le blé en herbe*. France. 1953. C. Autant-Lara. Un jeune garçon est initié à l'amour par une femme mûre. Comédie de mœurs.

*** *La fureur de vivre*. USA. 1955. Nicholas Ray. Drame psychologique.

* *Le journal d'Anne Frank*. USA. 1959. George Stevens. Drame.

* *Olivia*. France. 1950. Jacqueline Audry. Les amours des pensionnaires d'une institution de jeunes filles. Comédie dramatique.

** *Les quatre cents coups*. France. 1959. F. Truffaut. Un

garçon de douze ans incompris de son père, de sa mère et de son professeur vole et est envoyé dans un centre de redressement dont il s'évade. Comédie dramatique.

* *Un été avec Monika*. Suède. 1952. Ingmar Bergman. Une adolescente s'enfuit dans une île avec un jeune homme. A la fin de l'été, elle est enceinte. Drame psychologique.

Films des sixties

* *Avant la révolution*. Italie. 1964. B. Bertolucci. Nostalgiques adieux à l'adolescence. Comédie dramatique.
* *David et Lisa*. USA. 1962. Frank Perry. Deux adolescents soignés dans un hôpital psychiatrique tombent amoureux l'un de l'autre. Drame de mœurs.
*** *Les désarrois de l'élève Toerless*. Allemagne. 1965. V. Schlondorff. Les mentalités préfascistes d'adolescents dans un internat. Drame.
* *Le grand dadais*. France. 1967. P. Granier-Deferre. Elevé dans le coton, un adolescent imagine la vie bien plus simple, plus loyale et plus belle qu'elle ne l'est en réalité. Comédie dramatique.
** *Le grand Meaulnes*. France. 1967. Jean Gabriel Albicocco. Drame psychologique.
* *Il faut marier papa*. USA. 1963. V. Minnelli. Un petit garçon dont le père est veuf veut lui trouver une nouvelle épouse pour avoir une maman. Comédie de mœurs.
Jeunes Aphrodites. Grèce. 1962. N. Kondouros. L'éveil de deux adolescents. Transposition des élégies de Théocrite.
** *Lolita*. G.-B. 1962. S. Kubrick.
** *Sa majesté des mouches*. G.-B. 1963. Peter Brook. Perdu sur une île, un groupe d'écoliers anglais organise une nouvelle société qui se rapproche de celle de la horde primitive. Drame.
* *La solitude du coureur de fond*. G.-B. 1962. Tom

Richardson. Dans une maison de correction, un jeune garçon pourrait gagner une course à pied. Au dernier moment, il y renonce et laisse la victoire à d'autres. Drame.

*** *West Side Story*. USA. 1967. Robert Wise. Comédie musicale.

Films d'après 68

A nous les petites Anglaises. France. 1975. Michel Lang. Deux jeunes Français en séjour linguistique testent leur charme auprès des petites Anglaises.

Accélération punk. France/G.-B. 1977. Robert Glassman. La vie des punks.

*** *L'adolescente*. France. 1978. Jeanne Moreau. Marie, douze ans, passe les dernières vacances de la paix durant l'été 39. Comédie dramatique.

** *Alertez les bébés*. France. 1978. Jean Michel Carré. La réforme Haby et les illusions de l'éducation moderne.

** *American Graffiti*. USA. 1973. George Lucas. La vie d'une bande d'adolescents américains dans les années 60.

** *American Graffiti*. La suite. USA. 1979. BWL Norton. Quatre histoires de jeunes Américains.

* *Animal house*. USA. 1978. John Landis. La vie dans un collège américain dans les années 60. Comédie.

L'amour en herbe. France. 1976. Roger Andrieux. Les amours de deux adolescents.

Les années fantastiques. USA. 1968. Michaël Gordon. Un professeur de psychiatrie a des problèmes avec sa fille de dix-sept ans.

Anthracite. France. 1980. Edouard Nielmans. Les diverses influences subies par un jeune élève dans une institution jésuite.

** *L'argent de poche*. France. 1976. F. Truffaut. Enfants. Ecole. Colonie de vacances. Comédie de mœurs.

* *Bad boys*. USA. 1982. Rick Rosenthal. Des bandes rivales de jeunes gens s'affrontent, ne reculant devant aucune violence Comédie dramatique.
* *Les baskets se déchirent*. USA. 1976. Renée Daalder. Des lycéens sont tyrannisés par une bande de voyous. Comédie dramatique.
** *Beau-père*. France. 1981. Bertrand Blier. Une adolescente de quatorze ans s'éprend de son beau-père. Comédie dramatique.
* *Bilitis*. France. 1976. David Hamilton. Jeux érotiques de jeunes adolescents. Érotique.
** *La boum*. France. 1980. Claude Pinoteau. Une adolescente de treize ans participe à sa première boum. Comédie de mœurs.
* *La boum américaine*. USA. 1980. Boaz Davidson. Amours d'adolescents dans les années 50.
* *La boum 2*. France. 1982. Claude Pinoteau.
* *Ça plane, les filles*. USA. 1979. Adrian Cyne. Quatre adolescents vivent la fin de leur adolescence à Los Angeles. Comédie de mœurs.
** *Casanova, un adolescent à Venise*. Italie. 1977. Comencini.
* *Ce plaisir qu'on dit charnel*. USA. 1971. Mike Nichols. Évocation d'obsessions sexuelles depuis l'époque du collège. Comédie dramatique.
Chuchotement de classe. Suisse. 1982. Nino Jacusso. Des jeunes adolescents jugent leurs professeurs et aînés. Document.
*** *Anna et les loups*. Espagne. 1974. Carlos Saura. Drame.
* *Deep end*. USA. 1971. Jerzy Skolimowski. Un garçon de quinze ans qui travaille dans un établissement de bains éprouve un amour fou pour une jeune femme plus âgée que lui. Comédie de mœurs.
* *Demain les mômes*. France. 1980. Jean Pourtelé. Une catastrophe a décimé l'espèce humaine. Les quelques hommes qui ont survécu s'entretuent au lieu de

s'entraider. Dans une vieille grange, Philippe, un survivant, tente de rassembler des enfants. Science-Fiction.

* *Dernier été*. France. 1981. Robert Guédiguian. Histoire de jeunes pleins de bonne volonté, à l'amour incertain. Amour, copains, petits travaux. Comédie.

Les désirs conçus. Chili. 1981. Luis Christian Sanchez. L'itinéraire d'un lycéen qui, de la révolte à l'initiation, parvient à l'apprentissage de la mort. Mélodrame.

** *La désobéissance*. France/Italie. 1981. Aldo Lado. Les découvertes et révoltes d'un jeune adolescent dans la Venise de 1914. Drame psychologique.

* *Les deux Anglaises et le continent*. France. 1971. F. Truffaut. Les amours entre un adolescent et deux sœurs anglaises à la fin du siècle dernier. Drame.

* *Le diable au cœur*. France. 1976. Bernard Queysanne. Un jeune garçon se sent malheureux dans l'appartement bourgeois de ses parents. Il observe une jeune fille au pair qui surveille les plus jeunes enfants. Drame psychologique.

** *Diabolo menthe*. France. 1977. Diane Kurys. La vie de deux sœurs fréquentant le même lycée. Comédie.

Dinner. USA. 1982. Barry Lewinson. Sur fond de musique rock, la fin des années 50 à travers les conversations de jeunes gens à la veille d'entrer dans la vie active. Comédie de mœurs.

*** *La drôlesse*. France. 1979. Jacques Doillon. Un jeune homme enfermé par ses parents enlève une fillette maltraitée par sa mère. Drame psychologique.

* *Éducation anglaise*. France. 1982. Jean Claude Roy. La vie d'une orpheline de seize ans dans une institution qui est un repaire de vices, de sadisme et de masochisme. Comédie.

*** *L'enfant sauvage*. France. 1970. F. Truffaut. Drame.

L'été de mes 15 ans. Norvège. Kant Andersen. Sortant de son enfance un jeune garçon retourne dans son pays. Il découvre un monde nouveau et les femmes. Comédie dramatique.

* *L'été de nos 15 ans*. France. 1982. Marcel Jullian.

Lorsqu'ils se retrouvent dix ans après, deux enfants qui ont vécu une aventure étrange, tendre et comique, découvrent qu'ils sont faits l'un pour l'autre. Comédie de mœurs.

* *Eugénio*. Italie. 1980. Comencini. Un enfant rejeté par sa famille est recueilli dans une ferme. Drame.

Les gamins d'Istambul. Turquie. 1978. Omer Kavur. Après la mort de leur père, Yuang et Kenan partent pour Istambul retrouver leur oncle. Celui-ci a disparu. Ils erreront dans la capitale sans abri et la faim au ventre. Drame.

Garçonne. USA. 1980. Dennis Hopper. Une jeune fille se révolte contre ses parents qui ne s'entendent pas. La tentation punk sur fond de chansons d'Elvis. Drame.

* *Le genou de Claire*. France. 1970. E. Rohmer. Un homme de trente-cinq ans est troublé par une adolescente dans l'atmosphère sensuelle de vacances estivales. Comédie de mœurs.

La grande frime. France. 1977. Henri Zaphiratos. La vie quotidienne d'un groupe de jeunes lycéens et étudiants. Comédie.

Grease. USA. 1978. Randal Kleiser. Durant tout l'été un garçon et une jeune fille ont vécu un grand amour. La rentrée des classes signifie pour eux la séparation. Comédie musicale.

Interdit au moins de 13 ans. France. 1982. Bertolucci. La vie désœuvrée des jeunes en banlieue. Comédie dramatique.

Iracema. Brésil. 1976. Jorge Bodanski. A quatorze ans, elle part chercher aventure et chance en Amazonie, mais n'y trouve que prostitution et misère. Drame psychologique.

Je, tu, il, elle. France. 1974. C. Akerman. Une jeune femme traverse des étapes successives pour s'acheminer vers l'âge adulte. Drame psychologique.

Le joueur de flûte. G.-B. 1978. Jacques Demy. Un joueur de flûte qui a débarrassé une ville de tous ses rats et qui n'a pas été payé entraîne les enfants à sa suite.

Le journal d'une maison de correction. France. 1980. Georges Cachoux. Combat d'un juge et d'un prêtre pour la réinsertion sociale de jeunes délinquants. Drame psychologique/Document.

* *Leçons très particulières.* USA. 1980. Alan Meyerson. Un garçon de quinze ans se retrouve seul en compagnie de sa ravissante gouvernante. Comédie érotique.

** *La luna.* USA/Italie. 1979. Bertolucci. Un adolescent est délaissé par sa mère, chanteuse d'opéra. Drame psychologique.

* *Le lycée des cancres.* USA. 1979. Alan Arkush. « La dame de fer » est chargée de rétablir l'ordre dans un lycée californien où règne l'anarchie.

Les lycéennes redoublent. France/Italie. 1979. Mariano Laurent. Les jeux de l'amour et du hasard dans la jeunesse. Comédie.

* *Les mal-partis.* France. 1975. J. B. Rossi. Un adolescent de quinze ans s'éprend d'une religieuse. Mélodrame.

*** *Marie pour mémoire.* France. 1968. P. Garrel. Deux adolescents qui s'aiment ne peuvent se rejoindre dans leur combat contre la société. Comédie dramatique.

** *Moi, Christiane F. 13 ans, droguée, prostituée.* R.F.A. 1981. Ulrich Edel. Pour payer sa drogue une adolescente de treize ans se prostitue. Drame psychologique.

*** *Mort à Venise.* Italie. 1971. Visconti. Drame psychologique.

*** *Mourir d'aimer.* France. 1970. A. Cayatte. Drame psychologique.

*** *Orange mécanique.* G.-B. 1971. S. Kubrick.

*** *Padre Padrone.* Italie. 1977. Taviani. Un jeune berger se révolte contre l'autorité paternelle.

Paradiso. France. 1977. Christian Bricourt. Un adolescent dont la vie est d'une désespérante monotonie cherche une raison d'être et de vivre. Comédie dramatique.

Parlez-moi d'amour. France. 1975. Michel Drach. Le premier amour d'un lycéen. Comédie dramatique.

* *Passe ton bac d'abord*. France. 1978. M. Pialat. La situation des jeunes au moment où ils vont devoir aborder la vie active. Comédie de mœurs.

* *Le petit chose*. France. 1983. Maurice Cloche. Deux jeunes gens doivent subvenir aux besoins de leurs parents ruinés. Comédie dramatique.

* *La petite fille en velours bleu*. France/G.-B. 1978. Alan Bridges. Un chirurgien vieillissant s'éprend d'une fille de treize ans. Drame psychologique.

* *La petite sirène*. France. 1980. Roger Andrieux. Une adolescente de quatorze ans et un homme de quarante s'aiment. Comédie dramatique.

Piedra libre. Argentine. 1976. Leopoldo Torre Nilson. Une adolescente pauvre, Cendrillon moderne, cherche l'amour et l'amitié. Drame psychologique.

*** *Pilgrimage*. USA. 1972. Beni Montresse. Un jeune homme refuse l'univers familial et social de ses parents fortunés. Il part à la recherche de lui-même.

Pixote, la loi du plus faible. Brésil. 1980. Hector Babenco. Une recrudescence des rafles policières mène Pixote, un enfant abandonné de dix ans, dans une maison de redressement.

* *Pourquoi*. France. 1977. Annouck Bernud. Un garçon de quinze ans cherche la liberté à tout prix et découvre ce qu'il lui en coûte. Drame.

* *Le pré*. Italie. 1979. P. et V. Taviani. Trois adolescents se retrouvent à la campagne où ils ont passé leurs vacances d'enfance. Drame.

* *Premier secret*. Pays-Bas. 1977. Nouchka Van Brahl. Elle n'a que quatorze ans, les soucis d'une enfant, mais elle aime un homme de quarante ans. Comédie.

*** *Premier voyage*. France. Nadine Trintignant. A la mort de sa mère, un adolescent décide d'aller retrouver son père en compagnie de son jeune frère.

La première fois. France. 1976. Claude Berri. Les premiers émois amoureux et les rêves érotiques d'un adolescent. Comédie de mœurs.

* *Premiers désirs*. France. 1983. D. Hamilton. Pendant leurs vacances, trois jeunes filles échouent sur une île où leurs fantasmes amoureux vont rejoindre la réalité. Comédie érotique.

La rage aux poings. France. 1973. Éric la Hung. Six garçons isolés dans un univers de grands ensembles se révoltent. Comédie dramatique.

Regards et sourires. G.-B. 1981. Kenneth Loach. Un adolescent ne parvient pas à s'intégrer à la société. Drame psychologique.

** *Le rempart des béguines*. France. 1972. Guy Casaril. Un adolescent découvre l'amour avec la maîtresse de son père. Drame psychologique.

Scrim. G.-B. 1980. Alan Clarke. Un jeune délinquant entre dans l'enfer des maisons de correction britanniques. Drame psychologique.

** *Le souffle au cœur*. France. 1971. Louis Malle. Évocation d'une adolescence barbare et de rapports incestueux entre une mère et un fils. Drame psychologique.

Surprise party. France 1982. Roger Vadim. Une bande de jeunes copains décide de passer un été de liberté et de fantaisie. Comédie.

Le temps des vacances. France. 1978. Claude Vital. Dans « l'école de la vallée » à l'approche des vacances la vie des élèves va être bouleversée par l'arrivée d'un nouveau professeur. Comédie.

Le temps suspendu. Hongrie. 1981. Peter Guther. Évocation de la jeunesse hongroise des années 60. Comédie de mœurs.

* *Tendres cousines*. France. 1980. D. Hamilton. De jeunes adolescents en vacances en 1939. Érotisme.

** *Tess*. France/G.-B. 1979. Polanski. La vie d'une jeune paysanne anglaise au xixe siècle. Mélodrame.

* *Un été 42*. USA. 1971. Robert Mulligan. Un adolescent en vacances vit son premier amour avec une femme plus âgée que lui. Comédie dramatique.

** *Les zozos*. France. 1972. Pascal Thomas. Le principal souci de Frédéric et François, pensionnaires dans un lycée de province, est le week-end et les filles. Ils décident d'aller incognito en Suède. Comédie de mœurs.

*** *Stand by me*. USA. 1986. Des garçons d'un village partent sur les traces d'un cadavre. Première approche de la mort que des jeunes adolescents, petits soldats en jeans condamnés à devenir adultes. Ton nouveau : ni larmoyant ni d'une cruauté gratuite. La fin de l'état de l'enfance et la dernière fête de l'innocence. L'adolescence est ici l'expérience d'une rupture avec un rêve d'éternelles vacances. Les enfants veulent voir de près la mort pour la narguer ou pour l'apprivoiser.

TABLE DES MATIÈRES

PREMIÈRE PARTIE

LE PURGATOIRE DE LA JEUNESSE
ET LA SECONDE NAISSANCE

DEUXIÈME PARTIE
LE TEMPS DES ÉPREUVES

TROISIÈME PARTIE
UN ESPACE POUR LA GÉNÉRATION NOUVELLE

Rémunérer les enfants comme des inventeurs. Une séance de râlage hebdomadaire. Un autre avenir que Mesrine. L'école, maison des jeunes et de la culture. Des conseils municipaux d'enfants. Propositions de réformes et amendements de la législation actuelle.

ANNEXES

Imprimé en France par

BRODARD & TAUPIN

à La Flèche (Sarthe)
en février 2013

POCKET – 12, avenue d'Italie - 75627 Paris cedex 13

N° d'impression : 72389
Dépôt légal : juillet 2003
Suite du premier tirage : février 2013
S13150/08